国家骨干高职院校项目建设成果

Lumian Gongcheng Shigong
路面工程施工

朱学坤　蔡龙成　主　编
张　先　李　央　副主编
　　　　廖小春　主　审

人民交通出版社股份有限公司
China Communications Press Co., Ltd.

内 容 提 要

本书是道路桥梁工程技术专业职业岗位核心能力课程教材,是在各高等职业院校积极践行和创新先进职业教育思想和理念,深入推进"校企合作、工学结合"人才培养模式的大背景下,根据新的教学和课程标准组织编写而成。

本书分为 5 个学习情境,主要内容包括路面设计与识图、路面施工准备、基层和垫层施工、沥青路面施工和水泥混凝土路面施工。

本书主要供高职高专院校道路与桥梁、公路与城市道路、公路监理、高等级公路维护与管理等专业教学使用,也可作为路桥类工程技术人员的培训教材或自学用书。

图书在版编目(CIP)数据

路面工程施工/朱学坤,蔡龙成主编. —北京:
人民交通出版社股份有限公司,2015.1
国家骨干高职院校项目建设成果
ISBN 978-7-114-12239-2

Ⅰ.①路… Ⅱ.①朱… ②蔡… Ⅲ.①路面—道路施工—高等职业教育—教材 Ⅳ.①U416.204

中国版本图书馆 CIP 数据核字(2015)第 101689 号

国家骨干高职院校项目建设成果

书　　名:	路面工程施工
著 作 者:	朱学坤　蔡龙成
责任编辑:	卢仲贤　袁　方　尤晓昕
出版发行:	人民交通出版社股份有限公司
地　　址:	(100011)北京市朝阳区安定门外外馆斜街 3 号
网　　址:	http://www.ccpress.com.cn
销售电话:	(010)59757973
总 经 销:	人民交通出版社股份有限公司发行部
经　　销:	各地新华书店
印　　刷:	北京鑫正大印刷有限公司
开　　本:	787×1092　1/16
印　　张:	14.5
字　　数:	370 千
版　　次:	2015 年 1 月　第 1 版
印　　次:	2018 年 8 月　第 2 次印刷
书　　号:	ISBN 978-7-114-12239-2
定　　价:	43.00 元

(有印刷、装订质量问题的图书由本公司负责调换)

江西交通职业技术学院
优质核心课程系列教材编审委员会

主　任：朱隆亮
副主任：黄晓敏　刘　勇
委　员：王敏军　李俊彬　官海兵　刘　华　黄　浩
　　　　张智雄　甘红缨　吴小芳　陈晓明　牛星南
　　　　黄　侃　何世松　柳　伟　廖胜文　钟华生
　　　　易　群　张光磊　孙浩静　许　伟

道路桥梁工程技术专业编审组（按姓名音序排列）
蔡龙成　陈　松　陈晓明　邓　超　丁海萍　傅鹏斌
胡明霞　蒋明霞　李慧英　李　娟　李　央　梁安宁
刘春峰　刘　华　刘　涛　刘文灵　柳　伟　聂　堃
唐钱龙　王　彪　王立军　王　霞　吴继锋　吴　琼
席强伟　谢　艳　熊墨圣　徐　进　宣　滨　俞记生
张　先　张先兵　郑卫华　周　娟　朱学坤　邹花兰

汽车运用技术专业编审组
邓丽丽　付慧敏　官海兵　胡雄杰　黄晓敏　李彩丽
梁　婷　廖胜文　刘堂胜　刘星星　毛建峰　闵思鹏
欧阳娜　潘开广　孙丽娟　王海利　吴纪生　肖　雨
杨　晋　游小青　张光磊　郑　莉　周羽皓　邹小明

物流管理专业编审组
安礼奎　顾　静　黄　浩　闵秀红　潘　娟　孙浩静
唐振武　万义国　吴　科　熊　青　闫跃跃　杨　莉
曾素文　曾周玉　占　维　张康潜　张　黎　邹丽娟

交通安全与智能控制专业编审组
陈　英　丁荔芳　黄小花　李小伍　陆文逸　任剑岚
王小龙　武国祥　肖　苏　谢静思　熊慧芳　徐　杰
许　伟　叶津凌　张春雨　张　飞　张　铮　张智雄

学生素质教育编审组
甘红缨　郭瑞英　刘庆元　麻海东　孙　力　吴小芳
余　艳

序 PREFACE

  为配合国家骨干高职院校建设，推进教育教学改革，重构教学内容，改进教学方法，在多年课程改革的基础上，江西交通职业技术学院组织相关专业教师和行业企业技术人员共同编写了"国家骨干高职院校重点建设专业人才培养方案和优质核心课程系列教材"。经过三年的试用与修改，本套丛书在人民交通出版社股份有限公司的支持下正式出版发行。在此，向本套丛书的编审人员、人民交通出版社股份有限公司及提供帮助的企业表示衷心感谢！

  人才培养方案和教材是教师教学的重要资源和辅助工具，其优劣对教与学的质量有着重要的影响。好的人才培养方案和教材能够提纲挈领，举一反三，而差的则照搬照抄，不知所云。在当前阶段，人才培养方案和教材仍然是教师以育人为目标，服务学生不可或缺的载体和媒介。

  基于上述认识，本套丛书以适应高职教育教学改革需要、体现高职教材"理论够用、突出能力"的特色为出发点和目标，努力从内容到形式上有所突破和创新。在人才培养方案设计时，依据企业岗位的需求，构建了以岗位需求为导向，融教学生产于一体的工学结合人才培养模式；在教学内容取舍上，坚持实用性和针对性相结合的原则，根据高职院校学生到工作岗位所需的职业技能进行选择。并且，从分析典型工作任务入手，由易到难设置学习情境，寓知识、能力、情感培养于学生的学习过程中，力求为教学组织与实施提供一种可以借鉴的模式。

  本套丛书共涉及汽车运用技术、道路桥梁工程技术、物流管理和交通安全与智能控制等27个专业的人才培养方案，24门核心课程教材。希望本套丛书能具有学校特色和专业特色，适应行业企业需求、高职学生特点和经济社会发展要求。我们期待它能够成为交通运输行业高素质技术技能人才培养中有力的助推器。

  用心用功用情唯求致用，耗时耗力耗资应有所值。如此，方为此套丛书的最大幸事！

江西省交通运输厅总工程师
2014年12月

前言

高等职业教育肩负着培养面向生产、建设、服务和管理第一线的高技能人才的使命,在加快推进社会主义建设进程中,具有不可替代的作用。交通运输行业高等职业教育作为职业教育和交通运输现代化建设事业的重要组成部分,担负着培养适应交通运输行业一线需要的高素质技能型人才的重任。

教材在启动之时,江西交通职业技术学院路桥工程系组织相关教师进行了企业和行业调研,充分考虑目前高等职业教育的特点以及公路施工行业对人才的要求,在编书过程中,坚持面向市场、面向社会,以能力为本位,以职业发展为导向,以经济结构调整和科技进步服务为原则;注重理论知识与实践技能的有机结合,实践内容与现行最新的行业标准紧密结合。

"路面工程施工"课程依据以工作过程为导向、学生的认知特点,按照职业要求和岗位特点提炼出教学的知识点、素质点、能力点,根据这些点落实教学内容,选取任务导向、项目导向、行为导向、过程导向、问题导向等教学组织方式,以使教学内容更加具体、典型、有效;按照认知规律来重新组织教学内容,由易到难,逐渐升华、综合推进。按任务驱动行动导向编排各教学项目使教学内容的编排合理化,课程内容紧贴岗位需求;体现教学内容的针对性与适用性,并为学生可持续发展奠定良好的基础。

本书由江西交通职业技术学院朱学坤、蔡龙成担任主编,张先、李央担任副主编,江西省交通工程集团公司廖小春高级工程师担任主审。其中江西交通职业技术学院李央编写学习情境一,江西交通职业技术学院朱学坤编写学习情境二和学习情境三,江西交通职业技术学院张先编写学习情境四,江西交通职业技术学院刘春峰编写学习情境五,全书由蔡龙成负责统稿。另外在本书的编写过程中,江西省交通规划勘察设计院的张先兵、俞记生等也参与了本书的修改和绘图工作,同时也引用了大量的著作和文献资料,在此一并向有关作者表示衷心的感谢。要特别感谢浙江交通职业技术学院的徐忠阳老师为本书提出了许多宝贵的建议。

在编写过程中,参考了大量的著作和文献资料,在此一并向有关作者、编者表示真诚的感谢,特别感谢浙江交通职业技术学院的徐忠阳老师为本书提出了许多宝贵的建议。

由于作者水平有限,书中不妥或错误之处在所难免,恳请读者批评指正,以便进一步修改和补充。

作　者
2014 年 12 月

CONTENTS 目 录

学习情境一　路面设计与识图 ……………………………………………………… 1
　　工作任务一　路面结构组成及要求认知 ……………………………………………… 2
　　工作任务二　路面设计准备 …………………………………………………………… 8
　　工作任务三　沥青路面结构图设计 …………………………………………………… 15
　　工作任务四　水泥混凝土路面结构图设计 …………………………………………… 30

学习情境二　路面施工准备 …………………………………………………………… 49
　　工作任务一　路面施工准备认知 ……………………………………………………… 50
　　工作任务二　路面主要施工机械设备选型 …………………………………………… 58
　　工作任务三　路面施工测量放样 ……………………………………………………… 70
　　工作任务四　试验路段铺筑 …………………………………………………………… 73

学习情境三　基层和垫层施工 ………………………………………………………… 76
　　工作任务一　结构层认知 ……………………………………………………………… 77
　　工作任务二　水泥稳定类结构层施工 ………………………………………………… 80
　　工作任务三　二灰稳定类结构层施工 ………………………………………………… 97
　　工作任务四　石灰稳定类结构层施工 ………………………………………………… 106
　　工作任务五　级配碎(砾)石结构层施工 ……………………………………………… 113

学习情境四　沥青路面施工 …………………………………………………………… 125
　　工作任务一　结构层认知 ……………………………………………………………… 126
　　工作任务二　原材料准备 ……………………………………………………………… 132
　　工作任务三　热拌沥青混合料结构层施工 …………………………………………… 137
　　工作任务四　沥青贯入式结构层施工 ………………………………………………… 155
　　工作任务五　沥青表面处治与功能层施工 …………………………………………… 160

学习情境五　水泥混凝土路面施工 …………………………………………………… 168
　　工作任务一　结构层认知 ……………………………………………………………… 169
　　工作任务二　原材料准备 ……………………………………………………………… 172
　　工作任务三　水泥混凝土拌和物的搅拌与运输 ……………………………………… 178
　　工作任务四　水泥混凝土路面施工方式的选择 ……………………………………… 183
　　工作任务五　水泥混凝土面层的铺筑 ………………………………………………… 186

附录 ……………………………………………………………………………………… 214

参考文献 ………………………………………………………………………………… 220

学习情境一　路面设计与识图

情境概述

一、职业能力分析

学习能力

1. 熟悉路面工程的结构组成、路拱形式及路面类型；
2. 熟悉路面设计应收集的资料及分析、处理的方法；
3. 能正确选用面层、基层和垫层的类型；
4. 熟悉公路沥青路面、水泥混凝土路面设计的基本原理；
5. 熟悉公路沥青路面、水泥混凝土路面设计的依据、内容和方法；
6. 能根据具体条件选择路面结构形式；
7. 根据设计资料和有关技术规范的要求，正确绘制常用沥青路面结构图；
8. 根据设计资料和有关技术规范的要求，正确绘制常用水泥混凝土路面结构图；
9. 能读懂路面结构设计图表；
10. 会计算路面工程数量。

职业技能

1. 掌握沥青路面结构图设计；
2. 掌握水泥混凝土路面结构图设计。

二、学习情境描述

路面设计图纸是路面施工的主要依据之一。路面设计就是设计人员在具备了路面基本知识、基本理论、设计方法和熟悉有关设计规范的前提下，依据公路功能、所在地区自然条件、交通组成及交通量、原材料供应和路面使用要求等具体情况，拟订路面结构设计初步方案，经过路面结构组合设计、路面厚度计算和方案经济技术比选后，绘制路面设计图纸。

三、教学环境要求

将整个学习内容划分成若干个工作任务，每个工作任务利用多媒体教学设备、课件和视频教学资料，按照"资讯→计划→决策→实施→检查→评估"的六步教学法开展教学，学生在教师指导下制订方案、实施方案，最终评估学习的结果。

"教、学、做"一体化，结合案例教学，完成沥青路面结构图设计及水泥混凝土路面结构图设计。

工作任务一　路面结构组成及要求认知

 **任务概述**

1. 应知应会

（1）认识公路路面结构的概念；
（2）熟悉公路路面结构的组成；
（3）掌握路面结构层次的组成及概念；
（4）掌握路拱及路拱横坡的相关知识；
（5）掌握路面结构的分类；
（6）认识对路面的基本要求；
（7）熟悉影响路面的主要因素。

2. 学习要求

（1）研读教材内容以及部颁最新技术标准与规范；
（2）查阅某一公路路面结构相关资料；
（3）重视理论联系实际。

 相关知识

路面是公路的组成部分之一，是位于路基顶面的结构层，由各种符合要求的公路材料或混合料分层铺筑的层状组合结构，它在自然环境中直接承受行车荷载的作用。

路面是铺筑于路床顶面的不同层次的组合结构。从公路横断面方向看，其表面一般是由行车道、硬路肩和土路肩组成。路面的横断面形式通常分为槽式横断面和全铺式横断面，如图1-1所示。

槽式横断面的形成有以下3种形式：一是路基填挖到设计高程后，在路基上按路面设计宽度范围将路基挖成与路面厚度相同的浅槽；二是路基填筑到路床顶面后，按路面设计宽度范围在两侧的路肩部位培土（压实）形成与路面厚度相同的浅槽；三是采用半挖半培的方法形成浅槽，然后在浅槽内铺筑路面。公路路面一般都采用槽式横断面，如图1-1a）所示。

全铺式横断面是在路基宽度内都铺筑路面。在高等级公路建设中，有时为了将路面结构内部的水分迅速排出，在全宽范围内铺筑基层材料，保证水分由横向排入边沟。有时考虑到公路交通量的迅速增长，为适应扩建的需要，将硬路肩全部按行车道标准铺筑面层。全铺式路面横断面形式如图1-1b）所示。

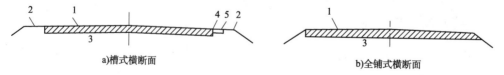

图1-1　路基横断面形式示意图
1-路面；2-土路肩；3-路基；4-路缘石；5-硬路肩

坚固且稳定的路基为路面结构长期承受汽车荷载作用提供了重要的保证。路面结构层对路基起保护作用，使路基不会直接承受车轮和大气的破坏作用，保持稳定状态。路基和路面实际上是不可分割的整体。

任务实施

路面工程是一种线形工程,有的公路延续数十公里至数百公里。由于公路沿线地形起伏,地质、地貌、气象特征多变,因此路面工程具有复杂多变的特点。路面工程还具有结构类型多、技术含量高、工艺先进和造价高的特点,路面工程造价一般占公路工程总造价的30%左右,有些公路甚至更高一些。

一、路面结构层次

自然因素和行车荷载对路面的影响随深度的增加而逐渐减弱,因此对路面材料的强度、抗变形能力和稳定性的要求也随深度的增加而逐渐降低。为了适应这一特点,路面结构通常采用分层铺筑,即按照使用要求、受力状况、路基状况和自然因素影响程度的不同,分成几个层次。按照各个层次功能的不同,沥青路面结构层一般可划分为面层、基层、底基层和垫层等;水泥混凝土路面结构层一般划分为面层、基层和垫层。路面结构层次示意图如图1-2所示。

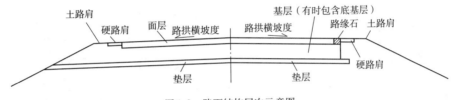

图1-2 路面结构层次示意图

1. 面层

面层是直接承受行车荷载反复作用和自然因素影响的结构层,要承受较大的行车荷载的垂直力、水平力和冲击力的作用,同时还受到降水和气温变化等因素的影响。因此面层应具备较高的结构强度、抗变形能力、耐磨、不透水、较好的水稳定性和温度稳定性等特性,其表面应有良好的抗滑性和平整度。常用路面面层的材料类型及适用范围见表1-1。

常用路面类型及适用范围　　　　　　　　　　表1-1

面层类型	适用范围
沥青混凝土	高速公路、一级公路、二级公路、三级公路、四级公路
水泥混凝土	高速公路、一级公路、二级公路、三级公路、四级公路
沥青碎石、沥青贯入式、沥青表面处治	三级公路、四级公路
砂石路面	四级公路

沥青路面的面层可为单层、双层和三层,其中双层结构自上而下分别为表面层和下面层;三层结构自上而下分别为表面层、中面层、下面层。如高速公路沥青路面面层一般总厚度为15~20cm,可分为表面层、中面层和下面层三层进行铺筑,并根据各层要求采用不同的沥青混合料类型组成。水泥混凝土路面一般采用单层,铺筑厚度一般为20~26cm,有的水泥混凝土路面也可分上下两层铺筑,分别采用不同强度等级的水泥混凝土材料,另外有的水泥混凝土路面上铺筑2cm左右的应力吸收层后,再加铺5cm左右的沥青混凝土结构层构成复合式结构,这种结构形式经常在水泥混凝土路面改建工程中采用。需要指出的是,上封层和厚度不超过3cm的磨耗层,以及厚度不超过1cm的沥青表面处治不能作为一个独立的层次,而是将其视为面层的一部分,在计算路面厚度时不予考虑。

2. 基层与底基层

基层承受由面层传来的行车荷载的反复作用,并将其传递到(底基层)垫层和路基中。

在沥青路面结构中,基层是主要的承重层,它应具有足够的强度、稳定性、耐久性和承载力,并具有良好的扩散应力的能力。底基层位于基层之下,并与面层和基层一起承受行车荷载的反复作用,属于次承重层,对底基层材料质量的要求和基层基本相同,可使用当地符合要求的材料来修筑。在水泥混凝土路面中,基层承受的垂直力作用较小,其应具有足够的抗冲刷能力和一定的刚度。

基层、底基层遭受自然因素的影响虽然比面层小,但仍有可能经受地下水和通过面层渗入的雨水浸湿,所以基层、底基层结构应具有足够的水稳定性和抗冲刷能力。基层表面虽不直接与车轮接触,为了保证面层的平整性,其表面应有较好的平整度。

基层或底基层可为单层或双层。基层为双层时,分别称为上基层、下基层;底基层为双层时,分别称为上底基层、下底基层。

修筑基层、底基层的材料主要有各种无机结合料稳定集料或土类、水泥混凝土、沥青混合料、砂砾、各种碎石或砾石等,常用基层、底基层的类型见表1-2。

各种常用基层、底基层的类型　　　　　　表1-2

沥青稳定类		沥青碎石、沥青稳定碎石等
水泥混凝土类		碾压混凝土、贫混凝土等
无机结合料稳定类	水泥稳定类	水泥碎石、水泥砂砾、水泥土等
	石灰工业废渣类	石灰粉煤灰(二灰)、二灰碎(砾)石、二灰砂砾、二灰土等
	石灰稳定类	石灰碎石土、石灰砾石土、石灰土、石灰土碎石等
粒料类嵌锁、级配型	嵌锁型	泥结碎石、泥灰结碎石、填隙碎石等
	级配型	级配碎石、级配砾石、级配砂砾等

3. 垫层

垫层是设置在基层(底基层)和路基之间的结构层,通常在季节性冰冻地区和土基水温状况不良时设置,具有排水、隔水和防冻等功能。

垫层材料强度要求不一定要高,但水稳性和隔热性要好。常用的材料有两类:一是松散粒料,如粗砂、砾石和炉渣等组成的透水性垫层;二是整体性材料,如石灰、水泥和二灰稳定土等组成的稳定性垫层。

为了保护路面面层的边缘和路面施工的需要,一般公路的基层宽度应比面层每边至少宽25cm,垫层与路基同宽以利于排水。

4. 功能层

为了加强沥青路面各结构层的层间接触,避免层间滑动,保持路面结构的整体性,在基层表面以及面层间设置的沥青或沥青混合料联结层,或为防止水分侵入而在沥青面层或基层上铺筑的一定厚度的沥青混合料薄层,统称为路面功能层。这些功能层不作为路面力学计算模型中的结构层,在路面厚度计算中不计其厚度。

路面功能层包括透层、黏层和封层。

为使沥青面层与非沥青材料基层结合良好,在基层上喷洒液体石油沥青、乳化沥青或煤沥青而形成的透入基层表面一定深度的薄层,称为透层,也称为透层沥青或透层油。

为加强路面沥青层与沥青面层之间、沥青层与水泥混凝土路面之间黏结而洒布的沥青材料薄层,称为黏层,也称为黏层沥青或黏层油。

为封闭路面表面空隙防止水分侵入而在沥青面层或基层上铺筑的一定厚度的沥青混合料薄层,称为封层。其中铺筑在沥青面层表面的封层称为上封层,铺筑在沥青面层下面、基层表面的封层称为下封层。

应当指出,不是所有路面结构都需要设置上述几个层次,各级公路应根据具体情况和要求设置必要的路面结构层。

二、路拱及横坡度

为了保证路面上的雨水及时排出,减少对路面的浸润和渗透,从而保证路面结构强度,路面表面通常做成中间高于两侧,具有一定坡度的拱起形状,称之为路拱。在横断面中,路拱形式常采用直线形和直线形与抛物型组合线形两种形式。

路面表面的高差与水平距离的百分比称为路拱横坡度。对于沥青混凝土和水泥混凝土路面,由于平整度和水稳定性较好,渗水性也小,通常采用直线形路拱和较小的路拱横坡度。其他沥青路面和砂石路面,为了有利于迅速排除路表积水,一般采用直线形与抛物线型路拱和较大的路拱横坡度。表1-3列出了各种不同类型路面的路拱平均横坡度参考值。

各类路面的路拱平均横坡度参考值 表1-3

路面类型	沥青混凝土路面、水泥混凝土路面	其他沥青路面	碎石、砾石等粒料路面
路拱平均横坡度(%)	1~2	1.5~2.5	3~4

选择路拱横坡度,应充分考虑有利于行车平稳和横向排水两个方面的要求。在有积雪、浮冰和干旱的地区采用低值,多雨地区采用高值;当道路纵坡较大或路面较宽,或行车速度较高,或交通量和车辆载重较大,或常有拖挂车行驶时,应采用平均坡度的低值,反之则应取用高值。

高速公路和一级公路设有中央分隔带,通常采用两种方式布置路拱横断面。若中央分隔带未设置排水设施,路面表面则做成中间高、两侧低,由单向横坡向路肩方向排水;若中央分隔带设置纵向排水设施,则两侧路面分别单独做成中间高、两侧低的路拱,分别向中间排水设施和路肩两个方向排水。

路肩横坡度一般较路面横坡度大1%。当高速公路和一级公路的硬路肩采用与行车道相同结构时,应采用与行车道相同的路面横坡度。

三、路面分类

在路面设计中,从路面结构的力学特性出发,可将路面分为下述3种类型。

1. 柔性路面

柔性路面是指整体结构刚度较小,抗弯拉强度较低,在行车荷载作用下产生较大的弯沉变形,主要靠抗压和抗剪强度来承受行车荷载作用的路面。它主要包括由各种粒料类嵌挤型、级配型基层或沥青稳定类基层和各类沥青面层或砂石类面层所组成的路面结构。行车荷载通过各结构层向下传递给路基的压应力较大,因而对路基的强度和稳定性要求较高。

2. 刚性路面

刚性路面主要是指用水泥混凝土做面层或基层的路面结构。刚性路面与柔性路面的主要区别在于路面的破坏状态和分布到路基上的荷载状态有所不同。刚性路面的特点是刚度与强度很高,弹性模量也大,结构呈板体性,分布到路基上的荷载面较宽,传递到路基的应力较小。

3. 半刚性路面

半刚性路面主要是指由无机结合料稳定类材料铺筑的基层和各类沥青面层所组成的路面结构。无机结合料稳定类基层在前期具有柔性路面的力学性质，后期的强度和刚度均有较大幅度的增长，但最终的强度和刚度仍远小于水泥混凝土，这类基层称为半刚性基层。铺筑在半刚性基层上的沥青面层路面结构称为半刚性路面。

四、路面的基本要求

为了保证汽车在路面上能够快速、安全、舒适行驶，路面应满足以下要求。

1. 具有足够的承载能力

汽车通过车轮把垂直力、水平力以及汽车产生的振动力和冲击力传给路面，使路面结构内部产生应力、应变和位移。如果路基路面结构整体或某一组成部分的强度或抗变形能力不足，则路面就会出现断裂、沉陷、波浪或车辙等病害，影响路面的正常使用。因此要求路面结构整体及其各组成部分都必须具有与行车荷载相适应的承载能力。

路面结构的承载能力包括强度和刚度两个方面。路面结构的强度是指抵抗行车荷载引起的各个部位的各种应力，保证不发生压碎、拉断、剪切等各种破坏的能力。路面结构的刚度是指抵抗行车荷载作用下引起的变形，保证不发生过量变形（如沉陷、波浪或车辙等病害）的能力。

2. 具有足够的稳定性

路面结构的稳定性是指路面结构在水和温度等自然因素的作用下，能较好地保持其几何形态及物理力学性能的能力。路面结构的稳定性主要包括整体稳定性、水稳定性和温度稳定性等。

大气降水会使路面结构内部的湿度状态发生变化。如水泥混凝土路面，若不能及时将水分排出结构层，会发生唧泥现象。水泥混凝土路面接缝渗入的水，在行车荷载反复作用下，会冲刷基层，导致结构层提前破坏；沥青混凝土路面，由于水分的侵蚀，会引起沥青结构层剥落或松散；砂石路面，在雨季会因雨水冲刷和渗入结构层，而导致强度下降，产生沉陷、松散等病害。因此，加强防水、排水是确保路面水稳定性的重要措施。

周期性变化的气温对路面结构的稳定性也有重要影响。高温会使沥青路面软化，在行车荷载作用下会产生较大的变形。水泥混凝土路面面板在高温季节会翘曲变形，在行车荷载的反复作用下则容易产生裂缝或造成断板。在低温冰冻季节，面层和基层由于低温容易产生大量收缩裂缝。

3. 具有足够的平整度

路面平整度是指路表面纵向的凹凸量的偏差值。平整度直接反映了车辆行驶的舒适度及路面的安全性和使用期限。不平整的路表面会增大行车阻力，并使车辆产生附加的振动作用。这种振动作用会造成行车颠簸，影响行车的速度和安全，从而影响驾驶的平稳和乘客的舒适。同时，振动作用还会对路面施加冲击力，从而加剧路面和汽车机件的损坏和轮胎的磨损，并增大油料的消耗，而且在多雨地区，不平整的路还会积滞雨水，加速路面的水损坏，因此，为了减少振动冲击力，提高行车速度和增进行车舒适性、安全性，路面应保持一定的平整度。

影响路面平整度的因素可涉及设计、施工和自然条件等方面。优良的路面平整度，要依靠优良的施工装备、精细的施工工艺、严格的施工质量控制及经常和及时的养护来保证。同时，路面的平整度与整个路面结构和路基顶面的强度、抗变形能力有关，与结构层所用材料的强度、抗变形能力以及材料的均匀性也有很大关系。

4. 具有足够的抗滑性能

路面抗滑性能是指路面能够提供汽车车轮在其上安全行驶所需要的足够附着力的性能。通常采用抗滑系数作为评价指标,抗滑系数以横向力系数(SFC)或摆式仪的 BPN 来表示,相对平整度来说,这是一个微观控制指标。

路面表面要求平整但不能光滑。汽车在光滑的路面上行驶,车轮与路面之间缺乏足够的附着力,雨天高速行车,紧急制动或突然起动、爬坡或转弯时,车轮易产生空转或打滑,致使行车速度降低,油料消耗增加,甚至引起交通事故。

路面表面的抗滑能力通常采用坚硬、耐磨、表面粗糙的集料组成路面表层材料来实现,也可采用一些工艺性措施(如水泥混凝土路面的刷毛或刻槽等)来实现。此外,路面上的积雪或污泥等也会降低路面的抗滑性,必须及时予以清除。

5. 具有足够的耐久性

路面结构在行车荷载和冷热、干湿气候因素的多次重复作用下,路面材料的性能产生老化衰变,路面使用性能将逐步降低,从而逐渐产生疲劳破坏和塑性形变累积,缩短路面的使用年限。因此,路面结构必须具备足够的抗疲劳强度以及抗老化和抗累积变形的能力,以保持或延长路面的使用寿命。

为了提高路面的耐久性,除了精心设计、精选材料、精细施工外,经常和及时地养护、维修和恢复路用性能是十分必要的。

6. 具有良好的环保性能

汽车在砂石路面上或灰尘较多的其他路面上行驶时,车身后面所产生的真空吸引力会将面层表面或其中较细材料吸出而飞扬尘土,甚至导致路面松散、脱落和坑洞等破坏。路面扬尘也会加速汽车机件的损坏,影响行车视距,降低行车速度,对乘客和沿线居民的环境卫生以及货物和路旁农作物都带来不良影响。因此,要求路面在行车过程中尽量减少扬尘。

汽车在路面上行驶时,除发动机等噪声外,路面不平整引起车身的振动也是噪声的来源之一。为降低噪声,应提高路面施工的平整度。

任务工单

任 务 工 单

学习情境一:<u>路面设计与识图</u> 工作任务一:<u>路面结构组成及要求认知</u>	班级		
	姓名		学号
	日期		评分

1. 小组讨论:路面和路拱的概念。

2. 小组讨论:公路路面横断面的形式主要有哪几种?

3. 小组讨论：公路路面结构的基本组成部分主要有哪些？各自的作用是什么？

4. 小组讨论：柔性路面、刚性路面和半刚性路面有哪些特点？

5. 小组讨论：对路面的基本要求有哪几个方面？

工作任务二　路面设计准备

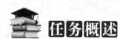 **任务概述**

1. 应知应会

（1）熟悉路面设计工作的具体任务；

（2）认识行车荷载与交通调查；

（3）掌握公路自然区划的选定；

（4）掌握沥青路面使用性能的气候分区；

（5）掌握路面结构设计安全等级的选择；

（6）掌握路基干湿类型的划分。

2. 学习要求

（1）研读教材内容以及部颁最新技术标准与规范；

（2）查阅某一公路路面设计的基本资料；

（3）重视理论联系实际。

 相关知识

路面设计工作是公路设计工作中一个重要的组成部分，特别是高速公路和一级公路的路面设计显得十分重要。

路面设计工作的具体任务是：

①交通量调查、分析与预测；

②公路沿线自然因素（如地质、水文、气象等）调查；

③选择路面结构层原材料；

④路面混合材料配合比设计；

⑤路面材料设计参数的确定；

⑥路面结构组合设计与厚度计算；

⑦路面排水系统设计；

⑧路面结构方案的技术经济综合比选,提出推荐方案;
⑨绘制路面结构图。
外业调查、收集相关资料如下:
①交通量及交通组成情况;
②工程地质、水文地质条件;
③土基湿度和水文资料;
④气象资料;
⑤路面材料产地和供应情况;
⑥当地路面使用经验和其他情况;
⑦工程投资情况;
⑧施工单位的技术力量、机具设备、劳动力组成情况;
⑨原有路基路面状况(在改扩建公路中需要调查)。

任务实施

本工作任务主要学习交通量及交通组成、公路自然区划、沥青路面使用性能的气候分区、路面结构设计安全等级、土质路基干湿类型划分等资料的分析、收集方法。

一、确定行车荷载与交通调查

1. 车辆的分类

公路上通行的汽车车辆主要分为客车与货车两大类。客车又分为小客车、中型客车与大型客车。小客车自重与载重量都比较轻,但车速高,一般可达120km/h,有的高档小客车可达200km/h以上;中型客车一般指包括6~20个座位的中型客车;大客车一般是指20个座位以上的大型客车(包括铰接车和双层客车)。货车又分为整车、牵引式挂车和牵引式半挂车。货车总的发展趋势是向大吨位发展,特别是集装箱运输水陆联运业务开展之后,货车最大吨位已超过40~50t。

汽车的总质量通过车轴与车轮传递给路面,所以路面结构的设计主要以轴重作为荷载标准。对于公路上行驶的车辆类型而言,进行路面结构设计时,重型货车与大客车起决定作用,轻型货车与中、小型客车影响很小,甚至忽略不计。但是在考虑平整度、抗滑性能等要求时,则要以小汽车为主要对象,考虑在高速行车条件下应具有良好的平稳性与安全性。

2. 路面设计使用的汽车参数

无论是客车还是货车,车身的全部重力都通过车轴上的车轮传给路面,对于路面结构设计而言,应更加重视汽车的轴重。由于轴重的大小直接关系到路面结构的设计承载力与结构强度,目前,在我国公路上行驶的客货车的后轴轴载一般在60~130kN范围内,大部分在100kN以下。公路上行驶的部分汽车的有关参数见表1-4。

部分路面设计使用的汽车参数　　　　　　表1-4

序号	汽车型号	总重(kN)	载重(kN)	前轴重(kN)	后轴重(kN)	后轴数	轮组数	轴距(cm)	出厂国
1	解放 CA10B	80.25	40.00	19.40	60.85	1	双		中国
2	解放 CA15	91.35	50.00	20.97	70.38	1	双		中国
3	解放 CA30A	103.00	46.50	29.50	2×36.75	2	双		中国

续上表

序号	汽车型号	总重（kN）	载重（kN）	前轴重（kN）	后轴重（kN）	后轴数	轮组数	轴距（cm）	出厂国
4	解放 CA50	92.90	50.00	24.70	68.20	1	双		中国
5	解放 CA340	78.70	36.60	22.10	56.60	1	双		中国
6	解放 CA390	105.15	60.15	35.00	70.15	1	双		中国
7	东风 EQ140	92.90	50.00	23.70	69.20	1	双		中国
8	黄河 JN150	150.60	82.60	49.00	101.60	1	双		中国
9	黄河 JN162	174.50	100.00	59.50	115.00	1	双		中国
10	黄河 JN162A	148.50	100.00	62.28	116.22	1	双		中国
11	黄河 JN253	187.00	100.00	55.00	2×66.00	2	双		中国
12	黄河 JN360	270.00	150.00	50.00	2×110.0	2	双		中国
13	黄河 QD351	145.65	70.00	48.50	97.15	1	双		中国
14	延安 SX161	237.14	135.00	54.64	2×91.25	2	双	135	中国
15	长征 XD160	213.00	120.00	42.60	2×85.20	2	双		中国
16	长征 XD250	189.00	100.00	37.80	2×72.60	2	双		中国
17	长征 XD980	182.40	100.00	37.10	2×72.65	2	双	122	中国
18	长征 GZ361	229.00	120.00	47.60	2×90.70	2	双	132	中国
19	交通 SH141	80.65	43.25	25.55	55.10	1	双		中国
20	交通 SH361	280.00	150.00	60.00	2×110.0	2	双	130	中国
21	南阳 351	146.00	70.00	48.70	97.30	1	双		中国
22	齐齐哈尔 QQ560	177.00	100.00	56.00	121.00	1	双		中国
23	太脱拉 111	186.70	102.40	38.70	2×74.00	2	双	120	捷克
24	太脱拉 111R	188.40	102.40	37.40	2×75.50	2	双	122	捷克
25	太脱拉 111S	194.90	102.40	38.50	2×78.20	2	双	122	捷克
26	太脱拉 138	211.40	120.00	51.40	2×80.00	2	双	132	捷克
27	太脱拉 138R/S	225.40	120.00	45.40	2×90.00	2	双	132	捷克
28	斯柯达 706R	140.00	73.00	50.00	90.00	1	双		捷克
29	日野 KB222	154.50	80.00	50.20	104.30	1	双		日本
30	日野 KF300D	198.75	106.65	40.75	2×79.00	2	双	127	日本
31	日 ZM440	260.00	152.00	60.00	2×100.00	2	双	127	日本
32	尼桑 CK20L	149.85	85.25	49.85	100.00	1	双		日本
33	尼桑 CW(L)40HD	237.60	141.75	50.00	2×93.80	2	双		日本
34	扶桑 FP101	154.00	94.10	54.00	100.00	1	双		日本
35	扶桑 FU102N	214.00	133.80	44.00	2×85.00	2	双		日本
36	扶桑 FV102N	254.00	164.95	54.00	2×100.00	2	双		日本
37	依士姿 TD50	132.20	76.65	42.20	90.00	1	双		日本
38	依士姿 TD50D	142.95	76.65	46.55	96.40	1	双		日本
39	菲亚特 682N3	140.00	75.50	40.00	100.00	1	双		意大利
40	菲亚特 650E	105.00	67.00	33.00	72.00	1	双		意大利

续上表

序号	汽车型号	总重(kN)	载重(kN)	前轴重(kN)	后轴重(kN)	后轴数	轮组数	轴距(cm)	出厂国
41	依发 H6	132.00	65.50	45.50	86.50	1	双		德国
42	沃尔沃 N8648	175.00	100.00	55.00	120.00	1	双		瑞典
43	斯堪尼亚 L760	180.00	100.00	70.00	110.00	1	双		瑞典
44	玛斯 200	137.00	72.00	36.00	101.00	1	双		苏联
45	布切奇 5BR2N	92.50	50.00	24.55	67.95	1	双		罗马尼亚
46	切贝尔 D45.01	101.00	55.00	32.00	69.00	1	双		匈牙利
47	切贝尔 D750.0	160.00	93.60	60.00	100.00	1	双		匈牙利

3. 汽车荷载对路面的作用分析

汽车在路面上行驶,将使路面产生应力、应变和位移,这是导致路面损坏的重要因素。但不同的车型对路面产生的损坏作用和程度也不同。在路面设计时,一般考虑行车荷载的下列因素:

①汽车在路面上有停车、行驶、制动、转向等状态,随着汽车在路面上运动状态的变化,行车荷载的作用方向和作用力大小也将有所改变。

②汽车停在路面上时,只考虑车轮对路面的垂直作用力,一般用 P 表示。垂直力的大小与汽车质量有关。车辆越重,作用于路面上的垂直力越大,力的作用深度越深,因此垂直力是路面厚度计算的基本依据。

③汽车在行驶时,对路面除了有垂直力 P 以外,还有水平力的作用,一般用 Q 表示。根据试验测试,汽车正常行驶时,Q 一般为 $(0.2 \sim 0.3)P$;当起动和制动时,Q 一般为 $(0.75 \sim 0.78)P$。水平力沿深度消失很快,一般显著有效作用深度只有 $10 \sim 20\text{cm}$。由于它的作用而使路面产生磨损、推移等,一般集中在路面面层。因此,要想减轻水平力对路面的损坏作用,必须提高面层材料的抗剪强度。

④汽车在不平整的路面上行驶时,车轮对路面还将产生振动力和冲击力。在水泥混凝土路面设计中,通常采用提高垂直力数值的办法来考虑这些影响,即将垂直力乘以一个大于1的动荷系数。在沥青路面设计中,考虑到汽车行驶时对路面作用的瞬时性,这种影响是有利的,可近似地认为这种影响能够抵消冲击力的影响,故沥青路面设计时只考虑垂直静压力。

4. 交通调查与轮迹横向分布

(1)交通量调查

车辆对路面的损坏作用,除与行车荷载的大小和方向有关外,还与其作用次数有关。同一路面结构,在同一时间和相同荷载水平分布时,行驶的车辆越多,路面越易损坏;反之,行驶的车辆越少,路面使用寿命越长。必须考虑荷载作用次数的影响。因此,交通量是路面设计的重要依据之一。

在路面设计准备工作中,为了充分利用交通观测站的调查资料,需要对交通量、交通组成进行补充调查。对行驶车辆要分方向、分车型、分轴型以及分空载、满载和超载等情况分别登记。

(2)轮迹横向分布规律

路面的使用寿命与交通量并无直接关系,而是与车轮实际作用次数有关。所谓车轮实际作用次数,是指在路面某一点上车轮碾压的累计次数。由于汽车在公路上行驶轨迹分散在路面的全宽,路面越宽,分散性越大。

在路面设计时,必须对路面全宽范围车轮实际作用总次数乘以相应系数,使之折算为对应于不同宽度(或不同车道数)的路面行车最集中部分的车轮实际作用次数,该系数称为轮迹横向分布系数。

二、选定公路自然区划

我国地域辽阔,各地气候、地形、地貌、水文地质等自然条件相差很大,而这些自然条件与公路建设密切相关。为反映不同地区公路设计与施工的特点,交通运输部制定了《公路自然区划标准》(JTJ 003—86),将具有相同自然条件的地区归类。

根据公路工程的地理、气候差异特点,自然区的划分按其重要性和规模的大小分为三个等级。一级区划是按自然气候、全国轮廓性地理、地貌划分的,全国共划分7个一级区;二级区划是在一级区划内,考虑水温状况不同,以潮湿系数为主导标志,按公路工程的相似性及地表气候的差异,进一步划分二级区划以及与二级区划相当的副区,全国共分为33个二级区划和19个副区。三级区划是二级区划的进一步划分。由于目前各地区的特点和掌握的调查研究资料不充分,还不具备划分条件,再则,三级区划不一定要列入全国性的范围,由各个省(自治区、直辖市)自行划分,以便更切合当地的实际情况。

1. 一级区划

全国分为7个一级区划,分别为:Ⅰ——北部多年冻土区;Ⅱ——东部湿润季冻区;Ⅲ——黄土高原干湿过渡区;Ⅳ——东南湿热区;Ⅴ——西南潮暖区;Ⅵ——西北干旱区;Ⅶ——青藏高寒区。7个一级自然区路面结构设计注重的特点各有不同,根据各地区经验,可大致归纳如下:

(1)Ⅰ区——北部多年冻土区。该区北部为连续分布的多年冻土,南部为岛状分布的多年冻土。对于泥沼地多年冻土层,最重要的公路设计原则是保温,不要轻易挖去覆盖层,使路堤下保持冻结状态,若冻土层受大气热量影响融化,则后患无穷。对于非多年冻土层的处理方法则不同,需将泥炭层全部或局部挖去,排干水分,然后填筑路堤。对于该区的林区山地道路,因表土湿度大,地面径流大,最易翻浆,应采取换土、稳定土、砂垫层等处理方法。

(2)Ⅱ区——东部湿润季冻区。该区路面结构突出的问题是防止翻浆和冻胀。翻浆的轻重程度取决于路基的潮湿状态,可根据不同的路基潮湿状态采取措施。该区缺乏砂石材料,采用稳定土基层已取得一定的经验。

(3)Ⅲ区——黄土高原干湿过渡区。该区的特点是黄土对水分的敏感性,干燥的土质路基强度高,稳定性好。在河谷盆地的潮湿路段以及灌区耕地,土基稳定性差,强度低,必须处理。

(4)Ⅳ区——东南湿热区。该区雨量充足集中,雨水季节性强,台风暴雨多,水毁、冲刷、滑坡是该区公路的主要病害,路面结构应结合排水系统进行设计。该区水稻田多,土基湿软,强度低,必须处理。由于气温高、热季长,该区的路面设计要注意沥青类面层材料的热稳定性和防透水性。

(5)Ⅴ区——西南潮暖区。该区山多,筑路材料丰富,应充分利用当地材料筑路。对于水文不良路段,必须采取措施,保持路基稳定。

(6)Ⅵ区——西北干旱区。该区大部分地下水位很低,虽然冻深多在1.0~1.5m,但一般公路冻害较轻。个别地区,如河套灌区、内蒙古草原洼地,地下水位高,翻浆严重。丘陵区1.5m以上的路堑冬季积雪厚,雪水侵入路面造成危害,所以沥青面层材料应具有良好的防透水性,路肩也应做防水处理。由于气候干燥,砂石路面经常出现松散、搓板和波浪现象。

(7) Ⅶ区——青藏高寒区。该区局部路段有多年冻土,须按保温原则设计。由于地处高原,气候寒冷,昼夜气温相差很大,日照时间长,沥青老化很快,又由于该区年平均气温相对偏低,路面易遭受冬季雪水侵入而破坏。

2. 二级区划

二级区划以潮湿系数为主要分区依据,按公路工程的相似性及地表气候的差异,在7个一级区划内进一步划分为33个二级和19个副区。其中潮湿系数 K 为年降水量(mm)与同年蒸发量(mm)之比,按区内的 K 值大小可分为6个等级。

3. 三级区划

三级区划是二级区划的进一步划分。各省(自治区、直辖市)可以根据当地的地貌、水文和土质等具体情况,在二级区划的基础上进行细分。公路自然区划的名称和特征详见《公路自然区划标准》(JTJ 003—86)。

公路自然区划的应用主要体现在:公路路面设计人员通过查阅"公路自然区划图"可以明确公路所在地区位于哪一个二级区划中,再通过查表的方式获知路面主要病害形式、着重解决的问题和相关设计参数等。

三、选择沥青路面使用性能的气候分区

沥青路面的长期路用性能不仅与荷载有关系,还与环境因素及气候因素有关。夏季持续高温容易引起沥青路面车辙,冬季气温骤降容易导致沥青路面的低温开裂。

我国幅员辽阔,气候变化大,各个地区对沥青路面使用性能的要求应有差别。在选择沥青等级、进行沥青混合料配合比设计和检验沥青混合料的使用性能时,应考虑沥青路面的环境因素,尤其是温度和湿度条件。为此我国提出了"沥青及沥青混合料气候分区指标"及相应的分区图。气候分区指标分别为高温指标、低温指标和雨量指标。气候分区情况见表1-5。

气候分区种类、气候因子指标汇总表 表1-5

设计高温分区指标 一级区划分为3个区			
高温气候区	1	2	3
气候区名称	夏炎热区	夏热区	夏凉区
最热月平均日最高气温(℃)	>30	30~20	<20
设计低温分区指标 二级区划分为4个区			
低温气候区	1	2	3	4
气候区名称	冬严寒区	冬寒区	冬冷区	冬温区
极端最低气温(℃)	<-37	-37~-21.5	-21.5~-9	>-9
设计雨量分区指标 三级区划分为4个区			
雨量气候区	1	2	3	4
气候区名称	潮湿区	湿润区	半干区	干旱区
年降雨量(mm)	>1000	500~1000	250~500	<250

沥青路面温度分区由高温和低温组合而成,第一个数字代表高温分区,第二个数字代表低温分区,数字越小表示气候因素越严重,第三个数字代表雨量分区。温度和雨量组成的气候分区由高温—低温—雨量组合而成。气候分区为研究沥青面层最高温度与气温的关系,以及计算沥青路面的温度应力和车辙深度提供了依据。

四、选择路面结构设计安全等级

《公路工程结构可靠度设计统一标准》(GB/T 50283—1999)中规定的公路工程结构设计安全等级为 3 个等级,路面工程的设计安全等级只考虑高速公路、一级公路和二级公路的路面,相应的安全等级规定为一级、二级、三级。该标准还规定,公路工程路面结构的设计基准期应采用:沥青混凝土路面结构不大于 15 年;水泥混凝土路面结构不大于 30 年。现行的《公路水泥混凝土路面设计规范》(JTG D40—2011)中路面设计安全等级分为 3 级,高速公路、一级公路安全等级为一级,二级公路安全等级为二级,三级、四级公路安全等级为三级。相应的设计基准期分别为:高速公路、一级公路为 30 年,二级公路为 20 年,三级公路为 15 年,四级公路为 10 年。同一技术等级公路的路面结构宜取相同的安全等级,必要时部分路段的设计安全等级可降低一级。

路面结构的可靠度水平可以用结构的可靠度指标表示。可靠度的定义为:路面结构在规定的时间内、在规定的条件下能满足预定水平要求的概率。度量路面结构可靠性的一种数量指标称为可靠指标,由标准正态分布反函数的定义确定,亦可称之为保证率系数。

现行《公路水泥混凝土路面设计规范》(JTG D40—2011)中规定:目标可靠度、目标可靠指标均按照公路等级划分,相对应的目标可靠度分别为 95%(高速公路)、90%(一级公路)、85%(二级公路)、80%(三级公路)、70%(四级公路),相对应的目标可靠指标分别为 1.64、1.28、1.04、0.84。

五、判断土质路基的干湿类型

土质路基的强度与稳定性,同路基的干湿状态有密切关系,并在很大程度上影响路面结构设计。现行规范中将土质路基的干湿类型分为干燥、中湿、潮湿和过湿 4 种(具体划分方法见《路基工程施工》),正确判断路基的干湿类型及其一般特征是做好路面设计的前提。为保证路基路面的结构强度与稳定性,在进行路面设计时,要求路基处于干燥或中湿状态。

任务工单

任 务 工 单

学习情境一:路面设计与识图 工作任务二:路面设计准备	班级			
	姓名		学号	
	日期		评分	

1. 小组讨论:路面设计使用的汽车参数主要有哪些?

2. 小组讨论:公路自然区划有哪些用途?

3. 小组讨论:路面设计的工作任务主要有哪些?

工作任务三　沥青路面结构图设计

1. 应知应会

(1)认识公路沥青路面设计理论概况；
(2)熟悉沥青路面厚度计算的依据；
(3)熟悉沥青路面结构组合设计；
(4)掌握新建沥青路面结构厚度计算；
(5)掌握改建沥青路面的设计；
(6)熟悉沥青路面结构设计程序流程图；
(7)掌握沥青路面结构设计图的基本组成；
(8)掌握沥青路面结构图的制图标准。

2. 学习要求

(1)研读教材内容以及最新技术标准与规范；
(2)查阅某一公路沥青路面结构计算书；
(3)重视理论联系实际。

一、沥青路面设计理论

沥青路面在力学性质上属于非线性的弹—黏—塑性体。对于厚度较大、强度较高的沥青路面,可将其简化为线形弹性体,并用弹性层状体系理论分析计算应力、变形和位移等分量。

弹性层状体系理论的基本假设为：

①各层是连续的、完全弹性的、均匀的、各向同性的,且各层的位移和变形是微小的。

②土基(最下层)在水平方向和垂直向下方向为无限大,其上各层厚度有限,但水平方向为无限大。

③各层在水平方向无限远处、土基在垂直向下方向无限远处,其应力、变形和位移为零。

④层间接触情况——或者位移完全连续,或者层间仅竖向应力和位移连续而无摩阻力。

⑤不计自重作用。

现行《公路沥青路面设计规范》(JTG D50—2006)规定:沥青路面设计采用双圆垂直均布荷载作用下的多层弹性连续体系理论,并以累计当量轴次来反映路面结构和材料的疲劳特征。

二、沥青路面设计的控制指标

根据沥青路面在行车荷载和自然因素作用下所产生的应力、应变和位移量不超过路面任一结构层中材料的允许应力、应变和位移量来确定路面结构层的组合和厚度,以防止或减少各种路面破损现象的发生,保证在设计使用年限内汽车能够在路面上安全、迅速、舒适的行驶。沥青路面设计的控制指标可表述如下：

1. 控制路基压缩引起路面沉陷的指标

可选用路床顶面的垂直压应力或垂直压应变作为设计指标。如选用垂直压应力为设计指标,则行车荷载作用下路床顶面产生的垂直压应力 σ_Z 不应超过路基的容许抗压强度 σ_{ZR}:

$$\sigma_Z \leqslant \sigma_{ZR} \tag{1-1}$$

2. 控制车辙深度的指标

目前,控制车辙深度的指标有两种:一是路面各结构层(包括土基)的残余变形总和 l_C 不应超过容许总残余变形 l_{CR};二是路基表面的垂直变形(应变)ε_Z 不应超过容许垂直变形 ε_{ZR}。

$$l_C \leqslant l_{CR} \text{ 或 } \varepsilon_Z \leqslant \varepsilon_{ZR} \tag{1-2}$$

3. 路面整体刚度和强度指标

路面在行车荷载作用下产生的垂直位移通常称为弯沉。路面弯沉包括可以恢复的变形(称为回弹弯沉)和不可以恢复的变形(称为残余弯沉)两部分。

为了控制路面的总变形,使路面具有足够的整体刚度和强度,可以采用路表设计弯沉值 l_d 作为路面整体刚度和强度的控制指标。路面表面实际可能产生的回弹弯沉值 l_s 不应超过路表设计弯沉值 l_d:

$$l_s \leqslant l_d \tag{1-3}$$

4. 控制疲劳开裂的指标

采用结构层底面的拉应力或拉应变来反映控制疲劳开裂的指标,即结构层底面可能产生的最大拉应力 σ_m 不应超过容许拉应力 σ_R,或最大拉应变 ε_m 不应超过容许拉应变 ε_R。

$$\sigma_m \leqslant \sigma_R \text{ 或 } \varepsilon_m \leqslant \varepsilon_R \tag{1-4}$$

5. 控制剪切破坏的指标

为防止高温季节交叉口、停车场等汽车经常起动、制动的路段沥青面层产生推挤和拥包等病害发生,可采用面层抗剪强度作为控制指标。在车轮垂直力和水平力综合作用下,面层中可能产生的最大剪切应力 τ_m 不应超过容许剪切应力 τ_R:

$$\tau_m \leqslant \tau_R \tag{1-5}$$

6. 控制低温缩裂的指标

低温时结构层材料因收缩受约束而产生的温度拉应力 σ_{tm} 不应超过该温度时材料的容许拉应力 σ_{tR}:

$$\sigma_{tm} \leqslant \sigma_{tR} \tag{1-6}$$

现行的《公路沥青路面设计规范》(JTG D50—2006)规定:高速公路、一级公路、二级公路的路面结构,以路表面回弹弯沉值、沥青混凝土面层的层底拉应力和半刚性材料层底拉应力为设计指标,对重载交通路面宜检验沥青混合料的抗剪切强度;三级公路、四级公路的路面结构以路表面设计弯沉值为设计指标。

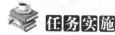

任务实施

一、沥青路面厚度计算依据

1. 行车荷载图示

车轮对路面的作用力是通过轮胎与路面的接触来传递的,因此,车轮对路面的作用力并不是集中荷载,而是分布荷载。

车轮与路面的实际接触面称为轮印,轮印一般近似椭圆形。目前,在沥青路面设计中,为计算方便,将其转化为等面积的圆形,简称为当量圆。

当量圆的面积与轮重、轮胎尺寸、轮胎内压等因素有关。汽车的后轮轴每侧一般为双轮,将双轮轮印的面积相加化为一个等值当量圆，称为单圆图示；将双轮的每个轮印分别化为一个小圆，并且认为两个小圆面积是相等的，称为双圆图示，如图1-3所示。由于双圆图示更接近实际，《公路沥青路面设计规范》(JTG D50—2006)中规定采用双圆荷载计算图示。

在沥青路面设计中，假定单轮重P的作用力均匀分布在接触面上各点，则轮胎内压就是汽车荷载对路面的均布荷载p。对于双圆而言，假设当量圆的面积为A，则轮印当量圆的直径为：

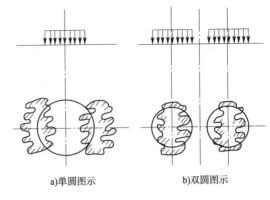

a)单圆图示　　b)双圆图示

图1-3　推移示意图

$$d = \sqrt{\frac{4A}{\pi}} = \sqrt{\frac{4P}{\pi p}} \tag{1-7}$$

式中：p——轮胎压强(MPa)；
　　　P——作用在车轮上的荷载(kN)；
　　　d——双圆轮印当量圆直径(m)。

2. 标准轴载及其参数

公路上行驶的车辆类型很多，不同车型(轴型和轴载)和不同的作用次数对路面的影响不同。沥青路面设计时，为便于设计与计算，应将各种轴载的作用次数换算成统一轴载的当量轴次。这种作为轴次换算的统一轴载，称为标准轴载。

现行《公路沥青路面设计规范》(JTG D50—2006)中规定：沥青路面设计采用双轮组单轴载100kN作为标准轴载，以BZZ-100表示。标准轴载的计算参数按表1-6确定。

标准轴载计算参数　　　　　　　　　　　　　　　　　表1-6

标准轴载	BZZ-100	标准轴载	BZZ-100
标准轴载 P(kN)	100	单轮传压面当量圆直径 d(cm)	21.30
轮胎接地压强 p(MPa)	0.70	两轮中心距(cm)	1.5d

3. 沥青路面设计年限

在计算路面疲劳寿命时所取的基准时间称为设计年限。沥青路面的设计年限应根据经济、交通发展情况以及该公路在公路网的地位，考虑环境和投资条件综合确定。各级公路的沥青路面设计年限不宜低于表1-7值。

各级公路的沥青路面设计年限　　　　　　　　　　　　表1-7

公路等级	设计年限(年)	公路等级	设计年限(年)
高速公路、一级公路	15	三级公路	8
二级公路	12	四级公路	6

4. 设计车道的累计当量轴次

(1) 设计交通量

沥青路面的设计交通量，应在实测各种车辆不同轴重的概率分布(相关车型轴载谱)的基础上，参考项目可行性研究报告等有关交通量预测资料，考虑未来各种车型的组成，经论证后确定各种车型在通车后第一年双向年平均日交通量(作用次数)n_i。设计年限内交通量的平均增长率γ，在项目可行性研究报告等资料的基础上，经研究分析确定。

(2)标准轴载的当量轴次

沥青路面厚度计算时,各种车型的不同轴载作用次数应换算成 BZZ-100 标准轴载的当量轴次。当量轴次的换算方法如下:

①采用路表设计弯沉值及沥青层层底拉应力为指标时

凡轴载小于或等于130kN 的各级轴载(包括车辆的前、后轴,一般宜大于25kN)P_i 的作用次数 n_i 均应按式(1-8)换算成标准轴载 P 的当量作用次数 N_i:

$$N_i = C_1 C_1 n_i \left(\frac{P_i}{100}\right)^{4.35} \tag{1-8}$$

各级轴载的作用次数换算成标准轴载的当量作用次数的总和为:

$$N = \sum_{i=1}^{k} N_i = \sum_{i=1}^{k} C_1 C_2 n_i \left(\frac{P_i}{100}\right)^{4.35} \tag{1-9}$$

式中:N——标准轴载的当量轴次(次/d);

n_i——被换算车型的各级轴载的作用次数(次/d);

P_i——被换算车型的各级轴载(kN);

C_1——被换算车型的轴数系数。当轴间距大于3m时,应按单独一个轴计算;当轴间距小于3m时,按双轴或多轴计算,轴数系数 $C_1 = 1 + 1.2(m-1)$,m 为轴数;

C_2——被换算车型的轮组系数。双轮组为1;单轮组为6.4;四轮组为0.38。

通常称 $C_1 C_2 \left(\frac{P_i}{100}\right)^{4.35}$ 为轴载换算系数,用 K 表示:

$$K = C_1 C_2 \left(\frac{P_i}{100}\right)^{4.35} \tag{1-10}$$

②当以半刚性材料层层底拉应力为设计指标时

凡轴载小于或等于130kN 的各级轴载(包括车辆前、后轴,一般宜大于50kN)P_i 的作用次数 n_i 均应按式(1-11)换算成标准轴载 P 的当量作用次数 N'。

$$N' = \sum_{i=1}^{k} C'_1 C'_2 n_i \left(\frac{P_i}{100}\right)^{8} \tag{1-11}$$

此时的轴载换算系数为:

$$K' = C'_1 C'_2 \left(\frac{P_i}{100}\right)^{8} \tag{1-12}$$

式中:C'_1——被换算车型的轴数系数。当轴间距小于3m时,双轴或多轴取 $C'_1 = 1 + 2(m-1)$;

C'_2——被换算车型的轮组系数。双轮组为1.0,单轮组为18.5,四轮组为0.09。

(3)标准轴载累计当量轴次计算

在设计年限内,考虑车道数影响后,一个车道上标准轴载的当量轴次总和称为累计当量轴次。设计年限内一个车道上的累计当量轴次 N_e 用式(1-13)计算:

$$N_e = \frac{[(1+\gamma)^t - 1] \times 365}{\gamma} N_1 \eta \tag{1-13}$$

式中:N_e——设计年限内一个车道上的累计当量轴次(次/车道);

t——设计年限(年);

γ——设计年限内交通量的平均增长率(%);

N_1——路面通车第一年的双向年平均日当量轴次(次/d);

η——车道系数,可按表1-8选用。

车道系数 表1-8

车道特征	η	车道特征	η
双向单车道	1.0	双向六车道	0.3~0.4
双向两车道	0.6~0.7	双向八车道	0.25~0.35
双向四车道	0.4~0.5		

注：公路无分隔时，车道窄宜选高值，车道宽宜选低值。

当上下行交通荷载有明显差异时，可按上下行交通的特点分别进行路面结构与厚度设计。当交通流出现明显的超载时，设计人员应根据调查资料对累计当量轴次进行修正。

5. 交通等级

现行《公路沥青路面设计规范》(JTG D50—2006)中根据一个车道累计当量轴次或每车道每日平均大型客车及中型以上的各种货车交通量的大小，将交通等级划分为轻交通、中等交通、重交通和特重交通4个等级，见表1-9。当用两种方法划分的交通等级不相同时，选择一个较高的交通等级作为设计交通等级。

交通等级 表1-9

交通等级	BZZ-100kN 累计标准轴次 N_e（次/车道）	大型客车及中型以上各种货车交通量 [辆/(d×辆)]
轻交通	$<3\times10^6$	<600
中交通	$3\times10^6 \sim 1.2\times10^7$	600~1500
重交通	$1.2\times10^7 \sim 2.5\times10^7$	1500~3000
特重交通	$>2500\times10^7$	>3000

6. 路基与路面材料的强度指标

路基和路面材料的强度可用抗压强度、抗剪强度、抗压回弹模量、CBR值等指标来表示。计算公路沥青路面厚度时采用回弹模量来表示路基和路面材料的抗压强度。回弹模量是指路基或路面材料在荷载作用下产生的压应力与其相应的回弹应变的比值。

(1) 确定路基回弹模量

路基回弹模量用 E_0 表示，对于原有路基的回弹模量应采用实测法确定。在新建公路初步设计时，路基的回弹模量值应根据查表法、室内试验法、换算法等[具体方法见《公路沥青路面设计规范》(JTG D50—2006)]，经综合分析论证，确定沿线不同路基状况的路基回弹模量设计值。当路基建成后，应在不利季节实测各路段路基回弹模量的代表值，以检验是否符合设计值的要求，如达不到要求应采取措施加以处理。

现行《公路沥青路面设计规范》(JTG D50—2006)规定：设计时宜使路基处于干燥或中湿状态，土基回弹模量值应大于30MPa，重交通、特重交通公路土基回弹模量值应大于40MPa。否则应采取技术措施对路基进行处理。

(2) 确定路面材料的回弹模量与劈裂强度

公路沥青路面厚度计算时，各结构层材料的抗压强度均采用抗压回弹模量表示。沥青混凝土和半刚性材料的抗拉强度，采用劈裂试验测得的劈裂强度表示。

①沥青混合料的抗压回弹模量，应按《公路工程沥青及沥青混合料试验规程》(JTG E20—2011)中规定的方法测定；半刚性材料的抗压回弹模量，应按《公路工程无机结合料稳定材料试验规程》(JTG E51—2009)规定的顶面法测定。

②沥青混合料的极限劈裂强度，应按《公路工程沥青及沥青混合料试验规程》(JTG

E20—2011)中规定的方法测定;半刚性材料的极限劈裂强度,应按《公路工程无机结合料稳定材料试验规程》(JTG E51—2009)中规定的方法测定,其中水泥稳定类材料系指龄期为90d 的极限劈裂强度;二灰稳定类、石灰稳定类材料系指龄期为180d 的极限劈裂强度;水泥粉煤灰稳定类材料系指龄期为120d 的极限劈裂强度。

在工程可行性研究阶段,可参考表1-10、表1-11,经论证后选用各种材料的回弹模量及抗拉强度。

基层、底基层材料设计参数   表1-10

材料名称	配合比或规格要求	抗压回弹模量 E(MPa)(弯沉计算用)	抗压模量 E(MPa)(拉应力计算用)	劈裂强度 σ(MPa)
水泥砂砾	4%~6%	1100~1500	3000~4200	0.4~0.6
水泥碎石	4%~6%	1300~1700	3000~4200	0.4~0.6
二灰砂砾	7:13:80	1100~1500	3000~4200	0.6~0.8
二灰碎石	8:17:75	1300~1700	3000~4200	0.5~0.8
石灰水泥粉煤灰砂砾	6:3:16:75	1200~1600	2700~3700	0.4~0.55
石灰粉煤灰碎石	4:16:80	1300~1700	2400~3000	0.4~0.55
石灰土碎石	粒料>60%	700~1100	1600~2400	0.3~0.4
碎石灰土	粒料>40%~50%	600~900	1200~1800	0.25~0.35
水泥石灰砂砾土	4:3:25:68	800~1200	1500~2200	0.3~0.4
二灰土	10:30:60	600~900	2000~2800	0.2~0.3
石灰土	8%~12%	400~700	1200~1800	0.2~0.25
石灰土处理路基	4%~7%	200~350	—	—
级配碎石	基层连续级配型	300~350	—	—
级配碎石	基层骨架密实型	300~500	—	—
级配碎石	底基层、垫层	200~250	—	—
填隙碎石	底基层	200~280	—	—
未筛分碎石	做底基层用	180~220	—	—
级配砂砾、天然砂砾	做底基层用	150~200	—	—
中粗砂	垫层	80~100	—	—

沥青混合材料设计参数   表1-11

材料名称		抗压回弹模量 E(MPa)		15℃劈裂强度(MPa)	备注
		20℃	15℃		
细粒式沥青混凝土	密级配	1200~1600	1800~2200	1.2~1.6	AC-10,AC-13
细粒式沥青混凝土	开级配	700~1000	1000~1400	0.6~1.0	OGFC
沥青玛蹄脂碎石		1200~1600	1600~2000	1.4~1.9	SMA
中粒式沥青混凝土		1000~1400	1600~2000	0.8~1.2	AC-16,AC-20
密级配粗粒式沥青混凝土		800~1200	1000~1400	0.6~1.0	AC-25
沥青碎石基层	密级配	1000~1400	1200~1600	0.6~1.0	ATB-25,ATB-35
沥青碎石基层	半开级配	600~800	—	—	AM-25,AM-35
沥青贯入式		400~600	—	—	—

7. 设计弯沉值

对于沥青路面上某个测点,当它受到行车荷载的作用时,就产生垂直位移,在加荷过程中观测的变形值是总弯沉;当行车荷载卸除后,路面就向上回弹,在卸荷过程中观测到的变形值是回弹弯沉;总弯沉与回弹弯沉之差就是残余弯沉,如图1-4所示。残余弯沉一般仅为总弯沉的10%左右,可认为路面是处于或接近弹性工作状态。因此可采用回弹弯沉来表征路面的整体刚度和强度。

图1-4 路面的总弯沉与弹性弯沉

路面回弹弯沉值可用贝克曼梁弯沉仪由标准汽车按前进卸荷法进行测定。在相同行车荷载作用下,路面弯沉值越大,则路面抵抗垂直变形的能力越弱,反之则强。理论与实践表明,应该根据路面的使用寿命等因素来确定它所容许的最大弯沉值(即设计弯沉值)。

设计弯沉值是指路面结构在经受设计使用期累积标准轴载次数后,路面状况优于设计的公路的极限状态标准时,所必须具有的路表回弹弯沉值,它是根据设计年限内一个车道上预测通过的累计当量轴次、公路等级、路面结构类型确定,用l_d表示。

设计弯沉值是表征路面整体刚度和强度大小的指标,是路面厚度计算的主要依据。现行《公路沥青路面设计规范》(JTG D50—2006)采用式(1-14)计算设计弯沉值:

$$l_d = \frac{600}{N_e^{0.2}} A_c A_s A_b \tag{1-14}$$

式中:l_d——设计弯沉值(0.01mm)对沥青路面是指路面温度为20℃时的值;

N_e——设计年限内一条车道上累计当量轴次(次);

A_c——公路等级系数,高速公路、一级公路为1.0,二级公路为1.1,三、四级公路为1.2;

A_s——面层类型系数,沥青混凝土面层为1.0,热拌和冷拌沥青碎石、沥青贯入式(含上拌下贯式)路面、沥青表面处治为1.1;

A_b——路面结构类型系数,半刚性基层沥青路面时,$A_b = 1.0$;柔性基层沥青路面时,$A_b = 1.6$。

8. 结构层材料的容许拉应力计算

结构层材料的容许拉应力σ_R是路面承受行车荷载反复作用达到临界破坏状态时的最大疲劳拉应力。容许拉应力的确定与材料的极限抗拉强度有关,同时也与重复荷载作用次数有关。现行《公路沥青路面设计规范》(JTG D50—2006)中,容许拉应力按下列公式确定:

$$\sigma_R = \frac{\sigma_s}{K_s} \tag{1-15}$$

式中:σ_s——整体性结构层材料的极限劈裂强度(MPa),由试验确定;

K_s——抗拉强度结构系数。与荷载的反复作用次数有关。

对于沥青混凝土层:

$$K_s = \frac{0.09 N_e^{0.22}}{A_e} \tag{1-16}$$

对于无机结合料稳定集料类:

$$K_s = \frac{0.35 N_e^{0.11}}{A_e} \tag{1-17}$$

对于无机结合料稳定土类：

$$K_s = \frac{0.45 N_e^{0.11}}{A_e} \tag{1-18}$$

二、沥青路面结构组合设计

1. 沥青路面设计遵循的原则

（1）开展现场资料调查和收集工作，做好交通荷载分析与预测，按照全寿命周期成本的理念进行路面设计。

（2）调查掌握沿线路基特点，查明土质、路基干湿类型，在对不良地质路段处理的基础上，按面层耐久、基层坚实、土基稳定的要求进行路基路面综合设计。

（3）遵循因地制宜、合理选材、节约投资的原则，选择技术先进、经济合理、安全可靠、方便施工的路面结构方案。

（4）结合当地条件，积极、慎重地推广新技术、新结构、新材料、新工艺与新设备，并认真铺筑试验路段，总结经验，不断完善，逐步推广。

（5）符合国家环境保护的有关规定，保护相关人员的安全和健康，重视材料的再生利用与废弃料的处理。

（6）高速公路、一级公路的沥青路面不宜采用分期修建。对软土地区或高填方路基、黄土湿陷地区等可能产生较大沉降的路段，以及初期交通量较小的公路可"一次设计、分期修建"。

2. 沥青路面各结构层的选择

（1）面层类型的选择

沥青路面面层类型应与公路等级、使用要求、交通等级相适应。面层类型选择不仅要考虑高强、平整、抗滑、高温稳定性好、低温抗裂性好、水稳性好和不透水等性能，还应考虑沥青的面层数。如重交通及以上的公路，面层应为2～3层，以抵抗水平力在面层底部产生的剪应力。

沥青混凝土、沥青玛蹄脂碎石可用于各级公路的面层；沥青碎石、沥青贯入式、沥青表面处治和稀浆封层可用于三级公路、四级公路的面层；冷拌沥青混合料可用于交通量小的三级公路、四级公路的面层。在沥青路面设计时，在没有当地其他相同等级公路设计经验的情况下，可根据表1-12来选择面层类型。

沥青路面各层适用的沥青混合料类型 表1-12

筛孔系列	结构层次	高速公路、一级公路、二级公路		其他等级公路	
		三层式沥青混凝土路面	两层式沥青混凝土路面	沥青混凝土路面	沥青碎石路面
方孔筛系列	上面层	AC-13、AC-16、AC-20	AC-13、AC-16	AC-10、AC-13、AC-16	AM-10、AM-13
		SMA-10、SMA-13			
		OGFC-10、OGFC-13			
	中面层	AC-20、AC-25			
		SMA-16、SMA-20			
	下面层	AC-20、AC-25、ATB-25、ATB-30	AC-20、AC-25	AM-16、AM-20	AM-16、AM-20

(2)基层与底基层类型选择

基层要有足够的强度、一定的刚度和水稳定性。基层、底基层选择应贯彻就地取材的原则,认真做好当地材料的调查,根据交通量及其组成、气候条件、筑路材料以及路基水文状况等因素,选择技术可靠、经济合理的结构层。

沥青混合料类、水泥或二灰稳定集料类、贫混凝土及级配碎石可用于交通量繁重的公路基层,其他类型(嵌锁型、级配型)的材料可适用较小交通量的公路基层。

底基层应充分利用沿线符合要求的当地材料,也可采用无机结合料稳定类材料等。

为了保护路面面层边缘,当不设置路缘石时,基层宽度每侧至少比面层宽出25cm;底基层每侧至少比基层宽出15cm。基层、底基层的两侧通常设置1:1的坡面。

(3)垫层类型选择

垫层通常设在路基处于潮湿和过湿以及有冰冻翻浆的路段,以排除路面、路基中滞留的自由水。常用材料有两类:一是用松散粒料,如粗砂、砾石、碎石和煤渣等组成的透水性垫层;二是整体性材料,如水泥或石灰粉煤灰稳定类等组成的稳定性垫层。

高速公路和一、二级公路的排水层应铺至路基同宽,以利路面结构排水,保证路基稳定。三、四及公路的垫层宽度应比(底)基层每侧至少宽出25cm,两侧通常设置1:1的坡面。

3. 沥青路面结构组合设计要求

路基路面是一个整体结构,各结构层有各自的特性和作用,并相互制约和影响。路面结构层的组合设计,就是使整个路面结构经济合理,既要使路面有足够的整体刚度和强度,还应保证路基的强度和稳定性。

(1)各结构层的强度组合设计要求

行车荷载的垂直力作用于路面表面,路面结构内部产生的竖向应力和应变随深度而递减;行车荷载的水平力作用产生的应力和应变随深度递减更快。因而各层材料的强度的要求也随深度而相应减小,如图1-5所示。

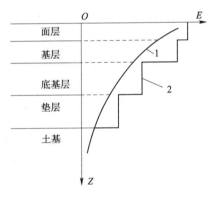

图1-5 应力与强度随深度的变化
1-荷载应力分布曲线;2-材料强度;E-布置曲线

采用强度按深度递减的规律组合路面时,各相邻结构层之间的模量不能相差过大。对于半刚性基层沥青路面结构,沥青层的回弹模量一般小于半刚性基层的回弹模量,基层与沥青面层的模量比宜为1.5~3.0;基层与底基层的模量比不宜大于3.0;底基层与土基的模量比宜为2.5~12.5。

(2)结构层的层数和厚度组合设计要求

为了便于施工,路面结构层的层数不宜过多。每一结构层的施工最小厚度和适宜厚度可根据《公路沥青路面设计规范》(JTG D50—2006)规定进行选择,各类结构层压实最小厚度和适宜厚度见表1-13。

(3)各结构层的层间结合设计要求

在半刚性基层上修建沥青面层时,由于半刚性基层材料的干缩和温缩,会导致面层相应地出现反射裂缝,应采取相应的技术措施防止反射裂缝。

①减少收缩开裂和反射裂缝的技术措施

a. 选用骨架密实型半刚性基层,严格控制细料含量、结合料剂量、含水率及养生时间。

沥青混合料的压实最小厚度与适宜厚度　　　　　　　　　　　　表 1-13

结构层类型		最大粒径（mm）	公称最大粒径（mm）	符号	压实最小厚度（mm）	适宜厚度（mm）
密级配沥青混凝土（AC）	砂粒式	9.5	4.75	AC-5	15	15~30
	细粒式	13.2	9.5	AC-10	20	25~40
		16	13.2	AC-13	35	40~60
	中粒式	19	16	AC-16	40	50~80
		26.5	19	AC-20	50	60~100
	粗粒式	31.5	26.5	AC-20	70	80~120
密级配沥青碎石（ATB）	粗粒式	31.5	26.5	ATB-25	70	80~120
		37.5	31.5	ATB-30	90	90~150
	特粗式	53	37.5	ATB-40	120	120~150
开级配沥青碎石（ATPB）	粗粒式	31.5	26.5	ATPB-25	80	80~120
		37.5	31.5	ATPB-30	90	90~150
	特粗式	53	37.5	ATPB-40	120	120~150
半开级配沥青碎石（AM）	细粒式	16	13.2	AM-13	35	40~60
	中粒式	19	16	AM-16	40	50~70
		26.5	19	AM-20	50	60~80
	粗粒式	31.5	26.5	AM-25	80	80~120
	特粗式	53	37.5	AM-40	120	120~150
沥青玛蹄脂碎石混合料（SMA）	细粒式	13.2	9.5	SMA-10	25	25~50
		16	13.2	SMA-13	30	35~60
	中粒式	19	16	SMA-16	40	40~70
		26.5	19	SMA-20	50	50~80
开级配沥青磨耗层（OGFC）	细粒式	13.2	9.5	OGFC-10	20	20~30
		16	13.2	OGFC-13	30	30~40
沥青贯入式					40	40~80
沥青上拌下贯式					60	60~80
沥青表面处治					10	10~30
无机结合料稳定类（水泥稳定类、石灰粉煤灰稳定类、石灰稳定类）					150	180~200
贫混凝土					150	180~240
级配碎石、级配砾石					80	100~200
泥结碎石					80	100~150
填隙碎石					100	100~120

注：表中未列出的结构层的压实最小厚度与适宜厚度参见现行《公路沥青路面设计规范》（JTG D50—2006）。

b. 适当加大沥青面层的厚度,在半刚性结构层上设置沥青稳定碎石或级配碎石等柔性基层。

c. 在半刚性结构层上设置应力吸收层、应力吸收膜或者土工合成材料等。

半刚性基层沥青路面,应采取层间结合的可靠技术措施,防止层间滑移,并提高沥青混合料的抗剪强度。

②层间结合紧密的技术措施

a. 沥青层之间设置黏层沥青,可用乳化沥青、改性乳化沥青或热沥青。

b. 各种基层上设置透层沥青,应具有良好的渗透性能,可选用液体沥青,乳化沥青等。

c. 在半刚性基层上设置下封层。

d. 新、旧沥青层之间,以及沥青层与旧水泥混凝土板之间洒布黏层沥青,宜用热沥青、改性乳化沥青或乳化沥青。

e. 拓宽路面时,新、旧路面接茬处喷涂黏结沥青,并在接茬顶面各1m宽度范围内设置防裂土工织物。

f. 双层式半刚性基层宜采用连续摊铺、碾压工艺。

(4)垫层设计要求

当路线通过潮湿、过湿地区及软弱地基时,可采取设置垫层,或换填砂砾等透水材料,或掺入无机结合料等处理路基。各级公路的排水垫层应与边缘排水系统相连接,垫层宽度应铺筑到路基边缘或与边沟下的渗沟相连接。

对于冰冻地区各级公路的中湿和潮湿路段,水和温度的综合作用常常产生冻胀和翻浆病害。路面结构除了要保证力学强度的要求外,其总厚度还应满足防冻厚度的要求,以免在路基内出现较厚的聚冰带,从而导致路面的不均匀冻胀。过潮湿路段需做特殊处理。

①垫层设计的基本要求

a. 防冻垫层应采用透水性好的粒料类材料,通过0.075mm筛孔颗粒含量不宜大于5%。垫层厚度视具体情况而定,一般为150~200mm,重冰冻地区潮湿、过湿路段可为300~400mm。

b. 采用碎石和砂砾垫层时,颗粒组成宜满足无结合料材料的级配要求,最大粒径应与结构层厚度相协调,一般最大粒径不超过结构层厚度的1/2;采用未筛分碎石和天然砂砾垫层时,最大粒径应为结构层厚度的1/3~2/3。以保证形成骨架结构,提高结构层的稳定性。

c. 可在路基顶面设土工合成材料隔离层,以防止路基污染粒料类垫层或隔断地下水。

②防冻厚度验算。冰冻地区各级公路的中湿、潮湿路段,应进行防冻厚度验算。

根据交通量计算的结构层总厚度应不小于表1-14中最小防冻厚度的规定。若结构层总厚度小于最小防冻厚度时,应增加防冻垫层使其满足最小防冻厚度的要求。

最小防冻厚度(cm) 表1-14

路基类型	道路冻深	黏性土、细亚砂土			粉性土		
		砂石类	稳定土类	工业废料类	砂石类	稳定土类	工业废料类
中湿	50~100	40~45	35~40	30~35	45~50	40~45	30~40
	100~150	45~50	40~45	35~40	50~60	45~50	40~45
	150~200	50~60	45~55	40~50	60~70	50~60	45~50
	>200	60~70	55~65	50~55	70~75	60~70	50~65
潮湿	60~100	45~55	40~50	35~45	50~60	45~55	40~50
	100~150	50~60	45~55	45~50	60~70	55~65	50~60
	150~200	60~70	55~65	50~55	70~80	65~70	60~65
	>200	70~80	65~75	55~70	80~100	70~90	65~80

注:①在《公路自然区划标准》(JTJ 003—86)中,对潮湿系数小于0.5的地区,Ⅱ、Ⅲ、Ⅳ等于干旱地区防冻厚度应比表中值减少15%~20%。

②对Ⅱ区砂性土路基防冻厚度应相应减少5%~10%。

三、新建沥青路面结构厚度计算

1. 沥青路面设计程序

(1) 根据设计要求,按弯沉或拉应力指标分别计算设计年限内一个车道上的累计标准轴载当量轴次,确定设计交通量与交通等级,拟订面层、基层类型,并计算设计弯沉值。

(2) 按路基土类与干湿类型及路基横断面形式,将路基划分为若干路段,确定各个路段土基回弹模量设计值。

(3) 参考本地区的经验拟订几种可行的路面结构组合和厚度方案,根据工程选用的材料进行配合比设计试验,测定各结构层材料的抗压回弹模量、抗拉强度等,确定各结构层材料的设计参数,计算容许拉应力值。

(4) 根据设计指标采用多层弹性体系理论设计程序计算或验算路面厚度。

(5) 对于季节性冰冻地区的沥青路面,应验算防冻厚度是否符合要求。

(6) 进行技术经济比较,确定采用的路面结构方案。

上述设计程序可用设计框图表示,如图1-6所示。

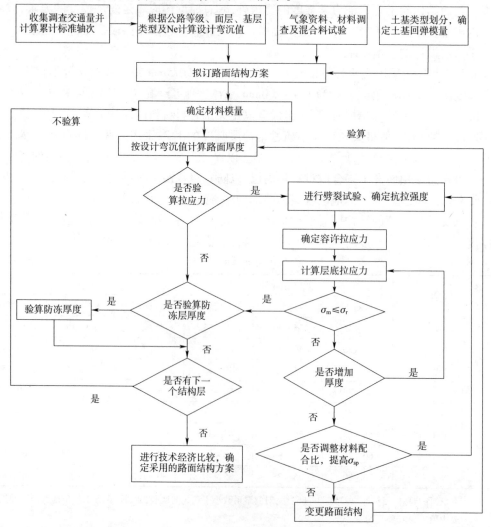

图1-6 路面结构设计程序流程图

2. 轮隙中心路表回弹弯沉的计算

沥青路面厚度根据多层弹性理论、层间接触条件为完全连续体系时,在双圆均布荷载作用下,轮隙中心处 A 点路表计算(或实测)弯沉值 l_s 小于或等于设计弯沉值 l_d 的原则进行计算,其力学图示如图 1-7 所示。计算公式表示为:

$$l_s \leq l_d \tag{1-19}$$

$$l_s = 1000 \frac{2P\delta\alpha_c F}{E_0} \tag{1-20}$$

$$\alpha_c = f\left(\frac{h_1}{\delta}, \frac{h_2}{\delta}, \cdots, \frac{h_{n-1}}{\delta}, \frac{E_2}{E_1}, \frac{E_3}{E_2}, \cdots, \frac{E_0}{E_{n-1}}\right) \tag{1-21}$$

$$F = 1.63\left(\frac{l_s}{2000\delta}\right)^{0.38}\left(\frac{E_0}{p}\right)^{0.36} \tag{1-22}$$

式中: l_s——路表计算(或为实测)弯沉值(0.01mm);
p——标准车型的轮胎接地压强(MPa);
δ——当量圆半径(cm);
α_c——理论弯沉系数;
F——弯沉综合修正系数;
E_0——土基抗压回弹模量值(MPa);
E_1、E_2、$\cdots$、E_{n-1}——各层材料的抗压回弹模量值(MPa);
h_1、h_2、$\cdots$、h_{n-1}——各结构层厚度(cm)。

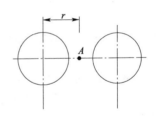

图 1-7 路面弯沉值计算示意图

计算步骤如下:

(1)对拟定的结构组合,拟定某一层位作为设计层。
(2)计算设计车道的累计当量轴次 N_e,确定设计弯沉值 l_d。
(3)确定土基的抗压回弹模量设计值 E_0。
(4)论证地确定各层材料的抗压回弹模量设计值。
(5)根据设计车道累计当量轴次、设计弯沉值、各结构层的抗压回弹模量、土基回弹模量以及已知结构层的厚度,利用 hdps 路面设计程序即可求得设计层的厚度。

3. 路面结构层层底拉应力计算

对于高速公路、一级公路、二级公路的沥青混凝土层和半刚性材料基层、底基层,应验算其拉应力是否满足容许拉应力的要求。如不满足要求,可考虑调整路面结构层厚度、变更路面结构组合或调整材料配合比,以提高极限抗弯拉强度,再重新计算。

计算路面结构层层底拉应力时,仍以多层弹性层状体系理论为基础,层间接触条件为完全连续体系,其计算图示如图 1-8 所示。层底拉应力以单圆的中心点 B 及双圆轮隙中心以下的点 C 为计算点,并取最大值作为层底最大拉应力。

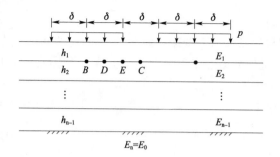 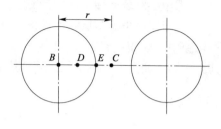

图 1-8 层底拉应力计算示意图

整体性材料层底拉应力采用最大拉应力的理论公式计算：

$$\sigma_m = p \, \overline{\sigma}_m \tag{1-23}$$

$$\overline{\sigma} = f\left(\frac{h_1}{\delta}, \frac{h_2}{\delta}, \cdots, \frac{h_{n-1}}{\delta}, \frac{E_2}{E_1}, \frac{E_3}{E_2}, \cdots \frac{E_0}{E_{n-1}}\right) \tag{1-24}$$

$$\sigma_m \leqslant \sigma_R \tag{1-25}$$

根据计算参数,利用 hdps 路面设计程序即可完成层底拉应力计算。

4. 沥青路面结构层厚度的设计方法

路面各结构层的厚度可按计算法或验算法确定。

（1）计算法

根据路用性能要求或工程经验确定路面结构组合类型,先拟订某一层作为设计层,然后根据混合料类型与施工工艺要求确定其他各层厚度,按规定的流程计算设计层厚度。设计层厚度不应小于最小压实厚度。

（2）验算法

根据本地区典型路面结构确定路面结构组合类型,然后根据混合料类型与施工工艺要求确定各结构层的厚度,按规定的流程进行结构验算,验算通过后即可作为备选结构。

5. 新建沥青路面交工时强度检验

路面交工时,应在不利季节采用 BZZ-100 标准轴载实测轮隙中心处路表弯沉值。其弯沉代表值应符合式(1-26)的要求：

$$l_{0j} \leqslant l_a \qquad l_{0j} = (\overline{l}_0 + Z_\alpha S) K_1 K_3 \tag{1-26}$$

式中：l_{0j}——某路段实测路表弯沉的代表值(0.01mm)；

l_a——路表面弯沉检测的标准值(0.01mm),按最后确定的路面结构厚度与材料模量计算的路表面弯沉值；

$\overline{l}_0$——某路段实测路表回弹弯沉的平均值及标准差(0.01mm)；

Z_α——保证率系数。高速公路、一级公路取 1.645,其他公路沥青路面取 1.5；

K_1——季节影响系数。可根据当地经验确定；

K_3——温度修正系数。温度修正方法按有关规定进行。

四、沥青路面结构设计图的基本组成

1. 路面结构图（可参考附录中的附图一和附图二）

路面结构图包括各组成部分的尺寸标注(主要是宽度)和各结构层的名称、厚度。

2. 设计参数

设计参数以列表的形式表示,说明设计参数的名称和取值。

设计参数包括:公路自然区划,设计基准期(年),交通量年平均增长率(%),车道系数,弯沉设计时的标准轴载累计作用次数(次),拉应力设计时的标准轴载累计作用次数(次),交通等级,设计弯沉值(0.01mm),路基土类,路基干湿类型,路基回弹模量(MPa),路基顶面控制弯沉值(0.01mm),面层和基层及垫层回弹模量(MPa),整体性结构层材料的极限劈裂强度(MPa),各结构层顶面控制弯沉值(0.01mm)等。

3. 路缘石大样图(如果有)

图中显示路缘石横断面尺寸、埋深及材料类型等。

4. 路面排水结构图(如果有)

图中显示路面内部排水结构横断面尺寸、埋深及材料类型等。

5. 路面工程数量表

按路段长度计算路面各结构层的工程数量。路面工程数量表在设计图纸上可不显示。

6. 附注(设计说明)

逐条说明图中尺寸单位及比例(尺)、对原材料及混合材料的技术要求、施工注意事项等内容。

7. 图纸下框内容

由设计单位名称,工程名称,图纸名称,设计、复核、审核签字栏,比例,图号,日期等组成。

 任务工单

任务工单

学习情境一:路面设计与识图 工作任务三:沥青路面结构图设计	班级		
	姓名		学号	
	日期		评分	

1. 小组讨论沥青路面设计原理和设计控制指标。

2. 小组讨论沥青路面设计的基本依据。

3. 小组讨论新建沥青路面的设计方法。

【实训】沥青路面结构设计与结构图绘制。

Ⅱ5区某一新建一级公路,某路段(长度3.5km)为整体式断面,双向四车道,设计速度100km/h,路基宽度26m,车道宽度2×7.5m,中间带宽度3.5m,右侧硬路肩宽度3m,路堤边坡坡度1:1.5,拟修建沥青混凝土路面。

(1)该路段路堤填料为黏质土,预计路基干湿类型为中湿状态。

(2)预测路面竣工后载货汽车交通量及交通组成情况见下表,交通量年平均增长率为6.5%。

车型	长征 XD160	黄河 JN-150	东风 EQ-140	解放 CA-50	大脱拉138	黄河 QD-351	日野 KB222
交通量(辆/d)	200	300	1500	1000	150	220	210

(3)当地最热月平均日最高气温32℃,极端最低气温-15℃,年降雨量600mm,道路冻深55cm。

(4)当地材料供应情况:沥青、水泥、石灰、粉煤灰、碎石、砾石、砂、黏土等材料供应充足。

工作任务四　水泥混凝土路面结构图设计

1. 应知应会

(1)认识公路水泥混凝土路面设计理论概况；
(2)掌握水泥混凝土路面厚度计算的依据；
(3)熟悉水泥混凝土路面结构组合设计；
(4)掌握水泥混凝土路面接缝设计；
(5)掌握水泥混凝土路面板厚计算；
(6)熟悉水泥混凝土路面结构设计程序流程图；
(7)认知其他类型的水泥混凝土面层设计方法；
(8)掌握水泥混凝土路面结构设计图的基本组成内容；
(9)掌握水泥混凝土路面结构图的制图标准。

2. 学习要求

(1)研读教材内容以及最新技术标准与规范；
(2)查阅某一公路水泥混凝土路面结构计算书；
(3)重视理论联系实际。

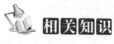

水泥混凝土路面板在行车荷载作用下产生的变形很小,在力学分析时常将其视为弹性板,由基层(垫层)和路基组成的地基视为弹性地基,因此,水泥混凝土路面在力学模式上可视为弹性地基上的弹性板,简称弹性地基板。将水泥混凝土面层下的基层(包括底基层或垫层)及路基作为弹性层状地基,应用弹性层状体系理论可求解基层顶面的当量回弹模量。

水泥混凝土面板的刚度远大于基(垫)层和路基的刚度。在荷载作用下,它具有良好的扩散荷载的能力,所产生的弯曲变形远小于其厚度,因此,一般采用小挠度薄板理论进行分析。

1. 小挠度弹性薄板的基本假设

在弹性力学里,两个平行面和垂直于这两个平行面的平面所围成的柱面或棱柱面简称板。两个平行板面之间的垂直距离 h 称为厚度,平分厚度 h 的平面称为板的中面。如果板的厚度 h 远小于中面的最小边尺寸 b,这种板称薄板。当薄板弯曲时,中面所弯成的曲面称为薄板的弹性曲面,而中面内各点在竖向的(即垂直于中面方向)位移称为挠度。水泥混凝土板属于等厚体小挠度弹性薄板,力学参数为弹性模量 E 和泊松比 μ。也就是说,虽然板很薄,但仍然具有相当的弯曲刚度,因而其挠度远小于厚度。

2. 地基顶面的挠度与反力之间的关系

地基顶面的挠度与反力之间的关系有以下两种不同的假说。

(1)温克勒地基

假设地基上任一点的反力仅同该点的挠度成正比,而与其他点无关,即地基相当于由互不联系的弹簧组成。这是以反力模量 K 表征的地基,简称 K 地基。

（2）弹性半空间地基

它是以弹性模量和泊松比表征的地基,简称 E 地基。假设地基为一个各向同性的弹性半无限体。

弹性半空间地基假设要比温克勒地基假设更符合地基实际的工作情况。但在荷载作用于板边、板中或板角隅处,对有限尺寸的矩形板,运用弹性半无限地基板理论计算相应位置的挠度和弯矩时,在数学上遇到困难。因此,在实际计算中常采用近似的数值计算方法——有限元法。

根据我国的生产实践和科研成果,我国现行《公路水泥混凝土路面设计规范》(JTG D40—2011)采用弹性地基板理论,而地基模型则采用以弹性模量和泊松比表征的弹性半空间地基假说。

3. 水泥混凝土路面温度应力分析

水泥混凝土路面板内不同深处的温度随气温的变化而变化,这种变化使水泥混凝土板出现膨胀和收缩变形的趋势。当变形受阻时,板内便产生胀缩应力或翘曲应力。板的平面尺寸越大,翘曲应力越大,这种温度疲劳应力是导致混凝土板破坏的原因之一。路面板划分为有限尺寸板块后,因收缩而产生的应力很小,可不予考虑。

由于水泥混凝土板、基层和土基的导热性能较差,当气温变化较快时,使板顶面与底面产生温度差,因而板顶与板底的胀缩变形大小也就不同。当气温升高时,板顶面温度较其底面高,板顶膨胀变形较板底的大,则板中部可能隆起;相反,当气温下降时,板顶面温度较其底面板低,板顶收缩变形较板底大;因而板的边缘和角隅可能翘起,如图 1-9 所示。由于板的自重、地基反力和相邻板的压制作用,使部分翘曲变形受阻,从而使板内产生翘曲应力。由气温升高引起的板中部隆起受到限制时,板底面出现拉应力;而当气温降低引起的板四周翘起受阻时,板顶面出现拉应力。

a)气温升高时　　　　　　　　b)气温降低时

图 1-9　混凝土路面板的翘曲变形

4. 水泥混凝土路面厚度设计方法

路面厚度的设计方法有经验法和解析法两大类。经验法是以试验路为基础,经过长期的观测建立起标准轴载作用次数、路面结构厚度和使用性能之间的经验公式,如美国的 AASHO 法。解析法则是以结构分析为基础,利用弹性地基板理论来计算荷载应力,并以疲劳开裂作为路面破坏临界状态,如美国的 PCA 法。我国目前仍采用解析法,并以设计基准期末期混凝土面层板出现疲劳断裂为临界状态作标准。

任务实施

一、水泥混凝土路面设计依据

水泥混凝土路面设计,应根据公路的使用任务、性质和要求,结合当地气候、水文、土质、材料、施工技术、实践经验以及环境保护要求等,通过技术经济分析,以最低的寿命周期费用提供一种合适的路面结构。该结构在设计使用期内,按规定满足预期的使用性能要求,并同所处的自然环境相适应。

水泥混凝土路面设计的依据包括以下几项。

1. 可靠度设计标准

现行《公路水泥混凝土路面设计规范》(JTG D40—2011)中,对水泥混凝土路面设计引入了目标可靠度、材料力学性能和结构尺寸参数的变异水平等级等指标。水泥混凝土路面结构可靠度可定义为:在规定的设计基准期内,在规定的交通和环境条件下,行车荷载疲劳应力和温度梯度应力的总和不超过混凝土弯拉强度的概率。

《公路水泥混凝土路面设计规范》(JTG D40—2011)规定:各级公路水泥混凝土路面结构的设计安全等级及相应的设计基准期、目标可靠指标和目标可靠度,应符合表1-15的规定。

可靠度设计标准　　　　　　　表1-15

公路等级	高速公路	一级公路	二级公路	三级公路	四级公路
安全等级	一级		二级	三级	
设计基准期(a)	30		20	15	10
目标可靠度(%)	95	90	85	80	70
目标可靠指标	1.64	1.28	1.04	0.84	0.52

2. 设计参数的变异水平等级与变异系数

各安全等级路面的材料性能和结构尺寸参数的变异水平可分为低、中和高三级,应按公路等级以及所采用的施工技术和所能达到的施工质量控制和管理水平,通过调研确定变异水平等级和相应的变异系数。高速公路、一级公路的变异水平等级宜为低级,二级公路的变异水平等级应不大于中级。确有困难时可按表1-16规定的主要设计参数变异系数范围选择相应的变异系数。

变异系数 C_v 的范围　　　　　　　表1-16

变异水平等级	低	中	高
水泥混凝土弯拉强度	$0.05 \leqslant C_v \leqslant 0.10$	$0.10 < C_v \leqslant 0.15$	$0.15 < C_v \leqslant 0.20$
基层顶面当量回弹模量	$0.15 \leqslant C_v \leqslant 0.25$	$0.25 < C_v \leqslant 0.35$	$0.35 < C_v \leqslant 0.55$
水泥混凝土面层厚度	$0.02 \leqslant C_v \leqslant 0.04$	$0.04 < C_v \leqslant 0.06$	$0.06 < C_v \leqslant 0.08$

3. 可靠度系数

现行《公路水泥混凝土路面设计规范》规定:水泥混凝土路面结构设计应以面层板在设计基准期内,在行车荷载和温度梯度综合作用下,不产生疲劳断裂作为设计标准;并以最重轴载和最大温度梯度综合作用下,不产生极限断裂作为验算标准。其极限状态设计表达式可分别采用式(1-27)和式(1-28),其表达式为:

$$\gamma_r(\sigma_{pr} + \sigma_{tr}) \leqslant f_r \tag{1-27}$$

$$\gamma_r(\sigma_{p,max} + \sigma_{t,max}) \leqslant f_r \tag{1-28}$$

式中:σ_{pr}——面层板在临界荷位处产生的行车荷载疲劳应力(MPa);

σ_{tr}——面层板在临界荷位处产生的温度梯度疲劳应力(MPa);

$\sigma_{p,max}$——最重的轴载在临界荷位处产生的最大荷载应力(MPa);

$\sigma_{t,max}$——所在地区最大温度梯度在临界荷位处产生的最大温度翘曲应力(MPa);

γ_r——可靠度系数。依据所选目标可靠度及变异水平等级按表1-17确定;

f_r——水泥混凝土弯拉强度标准值(MPa)。

可 靠 度 系 数　　　　　　　　　　　　　　　　　　　　　　　　　　　表 1-17

变异水平等级	目标可靠度(%)			
	95	90	85	80~70
低	1.20~1.33	1.09~1.16	1.04~1.08	—
中	1.33~1.50	1.16~1.23	1.08~1.13	1.04~1.07
高	—	1.23~1.33	1.13~1.18	1.07~1.11

注:变异系数接近下限时,可靠度系数取低值;接近上限时,取高值。

4. 设计车道标准轴载累计作用次数

(1)设计轴载的作用次数 N_s 计算

按疲劳断裂设计标准进行结构分析时,以100kN单轴—双轮组荷载作为设计轴载,对极重交通荷载等级的水泥混凝土路面,宜选用货车中占主要份额特重车型的轴载作为设计轴载。各级轴载作用次数 N_s,可按式(1-29)换算为设计轴载的作用次数 N_s。

$$N_s = \sum_{i=1}^{n} N_i \left(\frac{P_i}{P_s}\right)^{16} \tag{1-29}$$

式中:P_i——第 i 级轴载重(kN),联轴按每一根轴载单独计;

P_s——设计轴载重(kN);

n——各种轴型的轴载级位数;

N_i——i 级轴载的作用次数;

N_s——设计轴载的作用次数。

(2)设计车道标准轴载累计作用次数 N_e 计算

①设计车道使用初期的年平均日货车交通量

可利用当地交通量观测站的观测和统计资料,或者通过实地设立站点进行交通量观测和统计,获取所设计公路的初期年平均日交通量(双向)及其车辆类型组成数据,剔除2轴4轮及以下的客、货运车辆交通量,得到包括大型客车交通量在内的初期年平均日货车交通量(双向)。

调查分析双向交通的分布情况,选取交通量方向分配系数,一般情况可采用0.5。依据设计公路的车道数,参照表1-18确定交通量车道分配系数。

交通量的车道分配系数　　　　　　　　　　　　　　　　　　　　　　　表 1-18

单向车道数		1	2	3	≥4
车道分配系数	高速公路	—	0.7~0.85	0.45~0.6	0.4~0.5
	其他等级公路	1.0	0.5~0.75	0.5~0.75	—

注:交通受非机动车和行人影响较严重的取低限,反之取高限。

初期年平均日货车交通量(双向)乘以方向分配系数和车道分配系数,即为设计车道的年平均日货车交通量(ADTT)。

可依据公路等级、功能及所在地区的经济和交通运输发展情况,通过调查分析,预估设计基准期内的货车交通量增长趋势,确定设计基准期内货车交通量的年平均增长率。

②轴载调查与分析

利用当地称重测站的测定和统计资料,或者通过设立站点进行轴重调查和测定,获取所设计公路通过的车型、轴型和轴载组成数据,分析计算设计车道使用初期的标准轴载日作用次数。分析方法有轴载当量换算系数法和车辆当量轴载系数法两种。

a. 轴载当量换算系数法

各类车辆按轴型称重和统计时,可采用以轴型为基础的轴载当量换算系数法,计算分析设计车道使用初期的设计轴载日作用次数。随机统计3000辆2轴6轮及以上车辆中单轴、双联轴和三联轴等不同轴型出现的单轴次数,并分别称取其单轴轴重。可按单轴轴重级位统计整理后得到轴载谱,并按式(1-30)计算确定不同轴重级位的设计轴载当量换算系数。

$$k_{p,i} = \left(\frac{P_i}{P_a}\right)^{16} \tag{1-30}$$

式中:$k_{p,i}$——不同单轴轴重级位 i 的设计轴载当量换算系数;
P_i——单轴级位 i 的轴重(kN);
P_s——设计轴载的轴重(kN)。

依据单轴轴载谱和相应的设计轴载当量换算系数,可按式(1-31)计算得到设计车道使用初期的设计轴载日作用次数。

$$N_s = \text{ADTT} \frac{n}{3000} \sum_i (k_{p,i} \times P_i) \tag{1-31}$$

式中:N_s——设计车道的设计轴载日作用次数[轴次/(车道·日)];
ADTT——设计车道的年平均日货车交通量[辆/(车道·日)];
n——随机调查3000辆2轴6轮及以上车辆中出现的单轴总轴数;
P_i——单轴轴重级位 i 的频率(以分数计)。

b. 车辆当量轴载系数法

以车辆类型为基础进行各种轴型的轴载称重和统计时,可采用车辆当量轴载系数法计算分析设计车道使用初期的设计轴载日作用次数。可将2轴6轮及以上车辆分为整车、半挂和多挂3大类,每类车再按轴数细分,分别按车型称重后得到单轴轴载谱。可由式(1-30)和式(1-32)计算得到各类车辆的设计轴载当量换算系数。

$$k_{p,k} = \sum_i k_{p,i} P_i \tag{1-32}$$

式中:$k_{p,k}$——k 类车辆的设计轴载当量换算系数;
P_i——k 类车辆单轴轴重级位 i 的频率(以分数计)。

依据调查所得的车辆类型组成数据,可按式(1-33)计算确定设计车道使用初期的设计轴载日作用次数。

$$N_s = \text{ADTT} \times \sum_k (k_{p,k} \times P_k) \tag{1-33}$$

式中:P_k——k 类车辆的组成比例(以分数计)。

③设计车道标准轴载累计作用次数

设计基准期内水泥混凝土路面设计车道临界荷位处所承受的设计轴载累计作用次数,应按式(1-34)计算确定。

$$N_e = \frac{N_s \times [(1+g_r)^t - 1] \times 365}{g_r} \times \eta \tag{1-34}$$

式中:N_e——标准轴载累计作用次数;
N_s——设计车道使用初期标准轴载日作用次数;
t——设计基准期;
g_r——交通量年平均增长率;
η——临界荷位处的车辆轮迹横向分布系数,按表1-19选用。

车辆轮迹横向分布系数		表1-19
公 路 等 级		纵缝边缘处
高速公路、一级公路、收费站		0.17~0.22
二级及二级以下公路	行车道宽>7m	0.34~0.39
	行车道≤7m	0.54~0.62

注:车道、行车道较宽或者交通量较大时,取高值;反之,取低值。

5. 交通等级

水泥混凝土路面所承受的轴载作用,按设计基准期内设计车道临界荷位处所承受的设计轴载累计作用次数分为5级,分级范围见表1-20。

交通荷载分级					表1-20
交通荷载等级	极 重	特 重	重	中 等	轻
设计基准期内设计车道承受设计轴载(100kN)累计作用次数 $N_e(10^4)$	$>1\times10^6$	1×10^6~2000	2000~100	100~3	<3

6. 混凝土弯拉强度标准值

水泥混凝土的设计强度应采用28d水泥混凝土弯拉强度。各交通荷载等级要求的水泥混凝土弯拉强度标准值不得低于表1-21的规定。

水泥混凝土弯拉强度标准值			表1-21
交通荷载等级	极重、特重、重	中 等	轻
水泥混凝土的弯拉强度标准值(MPa)	≥5.0	4.5	4.0
钢纤维混凝土的弯拉强度标准值(MPa)	≥6.0	5.5	5.0

7. 最大温度梯度标准值

水泥混凝土面层顶面和底面的温度差与板厚的比值称为温度梯度,计量单位表示为℃/m。水泥混凝土面层的最大温度梯度标准 T_g,可按照公路所在地的公路自然区划按表1-22选用。

最大温度梯度标准值 T_g				表1-22
公路自然区划	Ⅱ、Ⅴ	Ⅲ	Ⅳ、Ⅵ	Ⅶ
最大温度梯度(℃/m)	83~88	90~95	86~92	93~98

注:海拔高时,取高值;湿度大时,取低值。

二、水泥混凝土路面结构组合设计

水泥混凝土路面设计应当将路基和路面各结构层作为一个整体综合考虑。

1. 路基

对路基的基本要求是稳定、密实、均质,对路面结构提供均匀的支承,即路基在环境和荷载作用下产生的不均匀变形很小。

路基压实度和路基填料的强度、最大粒径应符合现行《公路路基设计规范》(JTG D30—2015)的有关规定。多雨潮湿地区,对于高液限黏土及塑性指数大于16或膨胀率大于3%的低液限黏土,应对填料进行改良,以满足有关技术要求,并在含水率略大于其最佳含水率时压实。影响路基强度和稳定性的地面水和地下水,必须拦截或排出路基范围以外。

2. 基层与垫层

(1) 基层和底基层

基层和底基层应具有足够的抗冲刷能力和适当的刚度。基层和底基层类型宜依照交通等级按表1-23和表1-24选用。

各交通荷载等级的基层材料类型　　　　　表1-23

交通荷载等级	基层材料类型
极重、特重	贫混凝土、碾压混凝土或沥青混凝土
重	密级配沥青稳定碎石或水泥稳定碎石
中等、轻	级配碎石、水泥稳定碎石,石灰、粉煤灰稳定碎石

各交通荷载等级的底基层材料类型　　　　　表1-24

交通荷载等级	底基层材料类型
极重、特重、重	级配碎石,水泥稳定碎石,石灰、粉煤灰稳定碎石
中等、轻	未筛分碎石、级配砾石,或不设

承受极重、特重或重交通荷载的路面,基层下应设置底基层;承受中等或轻交通荷载时,可不设底基层。当基层采用无机结合料稳定类材料,且上路床由细粒土组成时,应在基层下设置粒料类底基层。

湿润和多雨地区,路基为低透水性细粒土的高速公路、一级公路或者承受特重交通的二级公路,宜采用排水基层。排水基层可选用多孔隙的开级配水泥稳定碎石、沥青稳定碎石或碎石,其孔隙率约为20%。

基层的宽度应比混凝土面层每侧至少宽出300mm(采用小型机具施工时),或500mm(采用轨模式摊铺机施工时),或650mm(采用滑模式摊铺机施工时)。路肩采用混凝土面层,其厚度与行车道面层相同时,基层宽度宜与路基同宽。级配粒料基层的宽度也宜与路基同宽。

各类基层厚度的适宜范围见表1-25。有关基层的其他要求可参见现行设计规范。

各种材料基层和底基层的结构层适宜施工层厚　　　　　表1-25

材料种类		适宜施工层厚(mm)
贫混凝土、碾压混凝土		120~200
无机结合料稳定粒料		150~00
沥青混凝土	集料公称最大粒径9.5mm	25~40
	集料公称最大粒径13.2mm	35~65
	集料公称最大粒径16mm	40~70
	集料公称最大粒径19mm	50~75
沥青稳定碎石	集料公称最大粒径19mm	
	集料公称最大粒径26.5mm	75~100
多孔隙水泥稳定碎石		100~150
级配碎石、未筛分碎石、级配砾石或碎砾石		100~200

(2) 垫层

垫层主要设置在温度和湿度状况不良的路段上,以改善路面结构的使用性能。遇有以下情况时,需在基层下设置垫层。

①季节性冰冻地区的中湿路基和潮湿路基,当地最大冰冻深度大于0.5m,且路面的总厚度小于表1-26规定的路面最小防冻厚度时,应设置防冻垫层,厚度的差值用垫层的厚度来补足。

水泥混凝土路面结构层最小防冻厚度(m)　　　　　表1-26

路基干湿类型	路基土类别	当地最大冰冻深度(m)			
		0.50~1.00	1.00~1.50	1.50~2.00	>2.00
中湿路基	易冻胀土	0.30~0.50	0.40~0.60	0.50~0.70	0.60~0.95
	很易冻胀土	0.40~0.60	0.50~0.70	0.60~0.85	0.70~1.10
潮湿路基	易冻胀土	0.40~0.60	0.50~0.70	0.60~0.90	0.75~1.20
	很易冻胀土	0.45~0.70	0.55~0.80	0.70~1.00	0.80~1.30

注:①冻深小或填方路段,或路基、垫层为隔湿性能稍差的材料可采用低值,冻深大或挖方及地下水位高的路段,或基、垫层为隔温性能差的材料,应采用高值。
②冻深小于0.50m的地区,一般不考虑结构层防冻厚度。

②水文地质条件不良的土质路堑,路床土湿度较大时,宜设置排水垫层。
③路基可能产生不均匀沉降或变形时,可加设半刚性垫层。

垫层材料的强度要求不一定要高,但其水稳性、隔热性能要好。垫层材料以就地取材为原则。防冻垫层和排水垫层一般采用颗粒材料(如砂砾、中粗砂等)。半刚性垫层可采用低剂量无机结合料、稳定粒料或土。垫层的宽度应与路基同宽,其最小厚度为150mm。

3. 面层

水泥混凝土面层(面板)应具有足够的强度、耐久性、表面应抗滑、耐磨、平整。目前国内外常采用等厚式断面。面层一般采用设置纵、横向接缝的普通混凝土。普通混凝土面层板平面形状通常采用纵向接缝同横向接缝垂直相交的矩形。

现行《公路水泥混凝土路面设计规范》(JTG D40—2011)规定,纵向接缝的间距(即板宽)按路面宽度在3.0~4.5m范围内确定。横向接缝的间距(即板长)大小影响板内温度应力、接缝缝隙宽度和接缝传荷能力。普通混凝土面层的横缝间距一般采用4~6m。板块宜尽可能接近正方形,以改善其受力状况。面层板的长宽比不宜超过1.35,平面尺寸不宜大于25m²。

在进行路面结构组合设计及初拟面层厚度时,各交通等级下的水泥混凝土面板初拟厚度可参照表1-27所列范围选取。普通混凝土面层板的厚度按规定的计算方法确定。面板的最小厚度不宜小于180mm。

水泥混凝土面层厚度的参考范围　　　　　表1-27

交通荷载等级	极重	特 重			重		
公路等级	一级公路	高速公路	一级公路	二级公路	高速公路	一级公路	二级公路
变异水平等级	低	低	中	低	中	低	中	低	中
面层厚度(mm)	≥320	320~280	300~260	280~240	270~230	260~220

交通荷载等级	中 等		轻	
公路等级	二级公路	三、四级公路	三、四级公路	
变异水平等级	高	中	高	中	高	中
面层厚度(mm)	250~220	240~210	230	220~190	210~180

在各级面层厚度参考范围内,标准轴载作用次数多、变异系数大、最大温度梯度大,或者基、垫层厚度小,或者模量值低时取高值。

4. 路肩

路肩铺面结构应具有一定的承载能力,其结构层组合和材料选用应与行车道路面相协调,并保证进入路面结构中的水的排除。路肩铺面可选用水泥混凝土面层或沥青面层。

路肩水泥混凝土面层的厚度通常采用与行车道面层等厚,其基层宜与行车道基层相同。选用薄面层时,其厚度不宜小于150mm,基层应采用开级配粒料。

路肩为沥青面层时,宜选用密实型沥青混合料。其基层可选用无机结合料稳定粒料或级配粒料。行车道路面结构不设内部排水设施时,沥青面层和不透水基层的总厚度不宜超过行车道面层的厚度,基层下应选用透水性材料填筑。

三、水泥混凝土路面接缝设计

由于一年四季气温的变化,水泥混凝土面层会产生不同程度的膨胀和收缩,从而引起混凝土板的轴向变形。在一昼夜中,白天气温升高,混凝土板顶面温度较底面温度高,这种温度坡差会形成板的中部隆起的趋势。夜间气温降低,板顶面温度较底面温度低,会使板的周边和角隅发生翘起的趋势,发生翘曲变形,如图1-10a)所示。这些变形会受到板与基础之间的摩阻力和黏结力,以及板的自重、行车荷载等的约束,致使板内产生过大的应力,造成板的断裂[图1-10b)]或膨胀破坏。

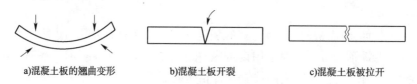

a)混凝土板的翘曲变形　　b)混凝土板开裂　　c)混凝土板被拉开

图1-10　混凝土板的变形

由图1-10可知,由于翘曲而引起裂缝,则在裂缝发生后被分割的两块板体尚不致完全分离,倘若板体温度均匀下降引起收缩,则将使两块板体被拉开[图1-10c)],从而失去荷载传递作用。

为避免上述缺陷,必须在水泥混凝土路面纵横两个方向设置许多接缝,把整个路面分割成许多板块,如图1-11所示。

水泥混凝土面层的接缝,可分为横向接缝和纵向接缝。

横向接缝是垂直于行车方向的接缝,共有3种形式:横向缩缝、横向施工缝和胀缝。缩缝保证板因温度和湿度的降低而收缩时沿该薄弱断面缩裂,从而避免产生不规则的裂缝。胀缝保证板在温度升高时能部分伸张,从而避免产生路面板在热天的拱胀和折断破坏,同时胀缝也能起到缩缝的作用。每日施工结束或因临时原因中断施工时,必须设置横向施工缝,其位置应尽可能选在缩缝或胀缝处。

纵向接缝是平行于行车方向的接缝,共有纵向缩缝和纵向施工缝两种形式。

在任何形式的接缝处板体都不可能是连

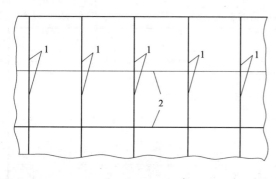

图1-11　路面接缝设置
1-横缝;2-纵缝

续的,其传递荷载的能力总不如非接缝处,而且任何形式的接缝都不免要漏水。因此,对各种形式的接缝,都必须为其提供相应的传荷与防水的设施。

1. 横向接缝的构造与布置

(1)横向缩缝

普通水泥混凝土面层的横向缩缝间距一般为 4~6m(即板长),在昼夜气温变化较大的地区,或路基水文情况不良路段,应取低限值,反之取高限值。

横向缩缝可等间距或变间距布置,采用假缝形式。特重和重交通公路、收费广场以及邻近胀缝或自由端部的 3 条缩缝,应采用设传力杆假缝形式,其构造如图 1-12a)所示。其他情况可采用不设传力杆假缝形式,其构造如图 1-12b)所示。

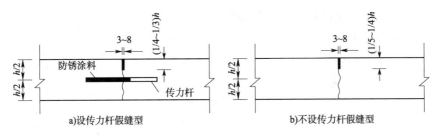

图 1-12 横向缩缝构造(尺寸单位:mm)

横向缩缝顶部锯切槽口的深度为面层厚度的 1/5~1/4,宽度为 3~8mm,槽内填塞填缝料。高速公路的横向缩缝槽口宜增设深 20mm、宽 6~10mm 的浅槽口。构造如图 1-13 所示。

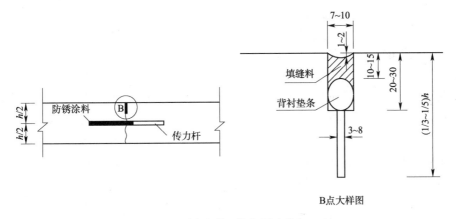

图 1-13 二次锯切槽口构造(尺寸单位:mm)

(2)横向施工缝

设在缩缝处的施工缝,应采用加传力杆的平缝形式,其构造如图 1-14 所示;设在胀缝处的施工缝,其构造与胀缝相同。遇有困难需设在缩缝之间时,施工缝采用设拉杆的企口缝形式。

(3)胀缝

在邻近桥梁或其他固定构造物处或与其他道路相

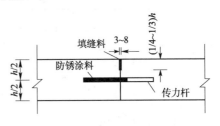

图 1-14 横向施工缝构造(尺寸单位:mm)

交处应设置横向胀缝。设置胀缝的条数,视膨胀量大小而定。低温浇筑混凝土面层或选用膨胀性高的集料时,宜根据实际情况确定是否设置胀缝。胀缝宽 20mm,缝内设置填缝板和可滑动的传力杆。胀缝的构造如图 1-15 所示。

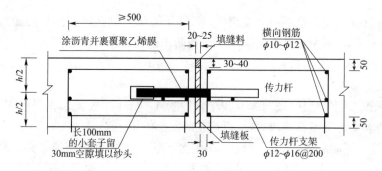

图 1-15 胀缝构造（尺寸单位：mm）

(4) 传力杆

传力杆的主要作用是提高接缝的传荷能力。接缝是混凝土路面的最薄弱处，在承受特重交通和重交通的普通混凝土面层的横向缩缝内，必须设置传力杆。

传力杆应采用光面钢筋。其尺寸和间距可按表 1-28 选用。最外侧传力杆距纵向接缝或自由边的距离为 150~250mm。

传力杆尺寸和间距（mm） 表 1-28

面层厚度	传力杆直径	传力杆最小长度	传力杆最大间距
220	28	400	300
240	30	400	300
260	32	450	300
280	32~34	450	300
≥300	34~36	500	300

2. 纵向接缝的构造与布置

纵向接缝的布设，应视路面宽度和施工铺筑宽度而定。

一次铺筑宽度小于路面宽度时，应设置纵向施工缝。纵向施工缝采用平缝形式，上部应锯切槽口，深度为 30~40mm，宽度为 3~8mm，槽内灌塞填缝料。其构造如图 1-16a) 所示。

一次铺筑宽度大于 4.5m 时，应设置纵向缩缝。纵向缩缝采用假缝形式，锯切的槽口深度应大于施工缝的槽口深度。采用粒料基层时，槽口深度应为板厚的 1/3；采用半刚性基层槽口深度应为板厚的 2/5。其构造如图 1-16b)。

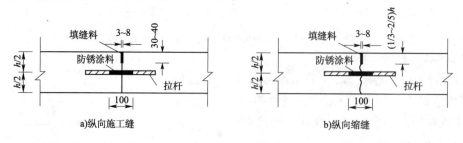

图 1-16 纵缝构造（尺寸单位：mm）

纵缝应与路线中线平行。在路面等宽的路段内或路面变宽路段的等宽部分，纵缝的间距和形式应保持一致。路面变宽段的加宽部分与等宽部分之间，以纵向施工缝隔开。加宽板在变宽段起终点处的宽度不应小于 1m。

拉杆的主要作用是防止纵向接缝张开。拉杆应采用螺纹钢筋，设在板厚中央，并应对拉杆中部 100mm 范围内进行防锈处理。拉杆的直径、长度和间距可参照表 1-29 选用。施工布设时，拉杆间距应按横向接缝的实际位置予以调整,最外侧的拉杆距横向接缝的距离不得小于100mm。

拉杆直径、长度和间距(mm)　　　　　　　　　　　表1-29

面层厚度 (mm)	到自由边或未设拉杆纵缝的距离(m)					
	3.00	3.50	3.75	4.50	6.00	7.50
200~250	14×700×900	14×700×800	14×700×700	14×700×600	14×700×500	14×700×400
≥260	16×800×800	16×800×700	16×800×600	16×800×500	16×800×400	16×800×300

注:拉杆尺寸表示方法为直径×长度×间距。

3. 交叉口接缝的布置

纵缝与横缝一般做成垂直正交,使混凝土板具有90°的角隅。纵缝两旁的横缝一般成一条直线。

两条道路正交时,各条道路的直道部分均保持本身纵缝的连贯,而相交路段内各条道路的横缝位置应按相对道路的纵缝间距作相应变动,保证两条道路的纵横缝垂直相交,互不错位。

两条道路斜交时,主要道路的直道部分保持纵缝的连贯,而相交路段内的横缝位置应按次要道路的纵缝间距作相应变动,保证与次要道路的纵缝相连接。

相交道路弯道加宽部分的接缝布置,应不出现或少出现错缝和锐角板。

在次要道路弯道加宽段超终点断面处的横向接缝,应采用胀缝形式。膨胀量大时,应在直线段连续布置2~3条胀缝。

4. 接缝填缝材料

接缝填缝材料按使用性能分胀缝接缝板和接缝填缝料两类。

胀缝接缝板应选用能适应混凝土面板的膨胀与收缩,且施工时不变形、复原率高和耐久性良好的材料。高速公路和一级公路的胀缝接缝板宜选用泡沫橡胶板、沥青纤维板;其他等级公路也可选用木材类或纤维类板。

接缝填缝料应选用与混凝土面板接缝槽壁黏结力强、回弹性好,且适应混凝土面板的收缩、不溶于水、不渗水、高温时不流淌、低温时不脆裂和耐老化的材料。常用的填缝材料有聚氨酯焦油类、氯丁橡胶类、乳化沥青类、聚氯乙烯胶泥、沥青橡胶类、沥青玛蹄脂及橡胶嵌缝条。

各类接缝填缝材料的技术要求参见现行《公路水泥混凝土路面施工技术规范》(JTG F30—2003)。

5. 特殊部位的一般处理方法

(1)边缘钢筋布置

水泥混凝土面层自由边缘下基础薄弱或接缝为未设传力杆的平缝时,可在面层边缘的下部配置钢筋。通常选用2根直径为12~16mm的螺纹钢筋,置于面层底面之上1/4厚度且不小于50mm处,间距为100mm,钢筋两端向上弯起,如图1-17所示。

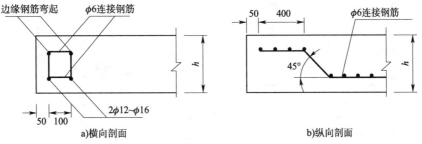

图1-17　边缘钢筋布置(尺寸单位:mm)

纵向边缘钢筋一般只做在一块板内,不得穿过缩缝,以免妨碍板的翘曲;有时亦可将其穿过缩缝,但不得穿过胀缝。为加强锚固能力,钢筋两端应向上弯起。在横向胀缝两侧板边缘以及混凝土路面的起终端处,为加强板的横向边缘,亦可设置横向边缘钢筋。

(2)角隅钢筋布置

承受特重交通的胀缝、施工缝、自由边的面层角隅及锐角面层角隅,宜配置角隅钢筋。通常选用2根直径为12～16mm的螺纹钢筋,置于面层上部,距顶面不小于50mm,距边缘为100mm,如图1-18所示。

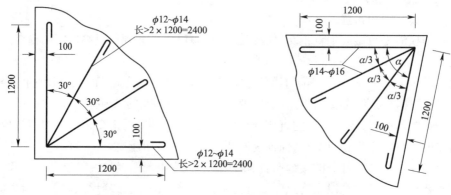

图1-18　角隅钢筋布置(尺寸单位:mm)

(3)端部的处理

水泥混凝土路面与固定构造物相衔接的胀缝无法设置传力杆时,可在毗邻构造物的板端部内配置双层钢筋网;或在长度为6～10倍板厚的范围内逐渐将板厚增加20%。

水泥混凝土路面与桥梁相接处,桥头设有钢筋混凝土搭板时,应在搭板与混凝土面层板之间设置长6～10m的钢筋混凝土面层过渡板。过渡板与搭板之间的横缝采用设拉杆平缝形式;过渡板与混凝土面层板之间的横缝采用设传力杆胀缝形式。膨胀量大时,应连续设置2～3条设传力杆胀缝。当桥梁为斜交时,钢筋混凝土面层过渡板(渐变板)的锐角部分应采用钢筋网补强。

水泥混凝土路面与桥梁相接处,桥头未设搭板时,宜在桥台与混凝土面层板之间设置长10～15m的钢筋混凝土面层板;或设置由混凝土预制块面层或沥青面层铺筑的过渡段,其长度不小于8m。

水泥混凝土路面与沥青路面相接时,由于沥青面层难以抵御水泥混凝土面层的膨胀推力,容易出现沥青面层的推移拥起,而形成接头处的不平整,引起跳车。其间应设置至少3m长的过渡段。过渡段的路面采用两种路面呈阶梯状叠合布置,其下面铺设的变厚度水泥混凝土过渡板的厚度不得小于200mm,如图1-19所示。过渡板与混凝土面层相接处的接缝内设置直径25mm、长700mm、间距400mm的拉杆。混凝土面层毗邻该接缝的1～2条横向接缝应设置胀缝。

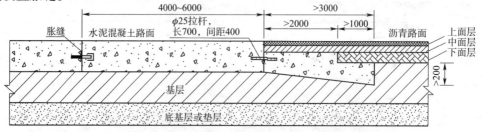

图1-19　混凝土路面与沥青路面相接段的构造布置(尺寸单位:mm)

四、水泥混凝土路面板厚计算

1. 荷载应力分析

选取水泥混凝土面板的纵向边缘中部作为产生最大荷载和温度梯度综合疲劳损坏的临界荷位。标准轴载 P_s 在临界荷位处产生的荷载疲劳应力按式(1-35)确定。

$$\sigma_{Pr} = k_r k_f k_c \sigma_{Ps} \tag{1-35}$$

式中：σ_{Pr}——标准轴载 P_s 在临界荷位处产生的荷载疲劳应力(MPa)；

σ_{Ps}——标准轴载 P_s 在四边自由板的临界荷位处产生的荷载应力(MPa)，按式(1-36)计算确定；

k_r——考虑接缝传荷能力的应力折减系数。纵缝为设拉杆的平缝时，$k_r = 0.87 \sim 0.92$（刚性和半刚性基层取低值，柔性基层取高值）；纵缝为不设拉杆的平缝或自由边时，$k_r = 1.0$；纵缝为设拉杆的企口缝时，$k_r = 0.76 \sim 0.84$；

k_f——考虑设计基准期内荷载应力累计疲劳作用的疲劳应力系数。按式(1-39)计算确定；

k_c——考虑偏载和动载等因素对路面疲劳损坏影响的综合系数。按公路等级查表1-30确定。

综合系数 k_c 表1-30

公路等级	高速公路	一级公路	二级公路	三、四级公路
k_c	1.15	1.10	1.05	1.00

标准轴载 P_s 在四边自由板临界荷位处产生的荷载应力为：

$$\sigma_{Ps} = 1.47 \times 10^{-3} r^{0.70} h_c^{-2} P_s^{0.94} \tag{1-36}$$

$$r = 1.21 \left(\frac{D_c}{E_t}\right)^{1/3} \tag{1-37}$$

$$D_c = \frac{E_c h_c^3}{12(1 - \nu_c^2)} \tag{1-38}$$

式中：P_s——设计轴载的单轴重(kN)；

h_c、E_c、ν_c——混凝土面层板的厚度(m)、弯拉弹性模量(MPa)（可按表1-31选用）和泊松比；

r——混凝土面层板的相对刚度半径(m)；

D_c——混凝土面层板的截面弯曲刚度(MN·m)；

E_t——板底地基当量回弹模量(MPa)。

水泥混凝土强度和弹性模量经验参考值 表1-31

弯拉强度(MPa)	1.5	2.0	2.5	3.0	3.5	4.0	4.5	5.0	5.5
抗压强度(MPa)	7	11	15	20	25	30	36	42	49
抗拉强度(MPa)	0.89	1.21	1.53	1.86	2.20	2.54	2.85	3.22	3.55
弹性模量(GPa)	15	18	21	23	25	27	29	31	33

设计基准期内的荷载疲劳应力系数 k_f 计算式如下：

$$k_f = N_e^\lambda \tag{1-39}$$

式中：N_e——设计基准期内标准轴载累计作用次数；

λ——材料疲劳指数。普通混凝土、钢筋混凝土、连续配筋混凝土，$\lambda = 0.057$；碾压混凝土和贫混凝土，$\lambda = 0.065$；钢纤维混凝土，按式(1-40)计算：

$$\lambda = 0.053 - 0.017\rho_f \frac{l_f}{d_f} \tag{1-40}$$

ρ_f——钢纤维的体积率(%);
l_f——钢纤维的长度(mm);
d_f——钢纤维的直径(mm)。

2. 计算基层顶面当量回弹模量 E_t

在水泥混凝土路面设计理论中,把混凝土面板以下的部分当作弹性半空间体地基。分析板内荷载应力时,应将基层、垫层和土基等换算成弹性半空间体地基,用基层顶面的当量回弹模量来表示弹性半空间体地基的模量值。具体确定时按新建公路和改建公路分别考虑。

新建公路的基层顶面当量回弹模量可按式(1-41)计算确定:

$$E_t = \left(\frac{E_x}{E_0}\right)^\alpha E_0 \tag{1-41}$$

$$\alpha = 0.86 + 0.26\ln h_x \tag{1-42}$$

$$E_x = \frac{\sum_{i=1}^{n}(h_i^2 E_i)}{\sum_{i=1}^{n} h_i^2} \tag{1-43}$$

$$h_x = \sum_{i=1}^{n} h_i \tag{1-44}$$

式中:E_0——路床顶综合回弹模量(MPa),可按表1-32选用;
α——与粒料层总厚度 h_x 有关的回归系数;
E_x——粒料层的当量回弹模量(MPa)见表1-33;
h_x——粒料层的总厚度(m);
n——粒料层的层数;
E_i、h_i——第 i 结构层的回弹模量(MPa)与厚度(m)。

路基回弹模量经验参考值 表 1-32

土 组	取值范围(MPa)	代表值(MPa)
级配良好砾(GW)	240~290	250
级配不良砾(GP)	170~240	190
含细粒土砾(GF)	120~240	180
粉土质砾(GM)	160~270	220
黏土质砾(GC)	120~190	150
级配良好砂(SW)	120~190	150
级配不良砂(SP)	100~160	130
含细粒土砂(SF)	80~160	120
粉土质砂(SM)	120~190	150
黏土质砂(SC)	80~120	100
低液限粉土(ML)	70~110	90
低液限黏土(CL)	50~100	70
高液限粉土(MH)	30~70	50
高液限黏土(CH)	20~50	30

注:①对于砾和砂,D_{60}(通过率为60%时的颗粒粒径)大时,模量取高值;D_{60}小时,模量取低值。
②对于其他含细粒的土组,小于0.075mm颗粒含量大和塑性指数高时,模量取低值;反之,模量取高值。

粒料类基层和底基层材料回弹模量经验参考值(MPa)　　　　表1-33

材料类型	取值范围	代表值
级配碎石(基层)	200~400	300
级配碎石(底基层)	180~250	220
未筛分碎石	180~220	200
级配砾石(基层)	150~300	250
级配砾石(底基层)	150~220	190
天然砂砾	105~135	120

底基层和垫层同时存在时,可先按式(1-41)、式(1-42)将底基层和垫层换算成具有当量回弹模量和当量厚度的单层,然后再与基层一起按上述各式计算基层顶面当量回弹模量。无底基层和垫层时,相应层的厚度和回弹模量分别以零值代入上述各式进行计算。

在旧沥青混凝土路面上铺筑水泥混凝土面层时,原沥青混凝土路面顶面的地基综合当量回弹模量 E_t,可根据落锤式弯沉仪(荷载50kN、承载板半径150mm)的中心点弯沉的测定结果应按式(1-45),或根据贝克曼梁(后轴重100kN的车辆)的弯沉测定结果,按式(1-46)计算确定。

$$E_t = \frac{18621}{w_0} \tag{1-45}$$

$$E_t = 13739 w_0^{-1.04} \tag{1-46}$$

$$w_0 = \bar{w} + 1.04 s_w \tag{1-47}$$

式中:w_0——路段代表弯沉值(0.01mm);
　　$\bar{w}$——路段弯沉平均值(0.01mm);
　　s_w——路段弯沉的标准差(0.01mm)。

最重轴载在面层板临界荷位处产生的最大荷载应力,应按式(1-48)计算。

$$\sigma_{P,max} = k_r k_c \sigma_{P_m} \tag{1-48}$$

式中:$\sigma_{P,max}$——最重轴载 P_m 在面层板临界荷位处产生的最大荷载应力(MPa);
　　σ_{P_m}——最重轴载 P_m 在四边自由板临界荷位处产生的最大荷载应力(MPa)。

3. 温度应力分析

在面层板临界荷位处产生的温度疲劳应力应按式(1-49)计算:

$$\sigma_{tr} = k_t \sigma_{t,max} \tag{1-49}$$

式中:σ_{tr}——面层板临界荷位处的温度疲劳应力(MPa);
　　$\sigma_{t,max}$——最大温度梯度时面层板产生的最大温度应力(MPa)。按式(1-50)计算;

$$\sigma_{t,max} = \frac{\alpha_c E_c h_c T_g}{2} B_L \tag{1-50}$$

　　α_c——混凝土的线膨胀系数(1/℃),通常可取为 1×10^{-5}/℃;
　　T_g——公路所在地50年一遇的最大温度梯度,可查表1-22得知;
　　B_L——综合温度翘曲应力和内应力的温度应力系数,按式(1-51)计算;

$$B_L = 1.77 e^{-4.48 h_c} C_L - 0.131(1 - C_L) \tag{1-51}$$

$$C_L = 1 - \frac{\sinh t \cdot \cos t + \cosh t \cdot \sin t}{\cos t \cdot \sin t + \sinh t \cdot \cosh t} \tag{1-52}$$

$$t = \frac{L}{3r} \tag{1-53}$$

C_L——混凝土面层板的温度翘曲应力系数;

L——面层板的横缝间距,即板长(m);

r——面层板的相对刚度半径(m);

k_t——考虑温度应力累计疲劳作用的温度疲劳应力系数,按式(1-54)计算;

$$k_t = \frac{f_r}{\sigma_{t,\max}} \left[a_t \left(\frac{\sigma_{t,\max}}{f_r} \right)^{b_t} - c_t \right] \tag{1-54}$$

a_t、b_t 和 c_t——回归系数,按所在地区的公路自然区划查表1-34确定。

回归系统 a_t、b_t 和 c_t　　　　　表1-34

系 数	公 路 自 然 区 划					
	Ⅱ	Ⅲ	Ⅳ	Ⅴ	Ⅵ	Ⅶ
a_t	0.828	0.855	0.841	0.871	0.837	0.834
b_t	1.323	1.355	1.323	1.287	1.382	1.270
c_t	0.041	0.041	0.058	0.071	0.038	0.052

4. 水泥混凝土板厚计算流程

首先,根据相关的设计依据,进行行车道路路面结构的组合设计(初拟路面结构,包括路床、垫层、基层和面层的材料类型和厚度),并按照水泥混凝土面层厚度建议范围,依据交通等级、公路等级和所选变异水平等级初选水泥混凝土板厚度。然后,分别计算荷载疲劳应力和温度疲劳应力。当荷载疲劳应力同温度疲劳应力之和与可靠度系数的乘积小于且接近于混凝土弯拉强度标准值时,则初选厚度可作为水泥混凝土板的计算厚度。否则,应改选水泥混凝土板厚度,重新计算直到满足要求为止。设计厚度依据计算厚度按10mm向上取整。水泥混凝土板厚计算流程图见图1-20。

五、水泥混凝土路面结构设计图的基本组成

1. 路面结构图(可参考附录中的附图三~附图六)

路面结构图包括各组成部分的尺寸标注(主要是宽度)和各结构层的名称、厚度。

2. 设计参数

设计参数以列表的形式表示,说明设计参数的名称和取值。

设计参数包括:公路自然区划,设计基准期(年),交通量年平均增长率(%),设计车道标准轴载累计作用次数(次),交通等级,安全等级,最大温度梯度(℃/m),路基土类,路基干湿类型,路基回弹模量(MPa),基层及垫层回弹模量(MPa),混凝土弯拉强度标准值(MPa),混凝土弯拉弹性模量标准值(GPa)等。

3. 水泥混凝土面板平面布置图

图中显示:路中心线、行车道、路肩等平面相对位置;板长及板宽尺寸;横向缩缝、胀缝、施工缝、纵向缩缝、施工缝平面位置;传力杆、拉杆直径及间距布置;接缝材料用量等。

4. 水泥混凝土路面接缝构造图

图中显示:横向缩缝、胀缝、施工缝剖面构造及尺寸,纵向缩缝、施工缝剖面构造及尺寸。

5. 路缘石大样图(如果有)

图中显示路缘石横断面尺寸、埋深及材料类型等。

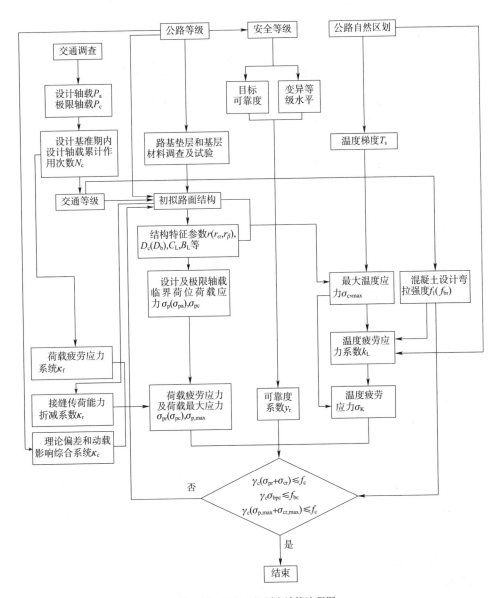

图 1-20 混凝土板厚度计算流程图

6. 路面排水结构图(如果有)

图中显示路面内部排水结构横断面尺寸、埋深及材料类型等。

7. 钢筋构造及布置图(如果有)

8. 路面工程数量表

按路段长度计算路面各结构层的工程数量。路面工程数量表在设计图纸上可不显示。

9. 附注(设计说明)

逐条说明图中尺寸单位及比例(尺)、对原材料及混合材料的技术要求、施工注意事项等内容。

10. 图纸下框内容

由设计单位名称,工程名称,图纸名称,设计、复核、审核签字栏,比例,图号,日期等组成。

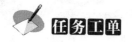

任 务 工 单

学习情境一:<u>路面设计与识图</u>	班级			
工作任务四:<u>水泥混凝土路面结构图设计</u>	姓名		学号	
	日期		评分	

1. 水泥混凝土面层厚度计算的基本依据有哪些?

2. 水泥混凝土路面的设计内容包括哪些?

3. 简述水泥混凝土板厚计算流程。

【实训】$Ⅲ_2$区某新建二级公路,某直线路段(长度4.0km)设计速度80km/h,路基宽度12m,路面宽度9m,土路肩宽度2×1.5m,路堤边坡坡度1:1.5,拟修建水泥混凝土路面。

(1)该路段路堤填料为粉质土,预计路基干湿类型为干燥状态。

(2)经交通调查和计算得知,设计车道使用初期标准轴载日作用次数为2100次/d,交通量年平均增长率为5%。

(3)当地材料供应情况:水泥、石灰、粉煤灰、碎石、砾石、砂、黏土、钢筋等材料供应充足。

学习情境二　路面施工准备

情境概述

一、职业能力分析

学习能力
1. 熟悉路面施工准备的内容；
2. 了解路面主要施工机械的种类与应用；
3. 掌握施工放样测量；
4. 掌握路面试验路段铺筑的目的和要求。

职业技能
1. 能认识路面主要施工机械的种类与应用；
2. 能熟练掌握路面施工测量放样。

二、学习情境描述

路面施工准备工作是路面施工管理的重要组成部分，是组织路面施工的前提，是顺利完成路面工程施工的关键。路面施工准备工作是管理人员在具备了施工组织管理基础知识，熟悉设计图纸、招投标文件和施工技术的情况下，综合运用施工技术、管理知识，依据工程项目所在地区的自然条件、工程情况，以及劳动力、原材料、主要机械与设备等供应情况和路面施工质量要求等，编制路面施工方案，做好路面施工前的一切准备工作。

本学习情境主要介绍路面施工准备工作的基础知识。基于施工准备工作过程，分解为4个工作任务。学生应沿着如下流程进行学习：

组织准备→技术准备→现场准备→物资准备　→　机械设备选型　→　施工测量放样　→　试验路段铺筑

三、教学环境要求

将整个学习内容划分成若干个工作任务，每个工作任务利用多媒体教学设备、课件和视频教学资料，按照"资讯→计划→决策→实施→检查→评估"的六步教学法开展教学，学生在教师指导下制订方案、实施方案，最终评估学习的结果。

实现"教、学、做"一体化的教学方法，结合案例教学法，完成路面施工准备工作的教学。

工作任务一　路面施工准备认知

 **任务概述**

1. 应知应会

(1)熟悉组织准备的内容；

(2)能全面看懂路面施工组织机构框图。

2. 学习要求

(1)研读教材内容；

(2)查阅某一公路项目路面施工准备的相关资料；

(3)重视理论联系实际。

 相关知识

路面施工准备工作是为保证路面工程顺利开工和施工的前提条件,是路面施工流程中的重要部分。由于路面施工环境复杂多变,影响因素多,且预见性差,可能遇到的风险也大,存在许多协调配合问题和复杂的技术问题,因此需要通过路面施工准备工作事先进行统筹考虑和安排,才能为全面顺利完成路面施工创造条件,取得主动权,降低风险。同时,路面施工准备工作也是施工单位做好目标管理、推行承包责任制的重要依据。另外按照合同管理规定,施工单位应在完成施工准备工作后,填写开工报告,经监理工程师按合同规定的要求审核并报业主批准后,方可正式开工。

路面施工准备工作的内容应根据路面工程的需要和条件,按照路面工程的规划来确定,并拟订具体的路面施工准备工作的实施方案,一般路面施工准备工作的基本内容有:组织准备,技术准备,现场准备,物资准备等。

 **任务实施**

一、组织准备

开工前的组织准备工作的主要内容是建立施工组织机构,组建施工班组,编制施工管理计划,确定施工目标等。

1. 建立施工组织机构

施工单位与业主签订路面工程施工合同后,首先应组建项目部,项目部驻地以方便工作为原则,应设在施工现场。一般设在项目中间位置,确需设在一端的,必须同时在中间位置或其他适当位置设置现场工作组。现场工作组人员隶属于项目部。

项目部是施工现场管理的一次性临时机构,其组织机构的设置,要本着精干高效、业务系统化管理和弹性流动的原则进行组建,项目部一般应设置"五科二室",即工程技术科、安全保卫科、物资设备科、计划财务科、合同档案科、工地试验室和综合办公室。项目部在项目经理的领导下开展工作。

2. 组建施工班组

施工班组是直接参与施工的生产组织。项目部应按照路面的工程量大小和工期要求,安排出总进度计划网络图,并进一步估算出人工数,以及技术工种、机械操作工种和普通工种等用工比例,选择能够适应质量、工期要求的作业班组,并与施工劳务单位签订《劳务合同》,实行合同制管理。施工班组的合理组织和安排,是保证路面施工连续性、紧凑性、协调性和经济性的前提。

3. 编制施工管理计划

路面施工管理计划是对项目施工管理的组织、内容、方法、步骤、重点工作进行预测和决策,是具体安排的纲领性文件。

路面施工管理计划的主要内容有:

①对路面工程进行分解,形成分解体系,以便确定阶段性控制目标,从局部到整体地进行施工管理;

②建立路面施工管理工作体系,绘制路面施工管理工作体系图和路面施工管理工作信息流程图;

③编制施工管理计划,确定管理要点,形成文件,以利于执行。

4. 确定施工目标

为了保证在路面施工阶段进行全过程控制。在准备阶段应该确定路面施工目标。路面施工目标分为阶段性目标和最终目标。主要施工目标有安全目标、成本目标、质量目标和工期目标等。

根据路面施工目标,结合路面工程施工进度计划、工期计划安排以及劳动力的调配情况,合理地组织安排施工环节和施工过程,严格劳动纪律,严把工程质量关,实施奖惩制度,最大限度地创造效益。

案例　×××高速公路路面施工组织机构框图

1)工程简介

(1)本合同段为本项目P3合同段工程,工程施工范围:K116+800~K174+000,全长57.2km。沿线有桥梁37座、隧道12座,互通立交1处及1个停车区,工作内容为路面垫层、底基层、基层、透层、稀浆封层、黏层、上中下面层及路面排水、中央分隔带排水等附属工程和通信管道工程。

(2)路面结构

①主线路面

主线行车道、路缘带、硬路肩路面结构(包括中央分隔带开口)。

上面层:4cm细粒式沥青玛蹄脂碎石(SMA-13)。

中面层:5cm中粒式改性沥青混凝土(AC-20C)。

下面层:6cm中粒式沥青混凝土(AC-20C)。

封层:0.6cm乳化沥青稀浆封层+透层。

基层:20cm水泥稳定碎石。

底基层:30cm水泥稳定碎石。

②匝道路面结构

上面层:4cm细粒式沥青玛蹄脂碎石(SMA-13)。

下面层:6cm中粒式沥青混凝土(AC-20C)。

封层:0.6cm乳化沥青稀浆封层+透层。

基层:20cm 水泥稳定碎石。
底基层:30cm 水泥稳定碎石。
③匝道收费站水泥混凝土路面结构
面层:28cm 钢筋混凝土。
封层:0.6cm 乳化沥青稀浆封层+透层。
基层:16cm 水泥稳定碎石。
底基层:15cm 水泥稳定碎石。
④桥面铺装
a. 对中、小桥采用4cm 细粒式沥青玛蹄脂碎石(SMA-13)+5cm 中粒式改性沥青混凝土(AC-20C)下面层+防水黏结层+10cm 钢筋混凝土铺装层。
b. 对长度大于100m 的一般结构的大桥、特大桥采用4cm 细粒式沥青玛蹄脂碎石(SMA-13)+3cm 细粒式改性沥青混凝土AC-10 下面层+防水黏结层+10cm 钢筋混凝土铺装层。
⑤隧道路面结构
中短隧道:4cm 细粒式沥青玛蹄脂碎石(SMA-13)+5cm 中粒式改性沥青混凝土(AC-20C)下面层+防水黏结层+24cm 水泥混凝土+15cmC20 水泥混凝土。
大隧道:26cm 水泥混凝土面板+15cmC20 水泥混凝土。
⑥桥隧之间路基长度小于50m 的路段
桥梁与隧道中间路基长度小于50m 的路段:4cm 细粒式沥青玛蹄脂碎石(SMA-13)+5cm 中粒式改性沥青混凝土AC-20 下面层+28cm 连续配筋水泥混凝土基层+28cmC20 水泥混凝土。
桥梁与桥梁中间路基长度小于50m 的路段:4cm 细粒式沥青玛蹄脂碎石(SMA-13)+3cm 细粒式改性沥青混凝土AC-10 下面层+28cm 连续配筋水泥混凝土基层+28cmC20 水泥混凝土。
在挖方路段全断面铺筑15cm 级配碎石垫层。

2)施工总目标

根据招标文件要求,通过对施工现场认真详细的考察了解以及本工程实际规模,结合公司多年从事路面工程施工所积累的经验和具有的施工能力,总体规划目标是:

(1)质量目标

严格按施工图纸和施工技术规范要求指导施工,确保工程质量竣工验收为优良。

(2)工期目标

根据本工程的施工特点,暂定本工程从2010年2月20日进场,2011年10月20日基本完工,保证在工程开工后的24个月内完成本合同规定的全部工程项目。

(3)安全目标

施工期间,由安全保卫科负责整个合同段安全工作,健全安全保证体系,按××省高速公路标准化工地进行全面管理,杜绝发生人身伤亡事故。

3)施工组织机构

项目部下设六部二室,分别是工程科、质检科、合同档案科、设备材料科、安全保卫科、计划财务科、工地试验室、行政办公室等相关部室。施工现场设四个班组,分别是底基层班组,基层班组、路面班组和路面排水班组。路面施工组织机构框图如图2-1 所示。

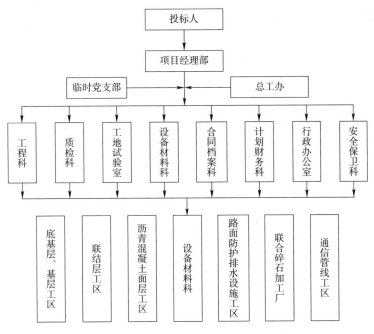

图 2-1 路面施工组织机构图

二、技术准备

路面施工前的技术准备工作包括熟悉图纸资料和有关文件,施工现场调查,编制施工组织设计,施工测量放样,原材料试验与配合比设计,技术交底和技术保障等。对于高等级公路或采用"四新技术"的其他等级公路的路面施工,除做好上述准备工作外,还应在施工前铺筑试验路段,为路面正式施工提供技术依据。

1. 熟悉图纸资料和有关文件

施工单位接到中标通知后,应全面熟悉施工图纸、资料和有关文件,参加业主工程主管部门或建设单位组织的设计交底和图纸会审并做好记录。

(1)设计图纸是施工的依据,施工人员必须按图施工,未经业主和监理工程师同意,施工人员无权修改设计图纸,更不允许没有设计图纸就擅自施工。

(2)施工单位应组织有关技术人员对设计图纸和资料进行学习和核查,做到心中有数,如有疑问或发现错误应在设计交底和图纸会审中提出,请上级给予解答。

(3)设计交底和图纸会审中,着重要解决以下几个问题:

①设计依据与施工现场的实际情况是否一致。

②设计中所提出的工程材料、施工工艺的特殊要求,施工单位能否实现和解决。

③路面结构设计能否满足工程质量及安全要求,是否符合国家和行业的有关规范、标准。

④施工图纸中土建及其他专业(如水、电、通信、供油、气等)的相互之间有无矛盾,图纸及说明是否齐全。

⑤图纸上的尺寸、轴线、高程、预留孔和预埋件的位置、规格和工程量的计算有无差错、遗漏和矛盾。

⑥路面施工方法、料场分布、运输工具、道路条件等是否符合工程现场实际情况。

现场核对时,如发现设计有错误或不合理之处,应提出修改意见并报上级主管部门审批,待核准批复后再进行现场测量、修改设计、补充图纸等工作。

2. 施工现场调查

施工现场调查是编制实施性施工组织设计和施工计划、细化任务分工、组织大型机械设备进场等重要工作的前提条件。现场调查的主要内容包括:调查线路走向,查清地形、地质、水文地质、气候特点;自采加工材料场储量、地方生产材料和外购材料供应情况;施工期间可利用的当地劳动力资源、工业生产加工能力、运输条件和运输工具情况;施工场地的水源、水质、电源以及生活物质供应情况;当地民俗民情、生活习惯等。

3. 编制施工组织设计

编制施工组织设计是路面施工前重要的准备工作。施工单位应根据设计文件中的施工组织计划和业主的具体要求,依据设计文件、招标文件、技术规范、质量标准、现场条件,路面工程的施工程序及相互关系,工期要求以及有关定额等编制施工组织设计,并报监理工程师和业主批准。

施工组织设计的内容:施工方法和工艺,施工进度计划,施工场地布置方案,施工质量控制规程,劳动力安排计划,机械设备配备,以及关键工程的技术措施等。

施工总平面图是施工组织设计中的重要组成部分,其布局合理与否不仅直接关系到是否方便施工,而且对成本、工期、质量等方面都会产生很大的影响,因此必须做好该项工作。

施工总平面的布局应符合下列要求:

①应与现场的地形地物相结合,做到布局合理、工程量少、施工方便。

②各项临时工程设施应尽可能与永久工程相结合,尽量不占或少占耕地,不应早占或占而不用,以便减少投资和节约用地。

③临时排水、防洪设施,不得损害邻近的永久性建(构)筑物的地基与基础、挖(填)方区边坡以及当地的农田、水利设施等。

4. 施工测量放样

路面工程开工前,要对业主及设计单位提供的现场红线标桩、基准高程标桩等进行现场复核,确认无误后才能使用。从设计到施工一般要经过一段时间,施工时原来的标桩可能部分丢失或移动,因此在施工前必须恢复路线,即在现场按设计文件恢复和固定路线的主要控制点。中线复测后应进行高程测量,以复核原水准基点高程和中桩地面高程。此外,应详细检查校对横断面是否符合实际情况,发现错误或有怀疑时应进行复测,在加桩处应补测横断面。内容包括导线、中线、水准点复测,检查与补测纵、横断面,校对和增加水准点,各路面结构层宽度、厚度、设计高程的放样等。

5. 原材料试验与配合比设计

对自采材料、地方性生产材料和外购材料,按照有关规定取样进行原材料各项技术性能指标试验,并进行路面混合料的配合比设计试验,确定混合料的施工现场配合比。

原材料试验和混合料配合比设计结束后,应及时向监理工程师提交报告,经监理工程师审核批准后方可采购和使用。

6. 技术交底

施工单位应根据设计文件和施工组织设计,逐级做好技术交底工作。技术交底是施工单位把设计要求、施工技术要求和质量标准贯彻到施工人员的有效方法,是技术管理工作中的一个重要环节。它通常包括施工图纸交底、施工技术措施交底以及安全技术交底等。这项交底工作分别由高一级技术负责人、单位工程负责人、施工队长、作业班组长逐级组织进行。

路面施工技术交底包括以下内容：
(1)路面施工图纸交底
施工图纸上必须特别注意的问题的交底,比如尺寸、轴线、高程、预留孔和预埋件的位置、规格和数量等。
(2)原材料交底
使用自采、地方性和外购材料的品种、规格、质量、配合比和质量要求。
(3)路面施工工艺交底
采用的施工方法、操作工艺和其他工种的配合等。
(4)路面施工技术规范、技术标准交底
采用的施工技术规范、质量评定标准和有关要求。
(5)技术措施交底。
保证质量、安全生产、降低成本、文明施工和工程产品保护等技术措施要求。

三、现场准备

1. 临时设施

在路面工程正式开工前,要充分建造好相应的临时设施,如工棚、仓库、供水、供电、通信设施等。

(1)加工场地

工地临时加工场地组织是确定建筑面积和结构形式。加工场(站、厂)的建筑面积,通常参照有关资料或根据施工单位的经验确定,也可按有关公式计算。

大型沥青混合料或水泥混凝土搅拌设备的场地面积,根据设备说明书的要求确定。必要时应对拌和场的场地和进出场道路、堆料场地等进行"硬化"处理。对细集料的堆放场地应搭设防雨棚,防止细集料受到污染。

上述建筑场地的结构形式应根据当地条件和使用期限而定。使用年限短的采用简易结构,如油毡或草屋面的竹木结构;使用年限较长的则可采用瓦屋面的砖木结构或活动房屋等。

(2)临时仓库

工地临时仓库分为转运仓库、中心仓库和现场仓库等。临时仓库组织是确定材料储备量和仓库面积、选择仓库位置和进行仓库设计等。

建筑材料的储备量既要保证工程连续施工的需要,也要避免材料积压而增大仓库面积。供应不易保证、运输条件差、受季节影响大的材料可增大储存量。常用材料的储存量宜通过运输组织确定。

对于不经常使用和储备期长的材料,可按年度需用量的某一百分比储备。

一般的仓库面积可按有关公式计算,特殊材料如爆炸品、易燃或易腐蚀品的仓库面积,按有关安全要求确定。

仓库除满足总面积要求外,还要正确地确定仓库的平面尺寸,即仓库的长度和宽度。仓库的长度应满足装卸要求,宽度要考虑材料的存放方式、使用方便和仓库的结构形式。

(3)行政、生活用临时房屋

此类临时房屋的建筑面积取决于工地的人数。

在编制施工组织设计时,应尽量利用工地附近的现有建筑物,或提前修建能利用的永久房屋,如道班房、加油站等,不足部分修建临时建筑。

临时建筑应按节约、适用、装拆方便的原则设计,其结构形式按当地气候、材料来源和工期长短确定,通常有帐篷、活动房屋和就地取材的简易工棚等。

(4)临时供水、供电与供热

工地临时供水、供电与供热应解决以下问题:确定用量,选择供应来源,设计管线网络等。如供应来源由工地自行解决,还需要确定相应的设备。

确定用量时,应考虑施工生产、生活和特殊用途(如消防、抗洪)的需用量。选择供应来源时,首先考虑当地已有的水源、电源,若当地没有或供应量不足时,才需自行设计解决。

2. 路基检查

不论是路堤、路堑还是原有路面,铺筑路面结构层之前,必须进行检查验收,其压实度、弯沉值、高程、平整度等技术指标达到规定的要求后,才可进行路面施工。如发现路基土过干、表层松散,则应适当洒水、碾压;如路基土过湿,发生"弹簧"现象,应采取挖开晾晒、换土、掺石灰或水泥等措施进行处理。

3. 施工现场交通管制

为了确保路面施工安全和有序施工,对施工现场范围内的公路两端和必经的交叉路口、部分设施、设备等设置施工标志,进行施工现场交通管制,对于附近人群应进行施工安全宣传。

四、物资准备

路面施工要消耗大量的劳动力、材料和机具,正式开工前应进行所需材料的购买、采集、加工、调运和储备等工作,同时要检修或购置及安装一些路面施工机械、机具,做好施工人员的生活、后勤保障准备工作。材料和施工机械、机具的准备工作是路面施工组织计划的重要组成部分。

1. 用水与用电准备

施工用水主要有工程施工生产用水、生活用水与特殊用水。在沿线河流上取水时,要取样化验,检查水质是否符合工程或生活上使用的要求。路线附近可利用的水源要与就近掘井取水做经济比较确定。在有自来水设施的地区施工,饮用水使用自来水,工程及其他用水如无合适天然水源可利用时,也可使用自来水,但要与供水单位订立供水协议。

施工和生活用电最好利用当地电源,要了解供电单位能否满足工地用电的要求,并与供电单位订立供电及安装输电线路和设施的协议。当供电单位经常定期停电、供电量满足不了施工需要或根本就没有可利用的电源时,应自备电源。

2. 材料准备

当地采购或开采加工的材料(如砂、石等),必须对其产地、品质、数量、运输和价格做详细的调查分析。需要临时开采加工的材料,要了解可否发包给当地生产供应部门,并与自行组织生产做经济比较。特别要注意在设计文件提供的材料产地以外,可否找到材料品质符合要求、运距更近的产地。

自采材料和外运材料,经检验和选择,按需要的规格和数量运到现场,堆放位置应根据实施性施工组织计划进行合理安排。

材料运输可利用当地已有的运输力量,必须了解当地可利用的运输工具的类型、数量、运输能力和运价。如果当地运输力量不能满足要求或经比较不经济时,可自行组织运输。

3. 机械与机具准备

应按照施工合同规定,配备足够的施工机械、设备及器具,并保证均处于良好的技术状态及满足施工的需要,并应有相匹配的维修措施。

根据路面实施性施工组织计划,一次或分批配齐足够的施工机械和相关工具。

有些不常使用的机械设备可以采用租赁方式;施工单位只要向租赁者按合同规定定期交付一定的租赁费便可取得设备的使用权,从而可以减少或根本就不需要购买那些不常使用的设备。在租赁设备调查中,首先要了解出租设备的型号、功能、数量等能否满足施工时的要求,同时还要将租赁与自购作经济比较,以便择优选用。如选择租赁设备,要签订租赁合同。机械设备的放置,应考虑到施工的要求。

4. 安全防护准备

应严格执行《公路工程施工安全技术规程》(JTG F9—2015)的规定要求,加强安全生产管理,落实安全生产责任,提高作业人员的安全意识,准备好各种安全防护设施和劳动防护用品,正确使用安全防护用品。

项目部办公区、员工生活区、施工现场、拌和场地等,应先确定危险源,并制定相应的防范措施及应急预案、项目部所有员工和施工人员(包括合同工、农民工)及在建工程均应选择合适的保险种类进行投保。

安全防护措施应是施工组织设计的重要组成部分,这些措施必须有效、落实、可靠。

 任务工单

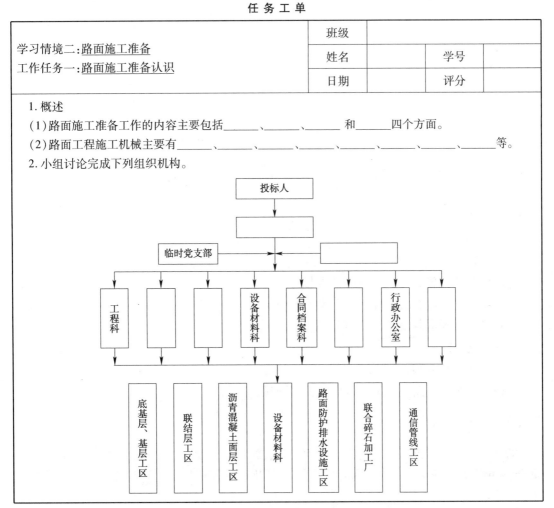

任 务 工 单

学习情境二:路面施工准备	班级		
工作任务一:路面施工准备认识	姓名	学号	
	日期	评分	

1. 概述
(1)路面施工准备工作的内容主要包括_____、_____、_____ 和_____四个方面。
(2)路面工程施工机械主要有_____、_____、_____、_____、_____、_____、_____、_____等。

2. 小组讨论完成下列组织机构。

3. 小组讨论项目部要建立哪些工程技术管理制度?

4. 怎样熟悉和核对设计文件?

5. 小组讨论路面施工物资准备内容主要包括哪些?

6. 简述沥青混合料摊铺机的种类。

7. 压实机械按工作机构的作用原理分为哪几种主要类型?

工作任务二　路面主要施工机械设备选型

 任务概述

1. 应知应会

（1）了解路面施工机械设备的种类与特性；

（2）熟悉沥青混合料拌和厂（场、站）设置的基本要求；

（3）熟悉水泥混凝土搅拌厂（场、站）设置的基本要求。

2. 学习要求

（1）研读教材内容；

（2）查阅某一公路关于施工机械的相关资料。

 相关知识

路面工程施工机械主要有稳定土拌和机械、沥青加热设备、沥青运输车及洒水车、沥青混合料拌和设备、沥青混合料摊铺机、压路机，以及水泥混凝土拌和设备、滑模摊铺机和轨模摊铺机等。

任务实施

一、稳定土拌和机械

稳定土拌和机械按拌和方式分为稳定土拌和机和稳定土厂拌设备两类。

稳定土拌和机(图2-2)是一种在行驶过程中,以其工作装置对土就地破碎,并与稳定剂均匀拌和的机械设备。稳定土拌和机主要用于路面工程中的稳定土类基层、底基层的现场拌和作业。

图2-2　稳定土拌和机

稳定土拌和机按行走形式,可分为履带式、轮胎式和复合式(履带与轮胎结合);按牵引方式,可分为自行式、半拖式和悬挂式;按动力传动形式,可分为机械式、液压式和混合式(机械、液压结合);按工作装置(转子)在机械上的位置,可分为中置式和后置式。

部分国内外生产的稳定土拌和机的型号和主要性能参数见表2-1。

部分国内外生产的稳定土拌和机的型号和主要性能参数　　表2-1

生产厂家	机械型号	行走形式	传动方式	转子位置	功率 kW/(r/min)	拌和宽度(mm)	拌和深度(mm)	行驶速度(km/h)
德国BOMAG	MPH120	轮胎	液压	后置	280/2100	2100	400	0~6
美国CMI	RS-500B	轮胎	机械液压	中置	391/2100	2438	406	0~11
日本SAKAI	PM-200	轮胎	液压	中置	143/1800	1700	400	0~24
新津筑路机械厂	WB230	轮胎	液压	后置	258/2000	2300	450	0~20
陕西建设机械厂	WBZ23	轮胎	液压	后置	258/2100	2350	400	0~24
镇江路面机械厂	WBY2300	轮胎	液压	后置	258/2100	2300	450	0~24

稳定土厂拌设备(图2-3)是在固定地点均匀拌和稳定土类混合料的专用设备。其优点是配合比控制精度高,拌和质量好;缺点是需安装在固定地点作业,整机庞大,还需配置运输车辆才能将成品运至施工现场,因此成本较高,适用于工程量大且集中的公路工程。

图2-3　稳定土厂拌设备

稳定土厂拌设备按工艺性能,可分为非强制跌落式、强制间歇式和强制连续式等3种。强制连续式又可分为单卧轴式和双卧轴式。按其生产率大小,可分为小型(生产率小于200t/h)、中型(生产率200~400t/h)、大型(生产率400~600t/h)和特大型(生产率大于600t/h)等4种。按其机动性,可分为移动式、分总成移动式、部分移动式、可搬式及固定式等多种形式。

部分国内生产的稳定土厂拌设备的型号和主要性能参数见表2-2。

部分国内生产的稳定土厂拌设备的型号和主要性能参数　　　　表2-2

型号	生产能力(t/h)	级配种类	计量精度	装机功率(kW)	总质量(t)	生产厂家
WBS200	200~250	4	≤3%	54.1	29	汕头市公路局机械修配厂
WBC300	300	4	≤3%	120	42	安徽省公路机械厂
WCB200	200	4	≤3%	70	30	徐州筑路机械厂
WCQ100	100	4	集料≤3%,粉料≤3%,土≤5%	37.4	20	云南公路机械修配厂
YWCB-300（移动式）	300	4	级配1%~1.5%,给水1.5%	82	28	福建省泉州南方路面机械厂
CBW200	200	4	≤3%	70	30	无锡新安交通工程机械厂
WQB400	400	4	水灰比精度±1%	126.7	48.3	沈阳路达筑路机械制造厂

二、沥青混合料拌和设备

1.沥青混合料拌和设备的分类及特点

沥青混合料拌和设备(图2-4)按生产能力,可分为小型(生产率在40t/h以下)、中型(生产率为40~400t/h)和大型(生产率在400t/h以上)。

图2-4 沥青混合料拌和厂(场、站)

按搬运方式,可分为移动式、半固定式和固定式。移动式是将设备装置在拖车上,可随施工地点转移,多用于公路工程;半固定式是将设备装置在几个拖车上,在施工地点拼装,多用于公路施工;设备作业地点固定的为固定式,又称为沥青混合料拌和厂(场、站),主要适用于工程集中的公路及城市道路施工。

按混合料生产方式,可分为间歇强制式和连续滚筒式。高等级公路建设应使用间歇强制式,而连续滚筒式多用于低等级公路及场地建设。

部分国内外生产的沥青混合料拌和设备的型号及主要性能参数见表2-3。

部分国内外生产的沥青混合料拌和设备的型号及主要性能参数　　表2-3

型号	形式	生产能力(t/h)	干燥滚筒尺寸(直径×长度,mm)	燃料耗量(kg/t,成品)	出料温度(℃)	计算精度	整机质量(t)	总功率(kW)	制造厂
HHB25	滚筒式	25	φ1200×1800	燃油≤7,燃煤≤16	100~150	油石比<±0.5%	(柴油机)13.6	燃油44,燃煤58.8	郴州筑路机械厂
DHNB80	滚筒式	80~100	φ1800×8000	燃油≤7	130~165	油石比<±0.5%	88	175	郴州筑路机械厂
LYB500	滚筒式	50	φ1250×600(再生式)	5~7	120~150	—	3.2	16.2	安徽省公路机械厂

续上表

型号	形式	生产能力 (t/h)	干燥滚筒尺寸（直径×长度,mm)	燃料耗量 (kg/t,成品)	出料温度 (℃)	计算精度	整机质量 (t)	总功率 (kW)	制造厂
IJB1000	间歇强制	60~80	φ1500×6500	燃油≤7	—	沥青±0.5%,粉料±1.0%,集料±0.5%	130	284.7	郴州筑路机械厂
LJY40	间歇强制	40~50	—	燃油≤7	140~160	沥青±0.5%,粉料±1.0%,集料±0.5%	55	120	云南公路机械修配厂
LQB1200	间歇强制	100	—	燃油≤7	—	油石比<±0.5%	—	320	沈阳路达筑路机械制造厂
LQB3000	间歇强制	200	—	燃油≤7	—	油石比<±0.5%	—	600	沈阳路达筑路机械制造厂
ANPU-1000	间歇强制	60~80	φ1600×7000	—	—	—	—	199	日本NIKKO公司
DF270	间歇强制	220~270	φ2500×9000	—	—	—	—	—	法国Ermot公司

2. 沥青混合料拌和厂（场、站）设置

沥青混合料拌和厂（场、站）设置的基本要求如下：

（1）沥青混合料拌和厂（场、站）必须符合国家环境保护、消防、安全等有关规定。沥青混合料拌和厂（场、站）应选在远离居民区、村庄，并处于主风向下方向的位置。

（2）拌和厂（场、站）与工地施工现场距离应确保沥青混合料的温度下降不超过混合料的最低摊铺温度要求，且不致因颠簸造成混合料的离析，影响混合料的质量。厂址离工地应越近越好，最大不宜超过40km，有条件时应选在有7m宽路面的交通干线公路附近。

（3）拌和厂（场、站）宜设置在摊铺路段的中间位置。拌和厂内部布置应满足原材料储运、沥青及集料、矿粉加热与输送、供电等使用要求，并尽量紧凑，减少占地。

（4）砂石料场应建在交通运输方便、排水通畅的位置，其底部宜做硬化处理，各种集料应分隔储存，并设标识牌，严禁混杂。粗、细集料场宜设防雨、防污顶棚。

（5）拌和厂（场、站）应保证充足的电力供应。电力总容量应满足全部施工用电设备、夜间施工照明及生活用电的需要。供电设施必须安全可靠，并有相应的安全预控措施。

（6）应确保摊铺机械、运输车辆及发电机等动力设备的燃料供应。离加油站较远的工地宜设置油料储备库，但必须符合相关安全规定要求。

（7）原材料与混合料运输车辆不应相互干扰。厂内应具有完备的排水设施，厂内道路应做硬化处理，严禁泥土污染集料。

（8）对于沥青混凝土搅拌设备，应根据工程量和工期选择其生产能力和移动方式。高速公路，以及一级、二级公路沥青混凝土面层的施工，应选用拌和能力较大的搅拌设备，以使其单位产品所消耗的人工、燃料和易损配件等费用较低，故应选用生产量在100t/h以上的沥青混凝土搅拌设备。

(9)场地形状以矩形为佳,场内各项设施(包括拌和设备、办公区、生活区等)的布置应协调。设备的主体应布置在中央位置,办公楼、宿舍、试验室等房舍应位于工厂进口处,并沿路边建造,砂石料堆场或储仓的设置应便于向搅拌设备供料,又便于车辆从外面运进和卸下砂石料,砂石料的储量以不少于3~5d工作需要为宜,矿料仓、沥青库和燃料罐等设施的布置也应以便于向主设备供送所需材料为准。配电间或发电机房应安置在较偏僻而又安全的地方,称量矿料及成品料的地方应设置于车辆的出口处。

三、沥青混合料摊铺机械

沥青混合料摊铺机(图2-5)按摊铺宽度,可分为小型、中型、大型、超大型等4类。摊铺宽度一般为3.6~12m。小型摊铺机主要用于低等级公路的路面养护和城市狭窄道路的修筑工程中型摊铺机主要用于一般公路路面的修筑工程,也可用于路面的养护作业。大型摊铺机主要用于高等级公路路面施工。超大型摊铺机的最大摊铺宽度为12m,主要用于高速公路、机场、码头、广场等大面积沥青混合料路面施工。使用有自动

图2-5 沥青混合料摊铺机

找平装置的超大型(包括大型)摊铺机摊铺路面时,纵向接缝少,整体性及平整度好,尤其是摊铺路面表层效果最好。

沥青混合料摊铺机按行走方式,可分为拖式和自行式两类,其中自行式又分为履带式和轮胎式两种。

拖式摊铺机是将接料、输料、分料和熨平等工作装置安装在一个特制的机架上,摊铺作业是靠运料自卸车牵引或顶推进行。其结构简单,制造、使用成本低,但摊铺能力小、质量低。拖式摊铺机仅适用于低等级公路的路面养护作业。

履带式摊铺机一般为大型或超大型摊铺机,其优点是接地压强小,附着性能好,摊铺作业时运行平稳,无打滑现象。其缺点是机动性差,对路基凸起物吸收能力差,弯道作业时铺层边缘不够圆滑,且结构复杂,制造成本较高。履带式摊铺机用于大型路面工程的施工。

轮胎式摊铺机靠轮胎承受整机重力,并提供附着力。它的优点是转场运行速度较高,机动性好,对路基凸起物吸收能力强,弯道作业易形成圆滑的边缘。其缺点是附着力较小,在摊铺宽度较大、铺层较厚的路面时,有可能产生打滑现象。此外,它对路基起伏较敏感,需要自动找平装置来协助,以提高路面平整度。轮胎式摊铺机可用于各种道路的路面修筑及养护作业。

沥青混合料摊铺机按传动方式,可分为机械式和液压式两类。机械式传动的摊铺机,其行走驱动、输料传动、分料传动、转向传动等均用机械传动方式。液压式传动的摊铺机,其行走驱动、输料和分料传动、熨平板延伸、熨平板和振捣器的振动等采用液压传动方式。液压和全液压传动的摊铺机均设有自动找平装置,具有良好的使用性能和较高的摊铺质量,广泛应用于高等级公路的路面施工。

部分国内外生产的沥青混凝土摊铺机的型号和主要性能参数见表2-4。

表2-4

部分国内外生产的沥青混凝土摊铺机的型号和主要性能参数

型号	制造厂	摊铺宽度 (m)	摊铺厚度 (mm)	发动机功率 (kW)	作业速度 (m/min)	行驶速度 (km/h)	行走方式	料斗容量 (m³)	熨平板形式	总质量 (t)	外形尺寸 (长×宽×高, mm)
LT6CB	西安筑路机械厂	2.8~4.5	10~120	35	2.82~5.84	16.7	轮胎式	3	液压伸缩	11.15	5300×2834×2490
GTLY7500	西安筑路机械厂	2.5~7.5	10~300	82	1~19.6	0~3.6	履带式	5.7	高密压实	20	6300×2500×2700
LTU4500	镇江华通筑路机械总厂	2.5~4.5	10~250	46	1.5~6.3	2.1~12.3	履带式	5.5	—	11.2	5746×4494×2450
LTU125	徐州工程机械厂	3~12.5	最大300	157	0~18	0~3.5	履带式	7	—	19.5~25.5	6718×3000×3635
LTU60	徐州工程机械厂	2.5~6	最大300	86	0~18	0~5	履带式	6	—	14.5~16.5	5800×2500×3650
LTL45	徐州工程机械厂	2.8~4.5	最大150	35	3.2~6.7	2.3~17.7	轮胎式	5.5	—	10	5395×3255×3452
TITAN411	陕西建设机械厂	最大12	最大300	124	0~54	—	履带式	7	高密实度双振捣	23	5997×2500×3700
LTY7.5	石油地球物理勘探局物探特种车辆制造厂	3~7.5	10~300	92	0~18	0~20	—	—	—	—	—
TITAN—280	德国ABG公司	2.5~5.0	15~300	—	2.25~15.0	2.8	履带式	—	—	—	—
TITAN—355	德国ABG公司	2.5~8.0	0~300	—	0.9~2.0	—	轮胎式	—	—	—	—
TITAN—411	德国ABG公司	3.0~12.0	0~300	—	0~54.0	—	履带式	—	—	—	—
PF—500	美国Blow-kno×公司	3.0~8.8	6~305	—	0~44.5	9.6	履带式	—	—	—	—
PF—220	美国Blow-kno×公司	3.6~12.2	6~251	—	0~13.9	17.8	轮胎式	—	—	—	—

四、压实机械

1. 静作用碾压机械

碾压滚轮沿被压实材料表面反复滚动,靠自重产生的静力作用,使被压实层产生永久变形达到压实目的。静力式压路机的分类如下:

(1)按结构质量,分为轻型(载重量≤5t)、中型(6~10t)、重型(12~15t)和特重型(≥16t)。

(2)按碾压轮的结构特点,分为光轮压路机(图2-6)和轮胎压路机(图2-7)。

(3)按行驶方式,分为自行式压路机和拖式压路机。

(4)按碾压轮数量,分为单轮压路机、双轮压路机和三轮压路机。

(5)按驱动轮的数量,分为单轮驱动压路机、双轮驱动压路机或三轮驱动压路机。

(6)按传动方式,分为机械传动式压路机、液力机械传动式压路机和全液压传动式压路机。

图2-6 光面钢轮压路机

图2-7 轮胎压路机

部分国产静力式压路机的型号和主要性能参数见表2-5。

部分国产静力式压路机的型号和主要性能参数　　表2-5

压路机型号	发动机			最小工作质量(t)	最大工作质量(t)	前后轮静线压力(N/cm)	压实宽度(mm)	最小回旋半径(mm)	行驶速度(km/h)	爬坡能力(%)	外形尺寸(长×宽×高,mm)	制造厂家
	型号	功率(kW)	转速(r/min)									
3Y10/12A	2135K-1	29.5	1500	10	12	320/740	2100	6300	1.6/3.2/5.4	14.3	4290×2155×2115	洛阳建筑机械厂
3Y12/15A	4135C-1	58	1500	12	15	390/940	2130	6350	2.2/4.4/7.5	14.3	4460×2215×2115	洛阳建筑机械厂
3Y12/15B	4135C-1	58	1500	12	15	460/900	2130	6500	2/4.8/15	20	4738×2130×2750	徐州工程机械厂
3Y18/21	4135AK-2	73.5	1500	18	21	542/1170	2320	6500	2.3/4.4/7.9	20	5156×2320×2760	徐州工程机械厂
2Y8/10	495Ay	36.76	2000	8	10	274/372	1450	5900	2/4/7.0	20	4305×1762×2250	上海工程机械厂
3Y12/15	4315K-2c	58	1500	12	15	360/1000	2125	5900	2/4/8.7	20	4735×2125×2650	上海工程机械厂
3Y15/18	4315K-2	73.5	1500	15	18	565/1058	2130	5900	1.9/3.2/7.5	20	4655×2135×2960	安徽省公路机械厂
3Y18/21	4315AK-2	73.5	1500	18	21	577/1080	2370	6500	2/3.4/8	20	5120×2376×2960	安徽省公路机械厂

2. 振动碾压机械

振动压路机(图2-8)的工作原理是碾轮沿被压实层材料表面既作往复滚动,又利用偏心质量旋转产生的激振力,以一定的频率、振幅振动,使被压实层同时受到碾轮的静压力和振动力的综合作用,给材料短时间的连续脉动冲击,使被压实层产生永久变形,达到压实目的。

部分国产自行式振动压路机的型号和主要性能参数见表2-6。

图2-8 振动压路机

部分国产自行式振动压路机的型号和主要性能参数　　　表2-6

压路机型号	发动机 型号	功率(kW)	转速(r/min)	工作质量(t)	振动轮宽度(mm)	行驶速度(km/h)	振动频率(Hz)	振幅(mm)	激振力(kN)	外形尺寸(长×宽×高,mm)	制造厂家
YZD4	2100Ly	24.2	2200	3.6	1090	2.8~7.7	42	0.54	振荡力矩15.2kN.m	2992×1350×2334	安徽省公路机械厂
YZJ20	WD615 61G05	162	2200	20	2130	0~9	26~33	0.9~1.8	240~320	6100×2560×3200	云南公路机械修配厂
YZ12	4315AK-2	73.5	1500	12	2130	2.9/4.86/13.6	30	0.8~1.6	110~220	5570×2330×3100	温州冶金机械厂
YZ/4A	4315AK-2	73.5	1500	14	2150	0~11	30	1.6	285	5490×2340×2910	江阴交通工程机械厂
DF-YZ14	LR6105G28	73.5	2000	14	2150	3/5/14.0	32	1.6	270	6085×2400×2862	中国第一拖拉机工程机械公司工程机械厂
YZC12	F6L912Gb	80	2400	12	2130	0~10	45~48	0.4~0.8	80~140	—	徐州工程机械厂
YZ18	F66L913	115	—	18	2130	0~10	27	1~1.8	135~270	—	徐州工程机械厂

五、水泥混凝土搅拌设备

水泥混凝土搅拌设备是将一定配合比的水泥、砂石、水和外加剂、掺合料拌制成具有一定匀质性、和易性要求的混凝土拌和物的机械设备。

1. 水泥混凝土搅拌设备分类及特点

水泥混凝土搅拌设备可分为水泥混凝土搅拌机和水泥混凝土搅拌厂(场、站)(图2-9),另外为适应不同混凝土搅拌要求,搅拌设备有多种机型。按工作性质分,有间歇式和连续式搅拌机;按搅拌原理分,有自落式和强制式搅拌机;按搅拌筒形状分,有鼓筒式、锥式和圆盘式。此外,还有裂筒式、圆槽式(即卧轴式)等混凝土搅拌机。

图2-9 水泥混凝土拌和站

部分水泥混凝土拌和设备的型号和主要性能参数见表2-7和表2-8。

部分水泥混凝土拌和设备的型号和主要性能参数　　　　　表2-7

参数项目		型号	JDC350	JS500	JS750	JS1000	JS1500	JS2000
出料容量(L)			350	500	750	1000	1500	2000
进料容量(L)			560	800	1200	1600	2400	3200
生产率(m³/h)			≥18	≥25	≥37.5	≥50	≥75	≥100
骨料最大粒径(卵石/碎石)(mm)			60/40	80/60	80/60	80/60	80/60	80/60
搅拌叶片	转速(r/min)		28	35	31	25.5	25.5	23
	数量			2×7	2×7	2×8	2×10	2×9
搅拌电机	型号			Y180M-4	Y200L-4	Y225S-4	Y225M-4	Y280S-4
	功率(kW)		19.55	18.5	30	37	45	75
卷扬电机	型号			YEZ1325-4-B5	YEZ132M-4-B5	YEZ160S-4	YEZ180L-4	YEJ180L-4
	功率(kW)			5.5	7.5	11	18.5	22
水泵电机	型号			50DWB20-A	65DWB35-5	KQW65-1001	KQW65-1001	CK65/20L
	功率(kW)			0.75	1.1	3	3	4
料斗提升速度(m/min)				18	18	21.9	23	26.8
外形尺寸(长×宽×高)(mm)	运输状态		2528×2340×2850	3050×2300×2680	3650×2600×2890	4640×2250×2250	5058×2250×2440	5860×2250×2735
	工作状态			4461×3050×2680	4951×3650×6225	8765×3436×9540	9645×3436×9700	10720×3870×10726
整机质量(kg)			3700	4000	5500	8700	11130	15000
卸料高度(mm)				1500	1600	2700和3800	3800	3800

HZS50型混凝土搅拌站配置 表2-8

序号	项目名称		规格型号	单位	数量
1	搅拌主机		JS1000-3.8m(卸料高度)	套	1
			搅拌电动机37kW		
			卸料气缸 LZE/F $\phi 80 \times 200$		
2	HPD1600 三仓配料机(一字)		储料仓 $3m^3$	套	1
			KCL-BF1000(传感器1.0T)		
			环形胶带 B650(宽)		
3	计量系统	水泥计量	计量斗:最大称重600kg	套	1
			传感器:500kg×3		
			气动蝶阀 $\phi 300$		
			振动电机:0.37kW		
		水计量	计量斗:最大称重250kg		
			传感器:500kg×2		
			供水泵:3.0kW×1		
			卸水泵:1.1kW×1		
		添加剂计量	计量斗:最大称重50kg		
			传感器:500kg×1		
4	供给系统	气路系统	空压机:kW-0.8/1.0	套	1
			供气管路:1 套		
			供气附件:1		
		水、添加剂供给系统	水、添加剂泵及管路		
			$1.5m^3$ 添加剂箱		
5	控制系统		全自动集中控制(戴尔电脑、打印机:EPSON或松下打印机、日本欧姆龙中间继电器、施耐德接触器、空气开关、热继电器、按钮)	套	1
			控制室板房(复合彩钢板) $2m \times 3m \times 2.5m$		
6	螺旋输送机		LX219-9m	个	2

水泥混凝土搅拌厂(场、站)是由供料、储料、配料、出料、控制等系统及结构部件组成,用于生产混凝土拌和物的成套设备。用水泥混凝土搅拌厂(场、站)进行水泥混凝土集中搅拌具有许多优越性:

(1)水泥混凝土的集中搅拌便于对混凝土配合比作严格控制,保证了质量。从根本上改变了现场分散搅拌配料不精确的情况。

(2)混凝土的集中搅拌有利于采用自动化技术,可使劳动生产率大大提高,节省劳动力,降低成本。

(3)采用集中搅拌不必在施工现场安装搅拌装置、堆放沙石、储存水泥,从而节约了场地,避免了原材料的浪费。

2. 水泥混凝土搅拌厂(场、站)设置

水泥混凝土搅拌厂(场、站)设置的基本要求如下：

(1)水泥混凝土搅拌厂(场、站)宜设置在摊铺路段的中间位置。搅拌厂内部布置应满足原材料储运、混凝土运输、供水、供电、钢筋加工等使用要求，并尽量紧凑，减少占地。

(2)搅拌厂(场、站)应保障搅拌、清洗、养生用水的供应，并保证水质。供水量不足时，搅拌厂(场、站)应设置与日搅拌量相适应的蓄水池。

(3)搅拌厂(场、站)应保证充足的电力供应。电力总容量应满足全部施工用电设备、夜间施工照明及生活用电的需要。供电设施必须安全可靠，并有相应的安全预控措施。

(4)应确保摊铺机械、运输车辆及发电机等动力设备的燃料供应。离加油站较远的工地宜设置油料储备库，但必须符合相关安全规定要求。

(5)水泥、粉煤灰储存和供应要求。

①每台搅拌楼应至少配备两个水泥罐仓，如掺粉煤灰还应至少配备1个粉媒灰罐仓。当水泥的日用量很大，需要两家以上的水泥厂供应水泥时，不同厂家的水泥应清仓再灌，并分罐存放。严禁粉煤灰与水泥混装在一个罐内。

②应确保施工期间的水泥和粉煤灰供应；供应不足或运距较远时，应储备和使用吨包装水泥或袋装粉煤灰，并准备水泥仓库、拆包及输送入灌设备。水泥仓库应覆盖或设置顶篷防雨，并应设置在地势较高处，严禁水泥、粉煤灰受潮或浸水。

(6)砂石料储备要求。

①施工前，宜储备正常施工10～15d的砂石料。

②砂石料场应建在排水通畅的位置，其底部应做硬化处理。不同规格的砂石料之间应有隔离设施，并设标识牌严禁混杂。

③在低温天、雨天、大风天及日照强烈的条件下，应在砂石料堆上部架设顶篷或覆盖，覆盖砂石料数量不宜少于正常施工一周的用量。

(7)原材料与混凝土运输车辆不应相互干扰。搅拌楼下宜采用厚度不薄于200mm的混凝土铺装层，并应设置污水排放管沟、积水坑或清洗搅拌楼的废水处理回收设备。

六、水泥混凝土摊铺机械

水泥混凝土摊铺机械是铺筑水泥混凝土路面的全套机械和设备的统称。包括摊铺混合料的水泥混凝土摊铺机，对铺层进行振实、整平和抹光的路面整形机，以及进行路面切缝、填缝、拉毛等辅助机械。整套机械可共同组成机组，依次通过路基就完成铺筑路面的全部作业。

铺设一般水泥混凝土路面时，大多采用轨道式行走装置，轨道可以是敷设在边模之外的钢管，或是型钢制成的边模。后者的轨道和模板结合在一起，故常称轨模式。20世纪60年代后，为了铺设干硬性水泥混凝土，使用滑模式摊铺机，它以两块随机械移动的长模板代替固定边模，一次完成摊铺、振实、抹光等工序。

1. 轨模式摊铺机

轨模式摊铺机(图2-10)有斗式、螺旋式

图2-10 轨模式摊铺机

和刮板式 3 种。

（1）斗式摊铺机，是在机架横梁上装置一只能够来回移动的料斗，当自卸汽车将水泥混合料卸入料斗后，打开斗底，并使料斗从机架一侧向另一侧横向移动，此时机械停驶，混合料就铺成一横向铺层。然后机械前进一段距离，料斗继续摊铺作业。

（2）螺旋式摊铺机，是在机架前装置两根能单独驱动的螺旋摊铺器。

（3）刮板式摊铺机，是在机架前装置既能沿机架横梁来回移动，又可绕其垂直轴线回转一定角度的刮板。

2. 滑模式摊铺机

滑模式摊铺机（图 2-11）装有履带式行走装置，其机架两侧下方装有可调整铺筑宽度和厚度的滑动模板，随机前进，以取代固定轨模，机架下部装有全部成套工作装置，因此机械一次驶过就能完成路面的铺筑。

图 2-11　滑模式摊铺机

滑模式摊铺机有两种类型：一是采用轨模式铺筑原理，在机架下按铺筑程序装设摊铺、修整、振实和整平等工作装置；二是采用挤压成型原理，水泥混合料被摊铺后，即用一定数量的平板式振捣器振捣，继由挤压板进行挤压整平成型，然后用浮动式抹平板精修抹平。滑模式摊铺机还采用电子、液压控制系统，可随时检测偏差，发出指令，进行导向和调平，以确保铺筑质量。

任务工单

任务工单

学习情境二：路面施工准备 工作任务二：路面主要施工机械设备选型	班级		
	姓名		学号	
	日期		评分	

1. 小组讨论压路机的分类和选用。

2. 小组讨论沥青摊铺机的分类和选用。

3. 小组讨论沥青混合料拌和厂（场、站）设置的基本要求。

4. 小组讨论水泥混凝土搅拌厂（场、站）设置的基本要求。

工作任务三　路面施工测量放样

1. 应知应会

能熟练放出各路面结构层施工的中线和边线,并把每层施工的松铺挂线(或摊铺机导引绳挂线)高度和压实厚度相应的挂线高程位置放样出来。

2. 学习要求

(1)研读教材内容;

(2)重视理论联系实际。

路面施工测量放样是在路基施工完成后,放出各结构层施工的中线和边线,并把每层施工的松铺挂线(或摊铺机导引绳挂线)高度和压实厚度相应的挂线高程位置放样出来。

在路面施工前,应根据路线导线点或控制点恢复中线,钉设中心桩和边线桩。一般直线段桩距为20m,曲线段为10m,并在两侧路肩边缘外0.3~0.5m处设置指示桩。此外,还应测量原有路基顶面的断面高程,在两侧的指示桩上标记路面基层(底基层)的顶面高程位置线。

在路面施工中要充分考虑路面层次的特点,做到"层层放样、层层抄平",即每施工一层都要进行放线和高程测量,从底基层、基层直至面层。

一、中线放样

1. 低精度公路中线放样

对于二、三、四级公路,其中线放样可采用传统的方法,使用经纬仪、钢尺(或皮尺)等仪器工具。其施工放样的基本步骤是:

(1)恢复交点和转点。根据原设计资料,对路线各交点和转点逐一查找或恢复。

(2)直线段中桩放样。根据交点、转点用经纬仪、钢尺或皮尺按规定桩距钉设中线桩。

(3)曲线段中桩放样。首先根据设计的曲线要素放样各曲线主点桩,然后按切线支距法、偏角法或弦线支距法等详细放样曲线上各桩。

2. 高精度公路中线放样

高等级公路中线放样应采用自由测站法放线,以恢复主要控制桩。

自由测站法放线的基本思路:原设计单位在路线附近设置了一系列控制点,这些控制点的连线称为"自由导线",并利用全站仪测定其导线边长、角度等,当各项观测误差和闭合差都符合相应的限差规定时进行平差计算,直至求出这些控制点的坐标。中线放样时以"自由导线"为基础,再根据中线点的角度、距离或坐标确定中桩位置。

"自由测站法"中线施工放样示意图见图2-12。全站仪架在"自由导线"点 C_i 上,棱镜架在相邻的"自由导线"点 C_{i-1} 或 C_{i+1} 上,然后指挥拟定中线桩上的点 M 或点 K 的棱镜移动,直至满足桩点定位要求,最后用木桩标点。其放线方法有角度距离法放线和坐标法放线两种。

(1)角度距离法放线

角度距离法放线确定图中 M 点时,是将全站仪置于 C_i 点,利用计算好的夹角 y_M 和距离 S_M 确定 M 点位。角度距离法放样的关键是计算 M 点位的夹角 y_M 和距离 S_M。其放样步骤为:

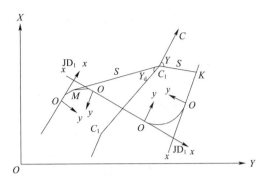

图2-12 全站仪或GPS自由测站法施工放样中线

①将全站仪架设在"自由导线"点上,瞄准后导线或前导线点,然后读数归零。

②按照有关公式计算待放桩点与安置仪器点(连线)和后导线或前导线点与置仪点(连线)之间的夹角 γ,以及待放桩点与置仪点之间的距离 S。

③转动全站仪照准部使水平角的读数等于 γ 并使距离等于 S,指挥持棱镜人员挪动棱镜正好在该点位置即为待放桩点。

(2)坐标法放线

全站仪坐标法进行中线放样测量时,控制导线点和待测点的坐标应已知,且通视条件良好。坐标法放样的步骤如下:

①架设全站仪于"自由导线"点 C_i 上,后视 C_{i+1} 点。

②从路线"导线坐标表"中查取置仪点 C_i 的坐标 (X_i,Y_i,Z_i) 和后视点 C_{i+1} 的坐标 $(X_{i+1}, Y_{i+1}, Z_{i+1})$,输入全站仪;并将测站数据(仪器高、后视方位角等)输入。

③从路线"逐桩坐标表"中查取待放桩点 K 的坐标,并输入全站仪。

④松开水平制动,转动照准部使水平角为 $0°00'00''$。

⑤在 C_i 到 K 的方向上置反射棱镜并测距,直到面板显示的距离值为 0.000m 时为止。

在第 C 步输入 K 点的坐标后,仪器在计算夹角的同时,也计算出了 C_i 到 K 点的距离 S 并自动存储起来。测距时将量测到的距离 d 自动与 S 进行比较,面板显示其差值 $\Delta S = d - S$,

当 $\Delta S > 0$ 时,应向 C_i 方向移动反射棱镜 ΔS;当 $\Delta S < 0$ 时,应远离 C_i 方向移动反射棱镜 ΔS。

当 $\Delta S = 0$ 时,即为 K 点的准确位置。

⑥在桩位置定出后,随即测出该桩的地面或路基顶面高程(Z 坐标)。

重复上述③~⑥步,测设其他中桩位置。

二、路面边线放样

传统的路面边线放样方法使用经纬仪、十字架和钢尺等仪器工具。其施工放样的基本步骤是:

(1)根据道路中心线的放样结果,用经纬仪等找出横断面方向(中心线垂直方向)。

(2)用钢尺沿中心线垂直方向分别水平量取半个路面结构层宽度(B/2,以 m 表示),即为路面结构层边缘位置(可钉设边线桩或撒石灰线)。

(3)在两侧路面结构层边缘外0.3~0.5m处设置指示桩。

重复上述(1)~(3)步,测设其他边桩和指示桩位置。

测量时,钢尺要保持水平,不得将尺紧贴地面量取,也不得使用皮尺。测量的精度:对高等级公路,准确至0.005m;对于其他等级公路,准确至0.01m。

路面边线放样亦可使用全站仪按角度距离法或坐标法进行。

三、路面结构层厚度放样

路面结构层铺筑施工时,其厚度控制分为松铺厚度控制和压实厚度(设计厚度)控制两项。对于预先埋设路缘石或安装模板铺筑施工的路段,可在路缘石上或模板上用明显标记标出路面结构层边缘的松铺厚度利设计高度;对于无路缘石的路段,可在两侧指示桩上用明显标记标出路面结构层边缘的松铺厚度(或松铺挂线)和设计高度;对于用摊铺机摊铺的结构层,路面结构层的松铺厚度由摊铺机导引绳挂线标示。

采用培槽法(培路肩)施工时,路面结构层厚度施工放样的基本步骤是:

(1)根据道路设计高程的纵断面位置和设计高程,以及施工结构层设计的宽度、厚度、横坡度,计算各待放样桩号处施工结构层边缘的设计高程。

(2)根据试验确定的结构层松铺系数和设计厚度计算松铺厚度(或松铺层边缘的高程)。

(3)将水准仪(精密水准仪)或全站仪架设在路面平顺处调平,以路线附近的水准点高程作为基准。

(4)以仪器高和结构层边缘的设计高程(或松铺层边缘的高程)反算测定位置的塔尺读数。

(5)将塔尺竖立在路缘石或模板或边缘指示桩的测定位置处,水准仪(精密水准仪)或全站仪前视塔尺,上下移动塔尺,当水准仪的读数与反算的塔尺读数一致时,在塔尺的底面位置画标记线,即为结构层边缘的顶面位置(或松铺层边缘的顶面位置)。

(6)连续测定全部测点,并与水准点闭合。

采用挖槽法(挖路槽)施工时,可在结构层两侧的边缘桩或指示桩处挖一个小坑,在小坑中钉桩,使桩顶高程符合路槽底的边缘高程,以指导路槽的开挖。

任 务 工 单

学习情境二:路面施工准备 工作任务三:路面施工测量放样	班级			
	姓名		学号	
	日期		评分	
1. 概述 (1)路面工程测量中线放样的方法有_____、_____、_____。 (2)传统法放样使用的仪器是_____。 (3)坐标法放样使用的仪器是_____。 (4)GPS-RTK技术放样使用的仪器是_____。				

2. 小组讨论恢复定线测量程序。

3. 小组讨论采用培槽法(培路肩)施工时,路面结构层厚度施工放样的基本步骤。

4. 小组讨论角度距离法放线的操作步骤。

5. 小组讨论坐标法放线的操作步骤。

工作任务四　试验路段铺筑

 任务概述

1. 应知应会
(1)熟悉铺筑试验段的目的;
(2)掌握路面试验段铺筑的选择方法;
(3)掌握路面试验段铺筑的实施步骤。
2. 学习要求
(1)研读教材内容;
(2)查阅某一公路项目路面试验段相关资料;
(3)重视理论联系实际。

 相关知识

　　高等级公路、特殊地区公路或采用新技术、新工艺、新材料、新设备的路面工程,在正式施工前,应采用不同的施工方案和施工方法铺筑试验路段并进行相关试验分析,从中选出最佳施工方案和施工方法,以指导大面积路面施工。所铺筑的试验路段应具有代表性,施工所用原材料、机械和工艺过程要与以后全面施工时相同。通过试验路段铺筑可确定路面各结构层适宜的松铺厚度、最佳机械配置、相应的碾压遍数和施工组织方法等。

一、沥青路面试验路段铺筑

高等级公路的沥青路面,在施工前应铺筑试验段,其他等级公路在缺乏施工经验或初次使用大型设备时,也应铺筑试验段。当同一施工单位在材料、机械设备及施工方法与其他工程完全相同时,也可利用其他工程的结果,不再铺筑新的试验路段。实验路段的长度应根据试验目的确定,通常不宜小于300m,并宜选在正线上铺筑。

热拌热铺沥青混合料路面试验段铺筑分试拌及试铺两个阶段,通过试验路段应达到下述目的:

(1)检验各种路面施工机械的类型、数量及组合方式是否匹配。

(2)通过试拌确定拌和机的操作工艺。

(3)验证沥青混合料生产配合比设计,提出生产用的标准配合比和最佳沥青用量。

(4)通过试铺确定透层油或黏层油的喷洒方式和效果。

(5)确定沥青混合料的摊铺、压实工艺,确定松铺系数等。

(6)建立用钻孔取芯法与无破损法(如核子密度仪法)检测路面密度的对比关系。核子密度仪无破损检测在碾压成型后热态测定,取13个测点的平均值为1组数据,一个试验段不得少于3组。钻孔取芯法在第2天或第3天以后测定钻孔数不得少于12个。

(7)确定沥青混合料的标准密度和压实度的标准检测方法。

(8)检测试验段的渗水系数。

无机结合料稳定类结构层试验路段铺筑应达到的目的可参照沥青路面试验路段。

二、水泥混凝土路面试验路段铺筑

在二级及以上的公路上铺筑水泥混凝土路面,在摊铺水泥混凝土路面之前必须铺筑试验路段。试验路段长度不宜小于300m。高等级公路宜在主线路面以外进行试铺。路面厚度、摊铺宽度、接缝设置、钢筋设置等均应与实际工程相同。

试验路段分为试拌及试铺两个阶段;通过试验路段应达到下述目的:

(1)通过试拌检验搅拌楼性能及确定合理搅拌工艺,检验适宜摊铺的搅拌楼拌和参数。

如上料速度、拌和容量、搅拌均匀所需时间、新拌混凝土坍落度和生产使用的混凝土配合比等。

(2)通过试铺检验主要机械的性能和生产能力,检验辅助施工机械组配合理性,检验路面摊铺工艺和质量,检验整套施工工艺流程。如模板架固定方式或基准线设置方式、摊铺机械(具)的适宜工作参数(包括松铺高度、摊铺速度、振捣时间与频率、滚压遍数、中间和侧向拉杆置入情况)等。

(3)使工程技术人员及工作人员熟悉并掌握各自的操作要领。

(4)按施工工艺要求检验施工组织形式和人员编制。

(5)建立混凝土原材料、拌和物、路面铺筑全套技术性能检验手段,熟悉检验方法。

(6)检验通信联络和生产调度指挥系统。

试验路段铺筑应由施工单位、监理单位、建设单位等有关各方共同参加。施工人员应认真做好记录,监理工程师或质监部门应监督检查试验段的施工质量,及时与施工单位商定并解决问题,明确试验结论。试验路段铺筑后,施工单位应提出完整的试验路段施工、检测、总结报告,上报监理工作师和业主批复,取得正式开工认可。

任 务 工 单

学习情境二:路面施工准备 工作任务四:试验路段铺筑	班级			
	姓名		学号	
	日期		评分	

1. 小组讨论沥青路面试验路段铺筑的目的。

2. 小组讨论水泥混凝土路面试验路段铺筑的目的。

学习情境三　基层和垫层施工

情境概述

一、职业能力分析

学习能力

1. 知道常用无机结合料稳定类结构层和砂石类结构层的类型、特性及其应用；
2. 知道常用无机结合料稳定类结构层和砂石类结构层原材料及其混合料的技术要求；
3. 了解无机结合料稳定类结构层和砂石类结构层的施工技术要点。

职业技能

1. 能正确叙述无机结合料稳定类结构层和砂石类结构层的施工工艺流程；
2. 能结合现行《公路路面基层施工技术规范》(JTJ 034—2000)及工程案例，正确进行相关的施工记录与计算；
3. 能在施工过程中对无机结合料稳定类基层和砂石类结构层进行质量控制。

二、学习情境描述

基层和垫层是路面的重要组成部分，目前常用的基层和垫层有无机结合料稳定类基层和砂石类基层两大类。

三、教学环境要求

将整个学习内容划分成若干个工作任务，每个工作任务利用多媒体教学设备、课件和视频教学资料，按照"资讯→计划→决策→实施→检查→评估"的六步教学法开展教学，学生在教师指导下制定方案、实施方案，最终评估学习的结果。

"教、学、做"一体化，结合案例教学法，学习基层和垫层施工的全过程。监督学生是否按时完成基层和垫层施工的学习过程，并培养学生的安全防护、环保意识及团队合作意识。

工作任务一　结构层认知

1. 应知应会

(1)认知无机结合料的基本类型及特性;

(2)了解砂石类结构层的基本组成及应用范围;

(3)了解无机结合料材料基本要求及规格。

2. 学习要求

(1)认真查阅相关技术规范无机结合料的技术指标要求,如强度范围与要求等;

(2)参考有关书籍示例或施工图中路面结构图的基层、垫层设置等。

1. 无机结合料稳定类结构

在集料或粉碎的(或原来松散的)土中掺入一定量的无机结合料(包括水泥、石灰或粉煤灰等)和水,经拌和得到的混合料经压实与养生后,其抗压强度符合规定的要求时,称为无机结合料稳定类材料,以此修筑的路面结构层称为无机结合料稳定类材料结构层。

2. 砂石类结构层

砂石类结构层是用粗、细碎石或砾石、砂、黏土(或不含黏土)按照级配原则或嵌挤原则铺筑而成的结构层。

一、无机结合料稳定类结构层

1. 无机结合料稳定类结构层的分类与基本特性

无机结合料稳定类材料结构层的刚度介于柔性路面材料(如沥青类路面材料、砂石类路面材料)和刚性路面材料(如水泥混凝土)之间。因此,采用无机结合料稳定集料或土类材料铺筑的基层(底基层)称为半刚性基层(底基层)。

1)无机结合料稳定类结构层分类

(1)根据所稳定的材料类型分类

根据无机结合料所稳定的材料类型分为以下两大类:

①无机结合料稳定集料。无机结合料稳定集料中的集料包括级配碎石、未筛分碎石、级配砂砾、天然砂砾等。

②无机结合料稳定土。无机结合料稳定土中所用的土,按照土中单个颗粒(指碎石、砾石和砂颗粒)的粒径大小和组成,将其分为细粒土、中粒土、粗粒土三种类型。

(2)根据无机胶结材料的种类分类

按无机结合材料的种类,可分为以下三大类:水泥稳定类材料、石灰稳定类材料、石灰工业废渣稳定类材料。

2)无机结合料稳定类结构层基本特性

无机结合料稳定类结构层具有强度随龄期的增长而不断提高、稳定性好、结构本身自成板体、抗冻性能较好等特点，但其容易产生干缩和温缩裂缝。

无机结合料稳定类基层、底基层应具有足够的强度和稳定性、较小的收缩（温缩及干缩）变形和较强的抗冲刷能力，在中冰冻、重冰冻区应检验其抗冻性。

无机结合料稳定类基层产生的收缩裂缝会反射到沥青面层上，导致沥青面层开裂，应当采取措施予以防治。

2. 水泥稳定类结构层

水泥稳定类材料的强度主要由硬凝反应、离子交换作用、碳酸化作用、化学激发作用4个方面的化学与物理作用形成。其早期强度主要由硬凝反应、离子交换作用形成，后期强度主要由碳酸化作用、化学激发作用形成。影响水泥稳定类结构层强度的因素主要包括土质（集料）、水泥的品种和剂量、含水率、施工工艺过程等。

3. 石灰稳定类结构层

石灰适宜于稳定各类土。石灰稳定土的强度主要由离子交换作用、结晶作用、碳酸化作用和火山灰作用（化学激发作用）4个方面的物理与化学作用形成。其早期强度主要由离子交换作用、结晶作用形成，后期强度主要由碳酸化作用、化学激发作用形成。影响石灰稳定类结构层强度的因素主要包括土质、石灰质量、石灰剂量、含水率、压实度、龄期、养生条件等。石灰稳定类材料的收缩裂缝较多、抗冲刷能力较差。

4. 二灰稳定类结构层

二灰（石灰、粉煤灰）稳定类材料的强度主要由离子交换作用、结晶作用、化学激发作用、碳酸化作用4个方面的物理与化学作用作用形成。其早期强度主要由离子交换作用、结晶作用形成，后期强度主要由化学激发作用、碳酸化作用形成。影响二灰稳定类材料强度的主要因素有石灰质量与用量、粉煤灰质量与用量，以及土质（集料）质量、含水率、工艺过程和养生条件等。

二、砂石类结构层

级配型的碎石或砾石结构层包括级配碎石、级配砾石、级配碎砾石（碎石和砂砾的混合料，也常将砾石中的超尺寸颗粒砸碎后与砂砾一起组成碎砾石）以及符合级配、塑性指数等技术要求的天然砂砾（或称级配砂砾）等。

几种粒径不同的碎石和石屑各占一定比例的混合料，当其颗粒组成符合规定的密实级配要求时，称为级配碎石。级配碎石结构分为骨架密实型和连续级配型两种。

粗、细砾石集料和砂各占一定比例的混合料，当其颗粒组成符合规定的密实级配要求时，称为级配砾石。

嵌锁型的碎石结构层包括填隙碎石、泥结碎石、泥灰结碎石等。泥结碎石、泥灰结碎石目前已很少使用。

用单一尺寸的粗碎石做主骨料，形成嵌锁作用，用石屑填满碎石间的空隙，增加密实度和稳定性，这种结构称为填隙碎石。

碎石、砾石类结构层既可做面层，也可做基层或底基层。由于碎石、砾石类结构层的平整度较差，晴天易扬尘，雨天易泥泞，它只适用于四级公路的面层。

碎石、砾石类结构层做面层时通常称为砂石类路面；做基层、底基层时亦属于柔性基层、底基层。

任 务 工 单

学习情境三:基层和垫层施工	班级			
	姓名		学号	
工作任务一:结构层认知	日期		评分	

1. 如下图所示,请回答:基层是什么材料?底基层是什么材料?

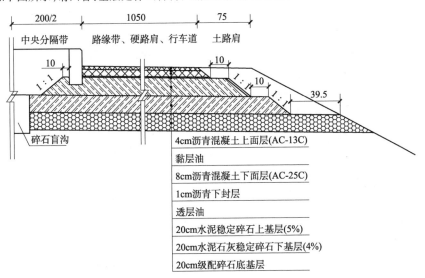

2. 如下图所示,复习《道路建筑材料》稳定土的概念及分类,并记忆基层的分类。

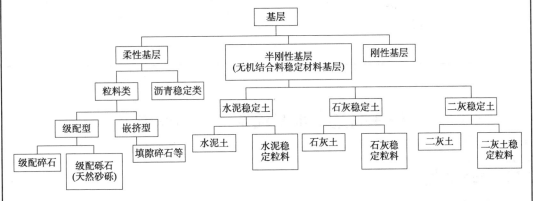

(1)粒料类按强度构成原理可分成级配型和嵌挤型,属于级配型的有哪些?

(2)什么是稳定土?稳定土有哪些种类?水泥剂量是什么?水泥土和水泥稳定土有什么区别?

— 79 —

3. 查阅《公路路面基层施工技术规范》(JTJ 034—2000),回答无机结合料稳定材料基层适用范围:
(1)水泥稳定土的适用范围有哪些?

(2)石灰稳定土的适用范围有哪些?

(3)石灰工业废渣稳定土的适用范围有哪些?

4. 查看《公路路面基层施工技术规范》(JTJ 034—2000),回答粒料类基层适用范围:
(1)级配碎石的适用范围有哪些?

(2)级配砾石的适用范围有哪些?

(3)填隙碎石的适用范围有哪些?

工作任务二 水泥稳定类结构层施工

1. 应知应会
(1)掌握水泥稳定类材料适用的公路等级以及结构层位置;
(2)了解水泥稳定类材料的组成及含量;
(3)了解水泥稳定类材料的颗粒组成范围;
(4)熟知水泥稳定类结构层的施工工艺流程;
(5)了解水泥稳定类结构层的施工技术要点。
2. 学习要求
(1)认真阅读本任务的内容;
(2)认真查阅公路工程集料的相关规范及规程,了解集料类的相关试验。

一、一般规定

(1)水泥稳定类材料适用于各级公路的基层和底基层,水泥稳定细粒土用于各级公路的底基层以及三、四级公路的基层。

(2)高等级公路的基层或上基层宜选用骨架密实型混合料。低等级公路的基层和各级公路的底基层可采用悬浮密实型混合料。均匀密实型混合料适用于高等级公路的底基层和低等级公路的基层。骨架空隙型混合料具有较高的空隙率,适用于需要考虑路面内部排水要求的基层。

(3)水泥稳定类结构层混合料的配合比设计按无侧限抗压强度试验方法确定。具体步骤详见《道路材料应用技术》或有关技术规范。

(4)水泥稳定类材料的压实度、7d 龄期无侧限抗压强度代表值应符合表 3-1 规定范围的要求,且不宜超过高限。混合料试件成型宜采用振动成型方法。缺乏试验条件时对悬浮密实和均匀密实型混合料可采用静压成型方法。

水泥稳定类材料的压实度及 7d 无侧限抗压强度 表 3-1

层 位	类别	特重交通		重、中交通		轻 交 通	
		压实度(%)	抗压强度(MPa)	压实度(%)	抗压强度(MPa)	压实度(%)	抗压强度(MPa)
基层	集料	≥98	3.5~4.5	≥98	3~4	≥97	2.5~3.5
	细粒土	—	—	—	—	≥96	
底基层	集料	≥97	≥2.5	≥97	≥2.0	≥96	≥1.5
	细粒土	≥96		≥96		≥95	

(5)水泥稳定集料的水泥剂量一般为 3%~5.5%。水泥稳定中粒土和粗粒土的水泥剂量不宜超过 6%。必要时应首先改善集料的级配,然后用水泥稳定。在只能使用水泥稳定细粒土做基层或水泥稳定集料的强度要求明显大于规定时,水泥剂量不受此限制。

(6)水泥稳定类结构层宜在春末和气温较高季节组织施工。施工期的日最低气温应在 5℃以上,在有冰冻的地区,应在第一次重冰冻(-3~-5℃)到来之前半个月到一个月完成。

(7)在雨季施工水泥稳定类结构层,特别是水泥土结构层时,应特别注意气候变化,切勿使水泥和混合料遭受雨淋。降雨时应停止施工,但已经摊铺的水泥混合料应尽快碾压密实。路拌法施工时,应采取措施排除下承层表面的水,切勿使运到路上的集料过于潮湿。

(8)水泥稳定类结构层施工时,应遵循以下基本规定:
①土块尽可能粉碎,土块最大尺寸不应大于 15mm。
②配料应准确。
③路拌法施工时水泥应摊铺均匀。
④洒水、拌和应均匀。
⑤应严格控制基层厚度和高程,路拱横坡与面层一致。
⑥应在混合料处于最佳含水率或略大于最佳含水率(气候炎热干燥时,基层混合料可大于最佳含水率 1%~2%)时进行碾压,直至达到要求的压实度。

(9)水泥稳定类混合料碾压时,压实机械与压实厚度应遵循以下规定:

①水泥稳定类结构层应采用12t以上的压路机进行碾压。
②采用12~15t三轮压路机碾压时,每层的压实厚度不应超过15cm。
③采用18~20t三轮压路机和振动压路机碾压时,每层的压实厚度不应超过20cm。
④对于水泥稳定中粒土和粗粒土,采用能量大的振动压路机碾压时,或对于水泥稳定细粒土,采用振动羊足碾与三轮压路机配合碾压时,每层的压实厚度可以根据试验适当增加。
⑤压实厚度超过上述规定时,应分层铺筑,每层的最小压实厚度为10cm,下层宜稍厚。
⑥对于稳定细粒土,以及用摊铺机摊铺的混合料,都应采用先轻型、后重型压路机碾压。

二、施工工艺流程

水泥稳定类结构层施工的方法,主要分为路拌法施工和厂拌法施工两种。高等级公路底基层和低等级公路基层的水泥稳定类结构层可采用路拌法施工;高等级公路基层的水泥稳定集料应采用厂拌法施工,高等级公路底基层宜采用厂拌法施工。

1. 路拌法施工的工艺流程

水泥稳定土路拌法施工工艺流程,如图3-1所示。

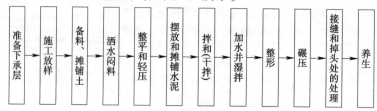

图3-1 水泥稳定土路拌法施工工艺流程

2. 厂拌法施工的工艺流程

厂拌法施工的工艺流程,如图3-2所示(以水泥稳定碎石基层为例)。

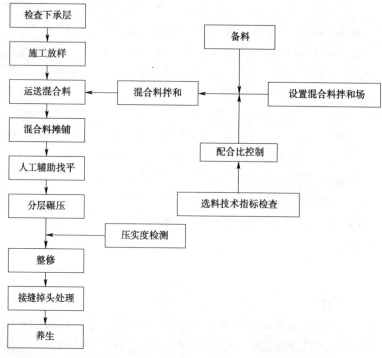

图3-2 水泥稳定碎石厂拌法施工工艺流程

任务实施

一、水泥稳定类结构层原材料选择

1. 水泥

水泥稳定类结构层使用的水泥,应符合国家技术标准的要求。普通硅酸盐水泥、矿渣硅酸盐水泥和火山灰质硅酸盐水泥都可用于稳定集料和土。应选用初凝时间大于4h、终凝时间在6h以上的水泥,不应使用快硬水泥、早强水泥以及已受潮变质的水泥。宜采用32.5级或42.5级的水泥。

2. 集料

水泥稳定集料基层、底基层集料的压碎值,对于高等级公路不大于30%,低等级公路不大于35%。

悬浮密实型水泥稳定类基层集料的最大粒径不大于31.5mm,底基层集料的最大粒径不大于37.5mm;骨架密实型水泥稳定类基层集料的最大粒径不大于31.5mm。悬浮密实型集料的级配范围可参考表3-2的要求;骨架密实型集料的级配范围可参考表3-3的要求。

悬浮密实型水泥稳定类集料级配　　　　　表3-2

层 位	通过下列方筛(mm)质量百分比(%)							
	37.5	31.5	19	9.5	4.75	2.36	0.6	0.075
基层	—	100	90~100	60~80	29~49	15~32	6~20	0~5
底基层	100	93~100	75~90	50~70	29~50	15~35	6~20	0~5

骨架密实型水泥稳定类集料级配　　　　　表3-3

层 位	通过下列方筛(mm)质量百分比(%)						
	31.5	19	9.5	4.75	2.36	0.6	0.075
基层	100	68~86	38~58	22~32	16~28	8~15	0~3

3. 土

对于二级和二级以下的公路,水泥稳定土所用的粗粒土、中粒土、细粒土应满足如下要求:

(1)水泥稳定土用做底基层时,单个颗粒的最大粒径不应超过53mm(指方孔筛。如为圆孔筛,则最大粒径可为所列数值的1.2~1.25倍,下同),水泥稳定土的颗粒组成应在表3-4所列范围内,土的均匀系数应大于5。细粒土的液限不应超过40,塑性指数不应超过17。对于中粒土和粗粒土,如土中小于0.6mm的颗粒含量在30%以下,塑性指数可稍大。

用做底基层时水泥稳定土的颗粒组成范围　　　　　表3-4

筛孔尺寸(mm)	53	4.75	0.6	0.075	0.002
通过质量百分率(%)	100	50~100	17~100	0~50	0~30

实际工作中,宜选用均匀系数大于10、塑性指数小于12的土。塑性指数大于17的土,宜采用石灰稳定,或用水泥和石灰综合稳定。

(2)水泥稳定土用做基层时,单个颗粒的最大粒径不应超过37.5mm。水泥稳定土的颗粒组成应在表3-5范围内。集料中不宜含有塑性指数的土。对于二级公路宜按接近级配范围的下限组配混合料或采用表3-6中的2号级配。

用做基层时水泥稳定土的颗粒组成范围 表3-5

筛孔尺寸(mm)	通过质量百分率(%)	筛孔尺寸(mm)	通过质量百分率(%)
37.5	90~10	2.36	20~70
26.5	66~100	1.18	14~57
19	54~100	0.6	8~47
9.5	39~100	0.075	0~30
4.75	28~84	—	—

水泥稳定土的颗粒组成范围 表3-6

项目	通过质量百分率(%) 编号	1	2	3
筛孔尺寸(mm)	37.5	100	100	—
	31.5	—	90~100	100
	26.5	—	—	90~100
	19	—	67~90	72~89
	9.5	—	45~68	47~67
	4.75	50~100	29~50	29~49
	2.36	—	18~38	17~35
	0.6	17~100	8~22	8~22
	0.075	0~30	0~7	0~7
液限(%)		—	—	<28
塑性指数		—	—	<9

(3)级配碎石、未筛分碎石、砂砾、碎石土、砂砾土、煤矸石和各种粒状矿渣均适宜用水泥稳定。碎石包括岩石碎石、矿渣碎石、破碎砾石等。

对于高速公路和一级公路,水泥稳定土所用的粗粒土和中粒土应满足如下要求:

①水泥稳定土做底基层时,单个颗粒的最大粒径不应超过37.5mm。水泥稳定土的颗粒组成应在表3-6所列1号级配范围内,土的均匀系数应大于5。细粒土的液限不应超过40%,塑性指数不应超过17。对于中粒土和粗粒土,如土中小于0.6mm的颗粒含量在30%以下,塑性指数可稍大。

实际工作中,宜选用均匀系数大于10、塑性指数小于12的土。塑性指数大于17的土,宜采用石灰稳定,或用水泥和石灰综合稳定。对于中粒土和粗粒土,宜采用表3-6中2号级配,但小于0.075mm的颗粒含量和塑性指数可不受限制。

②水泥稳定土用做基层时,单个颗粒的最大粒径不应超31.5 mm。水泥稳定土的颗粒组成应在表3-6所列3号级配范围内。

水泥稳定土中碎石或砾石的压碎值应符合现行《公路路面基层施工技术规范》(JTJ 034—2000)的要求。有机质含量超过0.2%的土,必须先用石灰进行处理,闷料一夜后再用水泥稳定。硫酸盐含量超过0.25%的土,不应用水泥稳定。综合稳定土中用的石灰应是消石灰粉或生石灰粉。

4. 水泥稳定类结构层使用的水

凡是饮用水(含牲畜饮用水)均可用于水泥稳定类结构层施工。

5. 施工过程中对原材料的检查与要求

水泥稳定类结构层施工前,应取所定料场中有代表性的材料试样按现行《公路工程集料试验规程》(JTG E42—2005)、《公路土工试验规程》(JTG E40—2007)等试验规程进行以下试验集料或土的级配组成;土的液限和塑性指数;原材料相对密度;混合料击实试验;碎石或砾石的压碎值;土中有机质含量及硫酸盐含量(必要时做);水泥的强度等级和终凝时间等。

施工过程中,可参照表3-7所列检查项目与频度,对各种原材料进行抽样试验,质量应符合现行施工技术规范的技术要求,每个检查项目的平行试验次数或一次试验的试样数必须按相关试验规程的规定进行,并以平均值评价是否合格。

施工过程中材料质量检查项目与频度　　表3-7

材料	检查项目	检查频度 高速、一级公路	检查频度 其他等级公路	试验方法或试验规程	试验规程规定的平行试验次数或一次试验的试样数
集料	含水率	必要时	必要时	T 0305 烘干法、T 0306 酒精燃烧法	每天使用前2个样品
集料	颗粒分析	随时	随时	T 0302、T 0303 筛分法	每天使用前2个样品,使用过程中每2000m³ 2个样品
集料	液限、塑限	必要时	必要时	T 0118 液塑限联合测定法、T 0119 滚搓法	每天使用前2个样品,使用过程中每2000m³ 2个样品
集料	相对毛体积密度、吸水率	必要时	必要时	T 0304 网篮法、T 0308 容量瓶法、T 0330 坍落度筒法	每天使用前2个样品,砂砾使用过程中每2000m³ 2个样品,碎石种类变化重做2个样品
集料	压碎值	必要时	必要时	T 0316	每天使用前2个样品,砂砾使用过程中每2000m³ 2个样品,碎石种类变化重做2个样品
水泥	水泥强度等级	随时	随时	T 0506 ISO 法	材料组成设计时1个样品,料源或等级有变化时重测
水泥	水泥终凝时间	随时	随时	T 0505	材料组成设计时1个样品,料源或等级有变化时重测
土	含水率	必要时	必要时	T 0305 烘干法、T 0306 酒精燃烧法	每天使用前2个样品
土	液限、塑限	随时	随时	T 0118 液塑限联合测定法、T 0119 滚搓法	每天使用前2个样品,使用过程中每2000m³ 2个样品
土	有机质和硫酸盐含量	对土有怀疑时	对土有怀疑时	T 0151、T 0158 等	2个样品

二、水泥稳定类结构层施工技术要点

1. 路拌法施工技术要点

1)准备下承层

(1)下承层表面应平整、坚实,具有规定的路拱。下承层的平整度和压实度应符合检查验收规定要求。

(2)当水泥稳定土做基层时,要准备底基层;做老路面的加强层时,要准备老路面;做底基层时要准备土基。所有准备工作均应达到相应的规定要求。

(3)对槽式断面的路段,两侧路肩上每隔一定距离(5~10m)交错开挖泄水沟(或做盲沟)。

2)施工放样

(1)在底基层或老路面或土基上恢复中线,直线段每15~20m设一桩,平曲线段每10~15m设一桩,并在两侧路肩边缘外设指示桩。

(2)在两侧指示桩上用明显标记标出水泥稳定类结构层边缘的设计高程。

3)备料

根据实际需要,可以利用老路面或土基上部材料,也可以利用料场的土或集料。

(1)利用老路面或土基上部材料

①清除干净老路面上或土基表面的石块等杂物。

②每隔10~20m挖一小洞,使洞底高程与预定的水泥稳定土层的底面高程相同,并在洞底做一标记,以控制翻松及粉碎的深度。

③用犁、松土机或装有强固齿的平地机或推土机将老路面或土基的上部翻松到预定的深度,土块应粉碎并达到要求。

④应经常用犁将土向路中心翻松,使预定处治层的边部成一个垂直面,防止处治宽度超过规定。

⑤用专用机械粉碎黏性土。当无专用机械时,也可用旋转耕作机、圆盘耙粉碎塑性指数不大的土。

(2)利用料场的土(包括细、中、粗粒土)或集料

①在采集土之前,应先将树木、草皮、树根和杂土清除干净。

②筛除土中超尺寸的颗粒。

③应在预定的深度范围内采集土,不应分层采集,不应将不合格的土采集一起。

④对于塑性指数大于12的黏性土,可视土质和机械性能确定土是否需要过筛。

(3)计算材料用量

①根据各路段水泥稳定类结构层的宽度、厚度及预定的干密度,计算各路段需要的干燥土或集料的数量。

②根据料场土或集料的含水率和所用运料车辆的吨位,计算每车料的堆放距离。

③根据水泥稳定类结构层的厚度和预定的干密度及水泥剂量,计算每平方米水泥稳定类结构层需要的水泥用量,并计算每袋水泥的摊铺面积。

④根据水泥稳定类结构层的宽度,确定摆放水泥的行数,计算每行水泥的横向间距。

⑤根据每包水泥的摊铺面积和每行水泥的间距,计算每袋水泥的纵向间距。

(4)土或集料的运输与堆放

①在预定堆料的下承层上,在堆料前应先洒水湿润表面,但不应过分潮湿而造成泥泞。

②土或集料装车时,应控制每车料的数量基本相等。

③在同一料场供料的路段内,由远到近将料按上述计算距离卸置于下承层表面的中间或上侧。卸料距离应严格掌握,避免有的路段料不够或过多。

④料堆每隔一定距离应留一缺口。

⑤土在下承层上的堆置时间不宜过长,运送土只宜比摊铺土工序提前1~2d。

⑥当路肩用料与稳定土层用料不同时,应采取培肩措施,先将两侧路肩培好。路肩料层的压实厚度应与稳定土层的压实厚度相同。在路肩上,每隔 5~10m 应交错开挖临时泄水沟。

4)摊铺土或集料

摊铺土或集料前,应先通过试验确定土或集料的松铺系数。松铺系数是指材料的松铺厚度与达到规定压实度的压实厚度之比值,亦即材料达到规定压实度的干密度与松铺材料干密度的比值。人工摊铺混合料时,其松铺系数可参照表3-8选用。

混合料松铺系数参考表　　　　　表 3-8

材料名称	松铺系数	备 注
水泥稳定砂砾	1.30~1.35	
水泥土	1.53~1.58	现场人工摊铺和水泥,机械拌和,人工整平

土或集料的松铺厚度等于压实厚度与松铺系数的乘积。摊铺土或集料应在摊铺水泥的前一天进行,摊料过程中应将土块、超尺寸颗粒及其他杂物拣出,如土中有较多土块,应进行粉碎;摊铺长度按日进度的需要量控制,满足次日完成掺加水泥、拌和、碾压成型即可。应将土或集料均匀摊铺在预定的宽度上,表面应力求平整,并有规定的路拱。完成摊料后应检验松铺层的厚度,应符合预计要求。

雨季施工,如第二天有雨,不宜提前摊铺土。除洒水车外,严禁其他车辆在土层上通行。

5)洒水闷料

对于水泥稳定土所使用的土(含粉碎的老路面),如含水率过小,应在土层上洒水闷料。预湿过程中,应使土的含水率约为最佳含水率的70%。

洒水应均匀,防止出现局部水分过多或水分不足现象,并严禁洒水车在洒水段内停留和掉头。细粒土应经一夜闷料,中粒土、粗粒土视其中细土含量的多少,可缩短闷料时间。如为综合稳定土,应先将石灰与土拌和后一起闷料。

如果隔天预湿素土可能遭受夜雨而变得过分潮湿,则可考虑在当天清晨进行预湿工作。

洒水闷料的主要作用有:①在撒铺水泥时,大部分需要的水量已经加到土里,撒铺水泥后的拌和可以减少很多洒水工作量;②预湿土(特别是中、粗粒土)可以使拌和时水泥与土颗粒迅速黏结,不至于漏到处治层的底部;③实践证明,经过预湿的土(包括中、粗粒土),更容易压实。

6)整平和轻压

对人工摊铺的土层整平后,再用 6~8t 两轮压路机碾压 1~2 遍,使土表面平整并有一定的压实度。

7)摆放和摊铺水泥

按上述备料中所述方法计算出每袋水泥的纵横间距;在土或集料层上安放好标记。有条件的施工工地可用散装水泥摊布车撒铺水泥,效果比人工摊铺水泥要好。

(1)将水泥当日直接运送到摊铺路段,卸于做标记的地点,并检查有无遗漏或多余。运水泥的车应有防雨设备。

(2)用刮板将水泥均匀摊开,并注意使每袋水泥的摊铺面积相等。水泥铺完后,表面应无空白或过分集中情况。

(3)如果预湿的土被水泥撒布机械压实了,应该在水泥撒布完毕后,立即把松被压实的土,并开始拌和,通常可以采用平地机的齿耙松土。

8)拌和(干拌)

干拌实际上是拌和"洒水闷料"过程中已经预湿的土和水泥,拌和的目的是使水泥分布到土中。

(1)对二级及二级以上公路,应采用专用稳定土拌和机进行拌和,并设专人跟随拌和机随时检查拌和深度,配合拌和机操作员调整拌和深度。

拌和深度应达到稳定层底并宜侵入下承层 5~10mm,以利于上下层黏结。严禁在拌和层底部留有素土夹层。通常应拌和两遍以上,在最后一遍拌和之前,必要时可先用多铧犁紧贴底面翻拌一遍。直接铺在土基上的拌和层也应避免素土夹层。

(2)对于三、四级公路,在没有专用拌和机械的情况下,可用农用旋转耕作机与多铧犁或平地机相配合进行拌和,但应注意拌和效果,拌和时间不能过长。

先用平地机或多铧犁(四铧犁或五铧犁)将铺好水泥的土翻拌两遍,使水泥分布到土中,但不应翻犁到底,防止水泥落到底部。第一遍由路中心开始,将混合料向中间翻,机械应慢速前进;第二遍应相反,从两边开始,将混合料向外侧翻。接着用旋转耕作机拌和两遍。再用多铧犁或平地机将底部料翻起随时检查调整翻犁的深度,使稳定土层全部翻透。严禁在稳定土层与下承层之间残留素土夹层,也应防止翻犁过深或过多破坏下承层的表面,通常应翻犁两遍。接着,再用旋转耕作机拌和两遍,用多铧犁或平地机再翻犁两遍。

(3)对于三、四级公路,在没有专用拌和机械的情况下,也可以用缺口圆盘耙与多铧犁或平地机相配合,拌和水泥稳走细粒土和中粒土,但应注意挫盘效果,拌和时间间不可过长。用平地机或多铧犁在前面翻拌,用圆盘耙跟在后面拌和。圆盘耙的速度应尽量快,使水泥与土拌和均匀。应翻拌4遍,开始的2遍不应翻犁到底,以防水泥落到底部;后面的2遍应翻犁到底,随时检查调整翻犁的深度,要求同前述。

9)加水并湿拌

在干拌结束时,如果混合料的含水率不足,应用喷管式洒水车补充洒水。常用的洒水车仅两侧各有一个喷嘴,喷出的水量不均匀,不适宜用于路面喷洒作业,应在后面改接一根 $\phi50mm$、长约2m 的横向水平钢管,管壁钻3排 $\phi4mm$ 孔眼,改造后的洒水车利于进行喷洒作业。

(1)补充洒水时,水车起洒处和另一端掉头处都应超出拌和段2m以上。洒水车不应在正进行拌和以及当天计划拌和的路段上掉头和停留,以防局部水量过大。

(2)洒水后,应再次进行拌和,使水分在混合料中分布均匀。拌和机械应紧跟在洒水车后面进行拌和,以减少水分流失。

(3)洒水及拌和过程中,应及时检查混合料的含水率。含水率宜略大于最佳值。对于稳定粗粒土和中粒土,宜较最佳含水率大0.5%~1.0%;对于稳定细粒土,宜较最佳含水率大1%~2%。

(4)洒水拌和过程中,应配合人工拣出超尺寸颗粒,消除粗细颗粒"窝"以及局部过分潮湿或过分干燥之处。

(5)混合料拌和均匀后应色泽一致,没有灰条、灰团和花面,即无明显粗细集料离析现象,且水分合适和均匀。

10)整形

混合料拌和均匀后,应立即用平地机初步整形。在直线段,平地机由两侧向路中心进行刮平;在平曲线段,平地机由内侧向外侧进行刮平。必要时,再返回刮1遍。

用拖拉机、平地机或轮胎压路机立即在初平的路段上快速碾压1遍,以暴露潜在的不平整;再用平地机前要求进行整形,必要时用新拌的混合料进行找补,然后再用平地机整平1次。

(1)对于局部低洼处,应用齿耙将其表层5cm以上耙松,并用新拌的混合料进行找平。

(2)再用平地机整形1次。应将高处料直接刮出路外,不应形成薄层贴补现象。

(3)每次整形都应达到规定的坡度和路拱;并应特别注意接缝必须顺适平整。

(4)当用人工整形时,应用锹和耙先将混合料摊平,用路拱板进行初步整形。用拖拉机初压1~2遍后,根据实测的松铺系数,确定纵横断面的高程,并设置标记和挂线。利用锹耙按线整形,再用路拱板校正成型。如为水泥土在拖拉机初压之后,可用重型框式路拱板(拖拉机牵引)进行整形。

(5)在整形过程中,严禁任何车辆通行,并保持无明显的粗细集料离析现象。

11)碾压

水泥稳定类混合料碾压结束与开始拌和的时间差通常称为"延迟时间"。需要强调的是,水泥稳定类材料的压实效果与延迟时间密切相关,应尽量缩短"延迟时间"。

经过拌和、整形的水泥稳定类混合料宜在水泥初凝前并应在试验确定的延迟时间内完成碾压,并达到要求的密实度,同时没有明显的轮迹。

施工中根据路宽、压路机的轮宽和轮距的不同,制订碾压方案,应使各部分碾压到的次数尽量相同,路面的两侧应多压2~3遍。整形完成后,当混合料的含水率为最佳含水率的1%~2%时,应立即用轻型压路机并配合12t以上压路机在结构层全宽内进行碾压。

(1)碾压组织应遵循的基本要求

①直线和不设超高的平曲线段,由两侧路肩向路中心碾压。

②设超高的平曲线段,由内侧路肩向外侧路肩进行碾压。

③碾压时,应重叠1/2轮宽。后轮必须超过两段的接缝处,后轮压完路面全宽时即为1遍。一般需碾压6~8遍。

④前2遍碾压速度以采用1.5~1.7km/h为宜,其后宜采用2.0~2.5km/h。

⑤采用人工摊铺和整形的稳定土层,宜先用拖拉机或6~8t两轮压路机或轮胎压路机碾压1~2遍,然后再用重型压路机碾压。

(2)碾压过程的控制

①严禁压路机在已完成的或正在碾压的路段上掉头或急制动,保证稳定土表层不受破坏。

②碾压过程中,水泥稳定土或集料的表面应始终保持湿润,如水分蒸发过快,应及时均匀补洒少量的水,但严禁洒大水碾压。

③碾压过程中,如有"弹簧"、松散、起皮等现象,应及时翻开重新拌和(加适量的水泥)或用其他处治方法,使其达到质量要求。

④在碾压结束之前,用平地机再终平1次,使其纵向顺适,路拱和超高符合设计要求。对局部低洼处可不再进行找补,留待铺筑沥青面层时处理。

12)接缝和掉头处的处理

(1)衔接处的处理

应采用搭接。前一段拌和整形后,留5~8m不进行碾压,后一段施工时,前段留下未压部分应再加部分水泥重新拌和,并与后一段一起碾压。

(2) 末端缝(即工作缝)的处理

工作缝和掉头处可按下述方法处理：

①在已碾压完成的水泥稳定土或集料层末端,沿稳定土挖一条横贯铺筑层全宽的宽约 30cm 的槽,直挖到下承层顶面。此槽应与路的中心线垂直,靠稳定土的一侧应切成垂直面,并放两根与压厚度等厚、长为全宽一半的方木紧贴其垂直面,如图 3-3 所示。

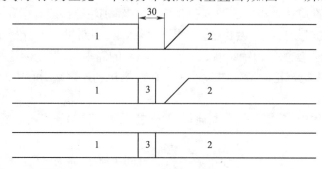

图 3-3 横向接缝处理示意图
1-稳定土层;2-素土;3-方木

②用原挖出的素土回填槽内其余部分。

③如拌和机械或其他机械必须到已压成的水泥稳定类结构层上"掉头",应采取措施保护"掉头"作业段。一般可在准备用于"掉头"的约 8~10m 长的稳定类结构层上,先覆盖一张厚塑料布或油毡纸,然后铺上约 10cm 厚的土、砂或砂砾。

④第二天,邻接作业段拌和着,除去方木,用混合料回填。靠近方木未能拌和的一小段,应人工进行补充拌和。整平时,接缝处的水泥稳定材料应较已完成断面高出约 5cm,以利形成一个平顺的接缝。

⑤整平后,用平地机将塑料布上大部分土除去(注意勿刮破塑料布),然后人工除去余下的土,并收起塑料布。

在新混合料碾压过程中,应将接缝修整平顺。

(3) 纵缝的处理

水泥稳定土或集料层的施工应该避免纵向接缝,必须分两幅施工时,纵缝必须垂直相接,不应斜接。纵缝应按下述方法处理：

①在前一幅施工时,靠中央一侧用方木或钢模板做支撑,方木或钢模板的高度与稳定材料层的压实厚度相同。

②混合料拌和结束后,靠近支撑木(或板)的一部分应人工进行补充拌和,然后整形和碾压。

③养生结束后,在铺筑另一幅之前,拆除支撑木(或板)。

④第二幅混合料拌和结束后,靠近第一幅的部分应人工进行补充拌和,然后进行整形和碾压。

13) 养生与交通管制

水泥稳定土或集料经过拌和、压实后必须有一段养生时间,使稳定类结构层表面保持湿润,防止混合料中的水分蒸发。这是十分重要的步骤。

水泥稳定土或集料每一段碾压完成并经压实度检查合格后,应立即开始养生。养生的方法有湿砂养生、沥青乳液养生、洒水车洒水养生等方法。

在养生期间未采用覆盖措施的水泥稳定土或集料层上,除洒水车外,应进行交通管制。在采用覆盖措施的水泥稳定土或集料层上,不能封闭交通时,应限制重车通行,其他车辆的车速不应超过30km/h。

养生期结束后,如其上层为沥青面层,应先清扫基层,并立即喷洒透层沥青。在喷洒透层沥青后,宜在其上均匀撒布5~10mm的小碎(砾)石,用量约为全铺一层用量的60%~70%。如喷洒的透层沥青能透入基层,且运料车辆和面层混合料摊铺机在其上行驶不会破坏沥青膜时,可以不撒小碎(砾)石。在撒小碎(砾)石的情况下,应尽早铺筑沥青面层的下面层。

在清扫干净的基层上,也可先做下封层,以防止基层干缩开裂,同时保护基层免遭施工车辆破坏。宜在铺设下封层后的10~30d内开始铺筑沥青面层的下面层。如为水泥混凝土面层,也不宜让基层长期暴晒,以免开裂。

(1)水泥稳定土底基层分层施工时,下层水泥稳定土碾压完后,在采用重型振动压路机碾压时,宜养生7d后铺筑上层水泥稳定土。在铺筑上层稳定土之前,应始终保持下层表面湿润,在铺筑上层稳定土时,宜在下层表面撒少量水泥或水泥浆。底基层养生7d后,方可铺筑基层。

水泥稳定级配碎石(或砾石)基层分两层用摊铺机铺筑时,下层分段摊铺和碾压密实后,在不采用重型振动压路机碾压时,宜立即摊铺上层,否则在下层顶面应撒少量水泥或水泥浆。

(2)宜采用湿砂进行养生,砂层厚宜为7~10cm。砂铺匀后,应立即洒水,并在整个养生期间保持砂的潮湿状态。不得用湿黏性土覆盖。养生结束后,必须将覆盖物清除干净。

(3)对于基层,也可用沥青乳液进行养生。沥青乳液的用量按$0.8~1.0kg/m^2$(指沥青用量)选用,宜分两次喷洒。第一次喷洒沥青含量约35%的慢裂沥青乳液,使其能稍透入基层表层。第二次喷洒浓度较大的沥青乳液。如不能避免施工车辆在养生层上通行,应在乳液分裂后撒3~8mm的小碎(砾)石,做成下封层。

(4)无上述条件时,也可用洒水车经常洒水进行养生。每天洒水的次数应视气候而定。整个养生期间应始终保持稳定土或集料层表面潮湿,必要时,用两轮压路机压实。

(5)对于高速公路和一级公路,基层的养生期不宜少于7d。对于二级和二级以下的公路,如养生期少于7d即铺筑沥青面层则应限制重型车辆通行。

(6)对于二级和二级以下公路,如基层上为水泥混凝土面板,且面板是用小型机械施工的,则基层完成后可较早铺筑混凝土面层。

2. 厂拌法施工技术要点

对于高等级公路,以及在居民区修筑道路,水泥稳定土或集料混合料应当在中心站(厂)采用专用稳定土拌和机械拌制,然后再运输到施工现场进行摊铺,以保证混合料的均匀性和水泥稳定土或集料混合料的施工质量,并可减轻对施工现场的环境污染。

1)下承层准备、施工放样

参照路拌法施工相关叙述。

2)备料

原材料选择要求与路拌法相同。

(1)各种不同材料(水泥、土、外掺剂等)及不同规格集料(碎石、砾石、石屑、砂)应隔离,禁止混合堆放。

(2)潮湿多雨地区或其他地区多雨季节施工时,应采取措施防止集料(特别是石屑和砂等细集料)遭受雨淋。

(3)重视水泥防潮工作。

(4)生块应予以粉碎,最大尺寸不得超过15mm。

3)拌和

(1)当采用连续式的稳定土厂拌设备拌和时,应保证集料的最大粒径和级配符合要求。

(2)在正式拌制混合料之前,必须先调试所用的设备,使混合料的颗粒组成和含水率都达到规定的要求。原集料的颗粒组成发生变化时,应重新调试设备。

(3)配料应准确,拌和应均匀。

(4)拌和出厂的混合料含水率宜略大于最佳值,使混合料运到现场摊铺后碾压时的含水率不小于最佳值;在拌和过程中,应根据集料和混合料含水率的大小及时调整加水量。

4)运输

将拌制好的混合料从拌和机直接卸入自卸卡车应尽快送到铺筑现场。车上的混合料应该覆盖,减少水分损失。一般运输时间宜限制在30min内。

5)摊铺

拌和机与摊铺机的生产能力应互相匹配。对于高速公路和一级公路;摊铺机宜连续摊铺,拌和机的产量宜大于400t/h。

(1)高速公路和一级公路应采用沥青混凝土摊铺机或专用的稳定粒料摊铺机进行摊铺作业。对于其他公路,有条件时宜采用摊铺机作业,至少采用平地机进行摊铺作业。个别面积较小的路段可以采用人工摊铺。

(2)最好采用两台摊铺机同时作业,两台摊铺机可以前后(相距5~20m)错列前进;若只有一台小型摊铺机工作时,可以在两条线或几个工作道上交替摊铺,但要注意任何一条工作道都不能比邻接的工作道摊铺得太前,要保证相邻工作道上任一地点摊铺混合料间隔时间不超过25min。摊铺均匀后立即碾压。

使用摊铺机铺筑水泥稳定土混合料,必须严格遵守操作技术规范,才能达到较好的平整度,为了得到一个平整的基层顶面,可以采取以下措施:

①保持整平板前的混合料的高度不变。

②保持螺旋分料器有80%的时间在工作状态。

③减少停机批/开动的次数,避免运料卡车碰撞摊铺机。

④一次铺筑厚度不超过25cm,分层摊铺时,上层厚度取10cm。

⑤工程计划要减少横向接缝。

⑥做好横向接缝,立即用直尺检验。

⑦经常检验控高钢丝和调整传感器。

⑧经常用直尺检验表面。

⑨保持摊铺机在良好工作状态运转。

(3)要特别注意避免摊铺时混合料的离析,在摊铺机后面应设专人消除粗细集料离析现象,应该铲除局部粗集料"窝",并用新拌混合料填补。

(4)在低等级公路上,没有摊铺机时,可采用摊铺箱摊铺混合料,也可以用自动平地机按以下步骤摊铺混合料:

①根据铺筑层的厚度和要求达到的压实干密度,计算每车混合料的摊铺面积。

②将混合料均匀地卸在路幅中央,路幅宽时,也可将混合料卸成两行。

③用平地机将混合料按松铺厚度摊铺均匀。

④设一个 3~5 人的小组,携带一辆装有新拌混合料的小车,跟在平地机后面及时铲除粗集料"窝"和粗集料"带",补以新拌的均匀混合料,或补撒拌和均匀的细混合料,并与粗集料拌和均匀。

注意事项如下:

(1)如拌和机的生产能力较小,在用摊铺机摊铺混合料时,应采用最低速度摊铺,减少摊铺机停机待料的情况。

(2)若摊铺后平整度不好,只要粒料的最大粒径不超过 37.5mm 且时间不太迟,就可以用平地机轻轻刮平,丢弃刮出的废料。平地机刮平后,需用轮胎压路机将表面碾压紧密。

6)整形与碾压

摊铺机摊铺混合料后,宜先用轻型两轮压路机跟在摊铺机后及时进行碾压,后用重型振动压路机、三轮压路机或轮胎压路机继续碾压密实。

用平地机摊铺混合料后的整形和碾压均与路拌法相同。

7)接缝处理

(1)横向接缝的设置要求

①用摊铺机摊铺混合料时,不宜中断,如因故中断时间超过 2h,应设置横向接缝,摊铺机应驶离混合料末端。

②人工将末端含水率合适的混合料修整整齐,紧靠混合料放两根方木;方木的高度应与混合料的压实厚度相同;整平紧靠方木的混合料。

③方木的另一侧用砂砾或碎石回填约 3m 长,其高度应高出方木几厘米。

④将混合料碾压密实。

⑤在重新开始摊铺混合料之前,将砂砾或碎石和方木除去,并将下承层顶面清扫干净。

⑥摊铺机返回到已压实层的末端,重新开始摊铺混合料。

⑦如摊铺中断后,未按上述方法处理横向接缝,而中断时间已超过 2h,则应将摊铺机附近及其下面未经压实的混合料铲除,并将已碾压密实且高程和平整度符合要求的末端挖成与路中心线垂直并向下的断面,然后再摊铺新的混合料。

(2)纵向接缝的设置要求

应避免纵向接缝。在不能避免纵向接缝的情况下,纵缝必须垂直相接,并符合下列规定:

①在前一幅摊铺时,在靠中央的一侧用方木或钢模板做支撑,方木或钢模板的高度应与稳定土层的压实厚度相同。

②养生结束后,在摊铺另一幅之前,拆除支撑木(或板)。

用平地机摊铺混合料时,横向接缝和纵向接缝的处理方法与路拌法相同。

8)养生与交通管制

与路拌法相同。

三、水泥稳定类结构层施工过程中的质量控制

水泥稳定类结构层在铺筑过程中必须随时对铺筑质量进行检查、评定。质量检查的内容、频度、允许偏差可参照表 3-9 的要求。

水泥稳定类结构层施工过程中工程质量的控制要求 表 3-9

项　目		检查频度及单点检验评价方法	质量要求或允许偏差		试验方法或试验规程
			高速、一级公路	其他等级公路	
级配		2000m² 1 次	在规范规定范围内		T 0302、T 0303 筛分法
水泥剂量		每2000m² 1 次，至少6个样品	不小于设计值1%		T 0809 EDTA 滴定法或 T 08010 直读式测钙仪法
含水率		据观察，随时	在规范规定范围内		T 0801 烘干法、T 0803 酒精燃烧法
压实度	稳定细粒土	每一作业段或不超过2000m²检查6次以上	≥95%	≥93%	T 0921 挖坑灌砂法
	稳定中粒土和粗粒土		基层≥98%，底基层≥98%	基层≥97%，底基层≥95%	
拌和均匀性		随时观察	无灰条、灰团，色泽均匀，无离析现象		表层观察、挖坑观察
无侧限抗压强度		稳定细粒土，每一作业段或2000m² 6个试件；稳定中粒土和粗粒土，每一作业段或2000m² 6个或9个试件	符合规定要求		T 0805 抗压强度试验

四、水泥稳定类结构层交工验收阶段的质量检验

水泥稳定类结构层工程完工后，施工单位、工程监理单位和建设单位应按相同的工程项目划分进行工程质量的监控和管理。

施工单位应将全线以 1~3km 作为一个评定路段，按规定频度，随机选取测点，对水泥稳定类结构层进行全线自检，并应在规定时间内提交全线检测结果及施工总结报告，申请交工验收。

下面结合《公路工程质量检验评定标准》（JTG F80/1—2004）介绍水泥稳定类结构层工程质量检验评定时的基本要求和检查项目、检查频度、质量要求或允许偏差等内容。

1. 基本要求

（1）土质应符合设计要求，土块应粉碎。

（2）粒料应符合设计和施工规范要求，并应根据当地料源选择质坚干净的粒料，矿渣应分解稳定，未分解渣块应予剔除。

（3）矿料级配应按设计要求控制准确。

（4）水泥用量应按设计要求控制准确。

（5）路拌法拌和深度应达到层底。

（6）摊铺时要注意消除离析现象。

（7）混合料应处于最佳含水率状况下，用重型压路机碾压至要求的压实度。从加水拌和

到碾压终了的时间不应超过4h,并应不超过水泥的终凝时间。

(8)碾压检查合格后应立即覆盖或洒水养生,养生期应符合规范要求。

2. 质量检验评定标准

水泥稳定类结构层交工验收阶段质量检验评定的实测项目、检查频度、质量要求或允许偏差等见表3-10、表3-11。

水泥土基层和底基层实测项目　　　　表3-10

项次	检查项目		规定值或允许偏差				检查方法和频率	权值
			基　层		底　基　层			
			高速、一级公路	其他等级公路	高速、一级公路	其他等级公路		
1	压实度(%)	代表值	—	95	95	93	按有关规定方法进行检查,每200m车道2处	3
		极值	—	91	91	89		
2	平整度(mm)		12	12	12	15	3m直尺:每200m测2处×10尺	2
3	纵断高程(mm)		+5,-15	+5,-15	+5,-15	+5,-20	水准仪:每200m测4个断面	1
4	宽度(mm)		符合设计要求		符合设计要求		尺量:每200测4处	1
5	厚度(mm)	代表值	—	-10	-10	-10	按有关规定进行检查,每200m每车道1点	2
		合格值	—	-20	-25	-30		
6	横坡(%)		—	±0.5	±0.3	±0.5	水准仪:每200m测4个断面	1
7	强度(MPa)		符合设计要求		符合设计要求		按有关规定进行检查	3

水泥土基层和底基层实测项目　　　　表3-11

项次	检查项目		规定值或允许偏差				检查方法和频率	权值
			基　层		底　基　层			
			高速、一级公路	其他等级公路	高速、一级公路	其他等级公路		
1	压实度(%)	代表值	98	97	96	95	按有关规定方法进行检查,每200m车道2处	3
		极值	94	93	92	91		
2	平整度(mm)		8	12	12	15	3m直尺:每200m测2处×10尺	2
3	纵断高程(mm)		+5,-10	+5,-15	+5,-15	+5,-20	水准仪:每200m测4个断面	1
4	宽度(mm)		符合设计要求		符合设计要求		尺量:每200测4处	1
5	厚度(mm)	代表值	-8	-10	-10	-10	按有关规定进行检查,每200m每车道1点	2
		合格值	-15	-20	-25	-30		
6	横坡(%)		±0.3	±0.5	±0.3	±0.5	水准仪:每200m测4个断面	1
7	强度(MPa)		符合设计要求		符合设计要求		按有关规定进行检查	3

3. 外观鉴定

(1)表面平整密实、无坑洼、无明显离析。不符合要求时,每处减1~2分。

(2)施工接茬平整、稳定。不符合要求时,每处减1~2分。

任务工单1

学习情境三:基层和垫层施工	班级		
工作任务二:水泥稳定类结构层施工	姓名		学号
	日期		评分

　　引导学生进行全班集中学习,看石灰土底基层施工(路拌法施工)、水泥稳定砂砾基层施工(厂拌法施工)的施工录像,配合录像内容、查阅相关规范回答问题。

　　1.小组讨论什么是稳定土材料?稳定土的分类和适用范围有什么规定?稳定土对土有什么要求?

　　2.小组讨论稳定土混合料组成设计的任务是什么?

　　3.小组讨论选定合适的水泥和石灰剂量要注意什么?

　　4.小组讨论稳定土路拌法施工拌和中注意哪些事项?

　　5.小组讨论水泥稳定土路拌法施工的主要工艺流程是什么?

任务工单2

学习情境三:基层和垫层施工	班级		
工作任务二:水泥稳定碎石基层施工实训	姓名		学号
	日期		评分

水泥稳定碎石基层施工实训

学习目的:
　　在已具备系统理论知识,熟悉施工现场、机械设备、相关规范的前提下,查阅相关规范读懂施工方案,对真实的工程资料进行校核,通过试验段收集各施工检测原始记录、投入的人员、机械使用情况,为大规模施工提供科学、准确的技术参数和施工依据。

任务描述:
　　1.通过任务实施中的案例,学习讨论施工组织设计案例,全面熟悉施工规范,熟悉施工流程、施工要点。
　　2.明确岗位工作任务,分工学习、细化岗位知识技能。
　　3.突出重点知识技能,对照相关规范校核工程资料。
　　4.学习试验段施工总结,全面进行知识技能梳理。

工作任务三　二灰稳定类结构层施工

任务概述

1. 应知应会

（1）掌握二灰稳定类集料适用范围及结构层中布置的位置；
（2）了解二灰土集料的配合比计算；
（3）掌握二灰土稳定类结构层的原材料的选择及相关指标；
（4）熟知二灰土集料的施工工程流程；
（5）了解二灰土集料的施工技术要点。

2. 学习要求

（1）认真研读教材，掌握要点知识框架；
（2）对照某条路路面结构含有二灰土稳定类集料的设置、厚度及其他指标。

相关知识

一、一般规定

二灰稳定类结构层施工的一般规定和要求如下：

（1）材料适用于各级公路的基层和底基层，二灰、二灰土、二灰砂可用于各级公路的底基层以及三、四级公路的基层。

冰冻地区、多雨潮湿地区，石灰粉煤灰稳定集料类材料宜用于高等级公路的下基层或底基层。

（2）高等级公路的基层或上基层宜选用骨架密实型混合料。低等级公路的基层和各级公路的底基层可采用悬浮密实型混合料。均匀密实型混合料适用于高等级公路的底基层，以及低等级公路的基层。骨架空隙型混合料具有较高的空隙率，适用于需要考虑路面内部排水要求的基层。

（3）石灰粉煤灰稳定类结构层混合料的配合比设计，按无侧限抗压强度试验方法确定。

（4）材料的压实度、7d 龄期无侧限抗压强度代表值，应符合表 3-12 规定范围的要求。

石灰粉煤灰稳定类材料的压实度及 7d 无侧限抗压强度　　　　表 3-12

层位	稳定类型	特重、重、中交通		轻　交　通	
		压实度(%)	抗压强度(MPa)	压实度(%)	抗压强度(MPa)
基层	集料	≥98	≥0.8	≥97	≥0.6
	细粒土	—	—	≥96	
底基层	集料	≥98	≥0.6	≥96	≥0.5
	细粒土	≥98		≥95	

（5）二灰稳定类混合料采用质量配合比计算，以石灰∶粉煤灰∶集料（或土）的质量比表示。

（6）二灰稳定类结构层宜在春末和气温较高季节组织施工。施工期的日最低气温应在 5℃以上，在有冰冻的地区应在第一次重冰冻（−3～−5℃）到来之前半个月到一个月完成。

(7)二灰稳定类结构层施工时,应遵循以下基本规定:
①配料要准确。
②石灰应摊铺均匀。
③洒水、拌和要均匀。
④应严格控制基层厚度和高程,其路拱横坡应与面层一致。
⑤应在混合料处于最佳含水率或略大于最佳含水率时进行碾压,直至达到要求的压实度。
(8)二灰稳定类混合料碾压时,压实机械与压实厚度应遵循以下规定:
①三灰稳定类结构层应采用12t以上的压路机进行碾压。
②采用12~15t三轮压路机碾压时,每层的压实厚度不应超过15cm。
③采用18~20t三轮压路机和振动压路机碾压时,每层的压实厚度不应超过20cm。
④对于二灰级配集料,采用能量大的振动压路机碾压时,或对于二灰土,采用振动羊足碾与三轮压路机配合碾压时,每层的压实厚度可以根据试验适当增加。
⑤压实厚度超过上述规定时,应分层铺筑,每层的最小压实厚度为10cm,下层宜稍厚。
⑥对于稳定细粒土,以及用摊铺机摊铺的混合料,都应采用先轻型、后重型压路机碾压。

二、施工工艺流程

二灰稳定类结构层施工的方法主要分为路拌法施工和厂拌法施工两种。用做高速公路、高等级公路基层的二灰稳定集料时,应采用厂拌法施工;用做高等级公路底基层时,宜采用厂拌法施工。

1. 路拌法施工的工艺流程

二灰稳定土路拌法施工工艺流程,如图3-4所示。

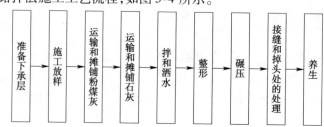

图3-4 二灰稳定土路拌法施工工艺流程图

2. 厂拌法施工的工艺流程

一级公路底基层和低等级公路基层的二灰稳定类结构层,一般采用路拌法施工;用做厂拌法施工的工艺流程,如图3-5所示。

任务实施

一、二灰稳定类结构层原材料的选择

1. 石灰

石灰的质量应符合Ⅲ级消石灰或Ⅲ级生石灰的技术规定。施工中应尽量缩短石灰的存放时间。如存放时间较长,应采取覆盖封存措施,妥善保管。

有效钙含量在20%以上的等外石灰、贝壳石灰、珊瑚石灰、电石渣等,当其混合料的强度通过试验符合标准时,可以采用。

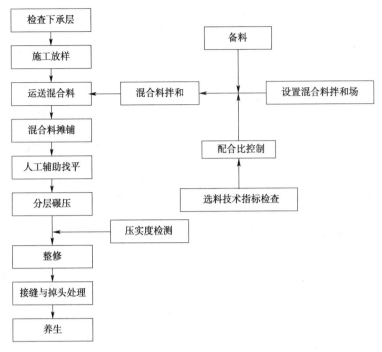

图 3-5 二灰稳定土厂拌法施工工艺流程图

2. 粉煤灰

粉煤灰中 SiO_2、Al_2O_3 和 Fe_2O_3 的总含量应大于 70%，粉煤灰的烧失量不应超过 20%；粉煤灰的比表面积宜大于 $2500cm^2/g$（或 90% 通过 0.3mm 筛孔，70% 通过 0.075mm 筛子）。

根据工程实践，当粉煤灰中 SiO_2 的含量超过 25% 时，成型的二灰土或二灰碎石会产生一定的膨胀，致使结构层发生破坏，应引起重视。

干粉煤灰和湿粉煤灰都可以应用。湿粉煤灰的含水率不宜超过 35%。

3. 粗集料

二灰稳定集料基层、底基层集料的压碎值，对于高等级公路不大于 30%，对于低等级公路不大于 35%。

骨架密实型二灰稳定类基层集料的最大粒径不大于 31.5mm；悬浮密实型二灰稳定类基层集料的最大粒径不大于 31.5mm，底基层集料的最大粒径不大于 37.5mm。骨架密实型集料的级配范围宜符合表 3-13 的要求；悬浮密实型集料的级配范围宜符合表 3-14、表 3-15 的要求。

骨架密实型石灰煤灰稳定类集料的级配范围　　　表 3-13

层位	通过下列方筛(mm)质量百分比(%)								
	31.5	26.5	19.0	9.50	4.75	2.36	1.18	0.6	0.075
基层	100	95~100	48~68	24~34	11~21	6~16	2~12	0~6	0~3

悬浮密实型石灰煤灰稳定碎石集料的级配范围　　　表 3-14

层位	通过下列方筛(mm)质量百分比(%)								
	37.5	31.5	19.0	9.50	4.75	2.36	1.18	0.6	0.075
基层	—	100	88~98	55~75	30~50	16~36	10~25	4~18	0~5
底基层	100	94~100	79~92	51~72	30~50	16~36	10~25	4~18	0~5

悬浮密实型石灰煤灰稳定砂砾集料的级配范围　　　　表 3-15

层位	通过下列方筛(mm)质量百分比(%)								
	37.5	31.5	19.0	9.50	4.75	2.36	1.18	0.6	0.075
基层	—	100	85~98	55~75	39~59	27~47	17~35	10~25	0~10
底基层	100	85~100	65~89	50~72	35~55	25~45	17~35	10~27	0~15

4. 二灰稳定类结构层使用的土

（1）宜采用塑性指数 12~20 的黏性土（亚黏土），土块的最大粒径不应大于 15mm。有机质含量超过 10% 的土不宜选用。

（2）二灰稳定的中粒土和粗粒土不宜含有塑性指数的土。

（3）用于低等级公路的二灰稳定土应符合下列要求：

①二灰稳定土用做底基层时，石料颗粒的最大粒径不应超过 53mm。

②二灰稳定土用做基层时，石粒颗粒的最大粒径不应超过 37.5mm。

（4）二灰稳定土用做高速公路和一级公路的底基层时，土中碎石、砾石颗粒的最大粒径不应超过 37.5mm。各种细粒土、中粒土和粗粒土都可用二灰稳定后用做底基层。

5. 二灰稳定类结构层使用的水

凡是饮用水（含牲畜饮用水）均可用于水泥稳定类结构层施工。

6. 施工过程中对原材料的检查与要求

施工过程中，可参照表 3-16 所列的检查项目与频度对各种原材料进行抽样试验，质量应符合现行施工技术规范规定的技术要求，每个检查项目的平行试验次数或一次试验的试样数必须按相关试验规程的规定进行，并以平均值评价是否合格。

施工过程中材料质量检查项目与频度　　　　表 3-16

材料	检查项目	检查频度		试验方法或试验规程	试验规程规定的平行试验次数或一次试验的试样数
		高速、一级公路	其他等级公路		
集料	同表 3-7	同表 3-7	同表 3-7	同表 3-7	同表 3-7
石灰	有效钙、氧化钙	随时	随时	T 08011、T 08012 化学分析法	做材料组成设计和生产使用时分别测 2 个样品，以后每月测 2 个样品
粉煤灰土	烧失量	必要时	必要时	高温燃烧法	做材料组成设计前测 2 个样品
	活性化学成分	必要时	必要时	化学分析法	
	同表 3-7	同表 3-7	同表 3-7	同表 3-7	同表 3-7

二、二灰稳定类结构层施工技术要点

1. 路拌法施工技术要点

1）准备下承层

与水泥稳类结构层施工要求相同。

2）施工放样

与水泥稳类结构层施工要求相同。

3)备料

除符合水泥稳类结构层路拌法施工备料的要求外,还应符合下列要求:

(1)当需分层采集土时,应将土先分层堆放在一场地上,然后从前到后将上下层土一起装车运送到现场。

(2)对于塑性指数小于15的黏性土,机械拌和时,可视土质和机械性能确定是否需要过筛。人工拌和时,应筛除15mm以上的土块。

(3)运到现场的粉煤灰应含有足够的水分,防止扬尘。在干燥和多风季节,应使料堆表面保持湿润或者覆盖。如在堆放过程中部分粉煤灰出现结块,使用时应将其打碎。
场地集中堆放的粉煤灰应予以覆盖,避免雨淋过分潮湿。

(4)石灰应选择公路两侧宽敞、临近水源且地势较高的场地集中堆放。当堆放时间较长时,应覆盖封存。石灰堆放在集中拌和场地时间较长时,也应覆盖封存。

(5)生石灰块应在使用前7~10d充分消解。消解后的石灰应保持一定的湿度,不得产生扬尘,也不可过湿成团。

(6)消石灰宜过10mm孔径的筛,并尽快使用。

(7)计算材料用量。根据各路段二灰稳定类结构层的宽度、厚度及预定的干密度,计算各路段需要的干混合料质量;根据混合料的配合比、材料的含水率以及所用运料车辆的吨位,计算各种材料每车料的堆放距离。

(8)如路肩用料与二灰稳定类结构层用料不同,应采取培肩措施,先将两侧路肩培好。路肩料层的压实厚度应与稳定土层的压实厚度相同。

4)运输和摊铺

(1)材料装车时,应控制每车装料量基本相等。

(2)采用二灰时,应先将粉煤灰运到现场;采用二灰稳定土或集料时,应先将土或集料运到现场。在同一料场供料的路段内,由远到近按计算的距离卸置材料于下承层上,卸料距离应均匀。

(3)料堆每隔一定距离应留一缺口,材料在下承层上的堆置时间不应过长。

(4)应通过试验确定各种材料及混合料的松铺系数。

(5)采用机械路拌时,应采用层铺法,即摊铺土或集料→摊铺粉煤灰→摊铺石灰。
每种材料摊铺均匀后,宜先用两轮压路机碾压1~2遍,然后再运送并摊铺下一种材料。摊铺每层材料时,应力求平整,并具有规定的路拱。集料应较湿润,必要时先洒少量水。

5)拌和及洒水

(1)对于二级和二级以上公路,应采用专用稳定土拌和机械进行拌和,并应先干拌两遍。用稳定土拌和机拌和时,拌和深度应直至层底并宜侵入下承层5~10mm(不应过深)。应设专人跟随拌和机后,随时检查拌和深度并配合拌和机操作员调整拌和深度。如直接铺于土基上的拌和层宜避免素土夹层,其余各层严禁在拌和层底部留有素土夹层。
最后1遍拌和之前,必要时先用多铧犁紧贴底面翻拌1遍。

(2)对于三、四级公路,在没有专用拌和机械的情况下,如为二灰稳定细粒土和中粒土,可用旋转耕作机与多铧犁或平地机相配合进行拌和,先干拌4遍。
先用旋转耕作机拌和两遍,后用平地机或多铧犁将底部素土翻起;再用旋转耕作机拌和

1遍,用平地机或多铧犁将底部料再翻起,随时检查调整翻犁的深度,使稳定土层全部翻透;用旋转耕作机再拌和1遍。

严禁在稳定土层与下承层之间残留素土夹层,也应防止翻犁过深或过多破坏下承层的表面。

(3)对于三、四级公路,在没有专用拌和机械的情况下,如拌和二灰稳定中粒土和粗粒土,也可以用缺口圆盘耙与多铧犁成平地机相配合干拌4遍。

用平地机或多铧犁在前面翻拌,用圆盘耙跟在后面拌和,圆盘耙的速度应尽量快,使二灰与集料拌和均匀。开始的2遍不应翻犁到底,以防水泥落到底部;后面的2遍应翻犁到底,随时检查调整翻犁的深度,要求同前述。

(4)用喷管式洒水车将水均匀地喷洒在拌后的混合料上,洒水距离应长些,水车起洒处和另一头掉头处均应超出拌和段2m以上。

洒水车不应在正在进行拌和的以及当天计划拌和的路段上掉头或停留,并防止局部水量过大。

(5)拌和机应紧跟在洒水车后面进行拌和,尤其在纵坡大的路段上应配合紧密,以减少水分流失或造成水分分布不匀。

在洒水拌和过程中,应及时检查混合料的含水率,并宜大于最佳含水率1%左右。检查拌和深度和均匀性。拌和完成的标志是:混合料色泽一致,无灰条、灰团和花面,无粗细颗粒"窝"或"带",且水分合适、均匀。

(6)对二灰级配集料,应先将石灰和粉煤灰拌和均匀,然后均匀摊铺在集料层上,再一起进行拌和。

6)整形

(1)平地机整形

混合料拌和均匀后,先用平地机初步整平和整形。在直线段及不设超高的平曲线段,平地机由两侧向路中心进地刮平;在设超高的平曲线段,由内侧向外侧进行刮平。必要时再返回刮1遍。

之后用拖拉机、平地机或轮胎压路机快速碾压1~2遍,以暴露潜在的不平整。

再用平地机按上述方法进行整形,并用上述机械再碾压1遍。整形过程中应及时消除粗细集料离析现象。

对局部低洼处,应用齿耙将其表层5cm以上耙松,并用新拌的二灰级配料找补平整,再用平地机整形一次。

(2)人工整形

人工用锹和耙先将混合料摊平,用路拱板进行初步整形。用拖拉机初压1~2遍后,根据试验确定的松铺系数,确定纵横断面的高程,并钉桩、挂线。利用锹耙按线形整形,再用路拱板校正成形。

初步整形后,检查混合料的松铺厚度。

二灰土的松铺系数约为1.5~1.7;二灰集料的松铺系数约为1.3~1.5。用机械拌和及机械整形时,集料松铺系数约为1.2~1.3。每次整形都要按照规定的坡度和路拱进行,并应注意接缝顺适平整。在整形过程中,必须禁止任何车辆通行。

7)碾压

与水泥稳定类结构层路拌法施工"碾压"要求相同。

8）接缝和掉头处的处理

与水泥稳定类结构层施工要求相同。

9）养生及交通管制

（1）二灰稳定类结构层碾压完成后的第2天或第3天开始养生。通常采用洒水养生法，每天洒水次数视天气而定，应始终保持表面潮湿，养生期不宜少于7d。也可采用泡水养生法，养生期应为14d。对于二灰稳定粗、中粒土的基层，也可用沥青乳液和沥青下封层进行养生，养生期一般为7d。

（2）在养生期间，除洒水车外，应封闭交通。

（3）对于二灰集料基层，养生结束后，宜先让施工车辆慢速通行7～10d，磨去表面的二灰薄层，或用带钢丝刷的机械扫去表面的二灰薄层。清扫和冲洗干净后再喷洒透层沥青。其后宜撒布4.75～9.5mm的小碎（砾）石，均匀撒布约60%～70%的面积（如喷洒的透层沥青能透入基层，当运料车辆和面层混合料摊铺机在其上行驶不会破坏沥青膜时，可以不撒小碎石、砾石）。

在清扫干净的基层上，也可先做下封层，防止基层干缩开裂，同时保护基层免受施工车辆破坏。宜在铺设下封层后的10～30d内开始铺筑沥青面层。

（4）二灰稳定类底基层分层施工时，下层碾压完毕后，可以立即铺筑上一层，不需专门的养生期。也可养生7d后铺筑上一层。

2.厂拌法施工技术要点

二灰稳定类混合料可以在中心站用多种机械进行集中拌和，也可路拌机械或人工在现场进行分批集中拌和。

对于高等级公路，应当在中心站（厂）采用专用稳定土拌和机械拌制，然后再运输到施工现场进行摊铺的施工方法施工。

中心站集中拌和时，应符合以下要求：

（1）土块最大尺寸不应大于15mm；粉煤灰块不应大于12mm，且9.5mm和2.36mm筛孔的通过量应分别大于95%和75%。

（2）各种粒级集料应分开堆放。

（3）石灰、粉煤灰和细集料都应覆盖，防止雨淋过湿。

（4）配料准确，拌和均匀。

（5）混合料含水率应略大于最佳含水率，使其运到现场碾压时的含水率能接近最佳值。

二灰稳定类混合料厂拌法施工技术要求，除以下两点外，其他要求与水泥稳定类混合料厂拌法施工相同。

（1）拌成混合料的堆放时间不宜超过24h，宜在当天将拌成的混合料运至铺筑现场，不应将拌成的混合料长时间堆放。

（2）第一天铺筑的压实层如末端未用方木作支撑处理，在碾压后末端成一斜坡，则在第二天开始摊铺新混合料之前应将末端斜坡挖除，并挖成一横向（与路中线垂直）垂直向下的断面。挖出的混合料加水到最佳含水率拌匀后仍可使用。

三、二灰稳定类结构层施工过程中的质量控制

二灰稳定类结构层在铺筑过程中，必须随时对铺筑质量进行检查与评定。质量检查内容、频度、允许偏差可参照表3-17的要求。

二灰稳定类结构层施工过程中工程质量的控制要求　　表3-17

项目		检查频度及单点检验评价方法	质量要求或允许偏差		试验方法或试验规程
			高速、一级公路	其他等级公路	
级配		2000m² 1次	在规范规定范围内		T 0302、T 0303 筛分法
配合比		每2000m² 1次	满足设计要求%		重量法或体积法
含水率		据观察,随时	最佳含水率±1%(二灰土为±2%)		T 0801 烘干法、T 0803 酒精燃烧法
压实度	二灰土	每一作业段或不超过2000m²检查6次以上	≥95%	≥93%	T 0921 挖坑灌砂法
	其他含粒料的石灰工业废渣		基层≥98%,底基层≥97%或95%	基层≥97%,底基层≥95%,或93%	
拌和均匀性		随时观察	无灰条、灰团、色泽均匀,无离析现象		表层观察、挖坑观察
无侧限抗压强度		同表3-9	符合规定要求		同表3-9

四、二灰稳定类结构层交工验收阶段的质量检验

二灰稳定类结构层完工后,施工单位、工程监理单位和建设单位应按相同的工程项目划分进行工程质量的监控和管理。

按照《公路工程质量检验评定标准》(JTG F80/1—2004)的规定,二灰稳定类结构层工程质量检验评定时的基本要求、质量检验评定标准和外观鉴定等内容分述如下。

1. 基本要求

(1)粒料应符合设计和施工规范要求,并应根据当地料源选择质坚干净的粒料。

(2)土质应符合设计要求,土块应粉碎。

(3)石灰和粉煤灰质量应符合设计要求,石灰须经充分消解才能使用。

(4)混合料配合比应准确,不得含有灰团和生石灰块。

(5)路拌法拌和深度应达到层底。

(6)摊铺时要注意消除离析现象。

(7)碾压时应先用轻型压路机稳压,后用重型压路机碾压至要求的压实度。

(8)保湿养生,养生期应符合规范要求。

2. 质量检验评定标准

二灰稳定类结构层交工验收阶段质量检验评定的实测项目、检查频度、质量要求或允许偏差等见表3-18、表3-19。

3. 外观鉴定

(1)表面平整密实、无坑洼。不符合要求时,每处减1~2分。

(2)施工接茬平整、稳定。不符合要求时,每处减1~2分。

水泥土基层和底基层实测项目　　　　　　　　　　　　　　　　　　表3-18

项次	检查项目		规定值或允许偏差				检查方法和频率	权值
			基 层		底 基 层			
			高速、一级公路	其他等级公路	高速、一级公路	其他等级公路		
1	压实度（%）	代表值	—	95	95	93	按有关规定方法进行检查，每200m车道2处	3
		极值	—	91	91	89		
2	平整度(mm)		—	12	12	15	3m 直尺:每200m测2处×10尺	2
3	纵断高程(mm)		—	+5,-15	+5,-15	+5,-20	水准仪:每200m测4个断面	1
4	宽度(mm)		符合设计要求		符合设计要求		尺量:每200测4处	1
5	厚度(mm)	代表值	—	-10	-10	-10	按有关规定进行检查，每200m每车道1点	2
		合格值	—	-20	-25	-30		
6	横坡(%)		—	±0.5	±0.3	±0.5	水准仪:每200m测4个断面	1
7	强度(MPa)		符合设计要求		符合设计要求		按有关规定进行检查	3

水泥土稳定类基层和底基层实测项目　　　　　　　　　　　　　　　　表3-19

项次	检查项目		规定值或允许偏差				检查方法和频率	权值
			基 层		底 基 层			
			高速、一级公路	其他等级公路	高速、一级公路	其他等级公路		
1	压实度（%）	代表值	98	97	96	95	按有关规定方法进行检查，每200m车道2处	3
		极值	94	93	92	91		
2	平整度(mm)		8	12	12	15	3m 直尺:每200m测2处×10尺	2
3	纵断高程(mm)		+5,-10	+5,-15	+5,-15	+5,-20	水准仪:每200m测4个断面	1
4	宽度(mm)		符合设计要求		符合设计要求		尺量:每200测4处	1
5	厚度(mm)	代表值	-8	-10	-10	-12	按有关规定进行检查，每200m每车道1点	2
		合格值	-15	-20	-25	-30		
6	横坡(%)		±0.3	±0.5	±0.3	±0.5	水准仪:每200m测4个断面	1
7	强度(MPa)		符合设计要求		符合设计要求		按有关规定进行检查	3

任务工单

任 务 工 单

学习情境三:基层和垫层施工	班级			
工作任务三:二灰稳定类结构层施工	姓名		学号	
	日期		评分	

工作任务及质量控制的要点如下：

(1)试验室:材料准备

①系统学习施工规范对原材料的技术要求、抽检频率(材料报验单)。

②击实试验的两大试验成果及意义(击实试验报告)。

③查阅施工规范有关级配要求,复习《道路建筑材料》有关级配设计方法(配合比设计报告)。

(2)质检部:后场与前场试验检测

后场:

①用于施工的集料配合比(混合料筛分试验表)。

②集料含水率的增加和控制方法(知道最佳含水率的概念)。

前场:

①试验检测技能训练如下:

a. 压实度试验:看录像。

b. 3m 直尺测平整度:课间试验。

c. 厚度试验,看路基路面现场试验规程。

d. 弯沉试验:看录像。

②质量评定(分项工程质量检验评定表):压实度、平整度、厚度、弯沉检验与评定。

(3)现场技术员:现场施工管理

①集料数量的控制(计算运料车卸料间距)。

②集料摊铺方法和适用机具(知道施工要点)。

③整平及整形的合适机具和方法(知道施工要点)。

④压实机械的选择和组合、压实的顺序、速度和遍数(知道施工要点)。

⑤接缝施工及碾压(知道施工要点)。

⑥养生(知道施工要点)。

(4)测量组:施工放样与几何尺寸测试

①施工放样(看施工录像,校核"施工放样报验单")。

②纵断高程、宽度、横坡(看路基路面现场测试规程)。

③材料的松铺系数(知道松铺系数的确定方法)。

工作任务四　石灰稳定类结构层施工

 任务概述

1. 应知应会

(1)掌握石灰稳定类结构层适用的公路等级;

(2)掌握石灰稳定类结构层原材料的选择;

(3)熟知石灰稳定类结构层施工工艺;

(4)了解石灰稳定类结构层施工技术要点;

(5)了解石灰稳定类结构层的质量控制及检验。

2. 学习要求

(1)认真学习本章节内容;

(2)认真查阅有关资料,了解石灰稳定类结构层优缺点。

 相关知识

一、一般规定

石灰稳定类结构层施工一般规定和要求如下:

（1）石灰稳定类材料适用于各级公路的底基层，以及三、四级公路的基层。在冰冻地区的潮湿路段以及其他地区的过湿路段不宜采用石灰土做基层。

（2）石灰稳定类材料的压实度、7d 龄期无侧限抗压强度代表值应符合表3-20规定范围的要求。

石灰粉煤灰稳定类材料的压实度及 7d 无侧限抗压强度　　　　表3-20

层位	稳定类型	特重、重、中交通		轻交通	
		压实度(%)	抗压强度(MPa)	压实度(%)	抗压强度(MPa)
基层	集料	—	≥0.8	≥97	≥0.8
	细粒土	—	—	≥95	
底基层	集料	≥97	≥0.8	≥96	≥0.7
	细粒土	≥95		≥95	

注：①在低塑性土（塑性指数小于10）地区，石灰稳定砂砾土和碎石土的7d抗压强度应大于0.5MPa。
②低限用于塑性指数小于10的土，高限用于塑性指数大于10的土。
③三、四级公路，压实机具有困难时，压实度可降低1%。

（3）石灰稳定土结构层宜在春末和气温较高季节组织施工。施工期的日最低气温应在5℃以上，在有冰冻的地区，应在第一次重冰冻（-3～-5℃）到来之前半个月到一个月完成。

稳定土结构层宜经历半月以上温暖和热的气候养生。多雨地区，应避免在雨季进行石灰土结构层的施工。

（4）石灰稳定中粒土和粗粒土雨季施工时，应采用排除表面水的措施，防止运到路上的集料过分潮湿，并应采取措施保护石灰免遭雨淋。

（5）石灰稳定类结构层施工时，应遵循以下基本规定：
①细粒土应尽可能粉碎，土块最大尺寸不应大于15mm。
②配料要准确。
③路拌法施工时，石灰应摊铺均匀。
④洒水、拌和要均匀。
⑤应严格控制基层厚度和高程，其路拱横坡应与面层一致。
⑥应在混合料处于最佳含水率或略小于最佳含水率（1%～2%）时进行碾压，直至达到按重型击实试验确定的要求压实度。

（6）石灰稳定类混合料碾压时，压实机械与压实厚度应遵循以下规定：
①石灰稳定类结构层应采用12t以上的压路机进行碾压。
②采用12～15t三轮压路机碾压时，每层的压实厚度不应超过15cm。
③用18～20t三轮压路机和振动压路机碾压时，每层的压实厚度不应超过20cm。
④对于石灰稳定中粒土和粗粒土，采用能量大的振动压路机碾压时，或对于石灰土，采用振动羊足碾与三轮压路机配合碾压时，每层的压实厚度可以根据试验适当增加。
⑤压实厚度超过上述规定时，应分层铺筑，每层的最小压实厚度为10cm，下层宜稍厚。
⑥对于石灰土以及用摊铺机摊铺的混合料，都应采用先轻型、后重型压路机碾压。

二、施工工艺流程

石灰稳定类结构层施工的方法主要分为路拌法施工、厂拌法施工和人工沿路拌和法施工3种。

用作高等级公路底基层的石灰稳定类结构层,宜采用厂拌法施工,其工艺流程如图3-6所示;对于低等级公路,一般采用路拌法施工,其工艺流程如图3-7所示;对于三、四级公路,在无路拌机械的情况下,也可采用人工沿路拌和法施工。

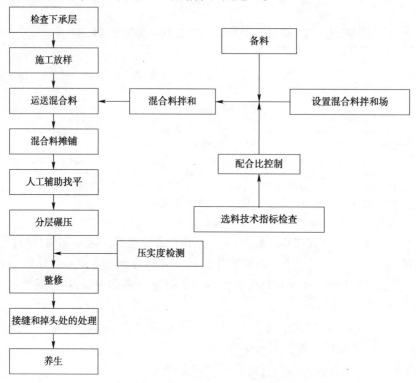

图3-6 石灰稳定土厂拌法施工工艺流程图

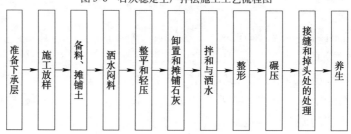

图3-7 石灰稳定土路拌法施工工艺流程图

 任务实施

一、石灰稳定类结构层原材料的选择

1. 石灰

石灰的质量应符合Ⅰ、Ⅱ、Ⅲ级消石灰或生石灰的技术规定。施工中应尽量缩短石灰的存放时间。如在野外堆放时间较长,应采取覆盖封存措施。

使用其他石灰应进行试验,当其混合料的强度符合标准时,可以采用。对于高等级公路,宜采用磨细生石灰粉。

2. 土

(1)塑性指数为15~20的黏性土,以及含有一定数量黏性土的中粒土和粗粒土均适宜于用石灰稳定。

用石灰稳定无塑性指数的级配砂砾、级配碎石和未筛分碎石时,应添加15%左右的黏性土。塑性指数在15以上的黏性土更适宜用石灰和水泥综合稳定。

塑性指数在10以下的亚砂土和砂土用石灰稳定时,应采取适当的措施或采用水泥稳定。塑性指数偏大的黏性土应加强粉碎,粉碎后土块的最大尺寸不应大于15mm。可以采用两次拌和法,第一次加部分石灰拌和后,闷放1~2d,再加入其余石灰,进行第二次拌和。

(2)使用石灰稳定土时,应遵守下列规定:

①石灰稳定土用做高速公路和一级公路的底基层时,颗粒的最大粒径不应超过37.5mm,用做其他等级公路的底基层时,颗粒的最大粒径不应超过53mm。

②石灰稳定土用做基层时,颗粒的最大粒径不应超过37.5mm。

(3)级配碎石、未筛分碎石、砂砾、碎石土、砂砾土、煤矸石和各种粒状矿渣等均适宜用作石灰稳定土的材料。石灰稳定土中碎石、砂砾或其他粒状材料的含量应在80%以上,并应具有良好的级配。

(4)硫酸盐含量超过0.8%的土和有机质含量超过10%的土,不宜用石灰稳定。

(5)土中碎石或砾石的压碎值,用做高等级公路的底基层时不大于35%,用做低等级公路的底基层时不大于40%,用做三、四级公路的基层时不大于35%。

3. 水

凡是饮用水(含牲畜饮用水)均可用于石灰稳定类结构层施工。

4. 施工过程中对原材料的检查与要求

施工过程中,可参照表3-21所列的检查项目与频度对各种原材料进行抽样试验,质量应符合现行施工技术规范规定的技术要求,每个检查项目的平行试验次数或一次试验的试样数必须按相关试验规程的规定进行,并以平均值评价是否合格。

施工过程中材料质量检查项目与频度　　　　　　　　　　表3-21

材料	检查项目	检查频度		试验方法或试验规程	试验规程规定的平行试验次数或一次试验的试样数
		高速公路、一级公路	其他等级公路		
石灰	有效钙、氧化镁含量	随时	随时	T 08011、T 08012化学分析法	做材料组成设计和生产使用时分别测2个样品,以后每月测2个样品
土	同表3-7	同表3-7	同表3-7	同表3-7	同表3-7

二、石灰稳定类结构层施工技术要点

1. 路拌法施工技术要点

(1)准备下承层

与水泥稳定类定结构层施工要求相同。

(2)施工放样

与水泥稳定类结构层施工要求相同。

(3)备料

与二灰稳定类结构层路拌法施工的要求基本相同。

(4)摊铺土

应事先通过试验确定土的松铺系数。人工摊铺混合料时,其松铺系数可按表3-22选用。其他要求与水泥稳定类结构层路拌法施工要求相同。

人工摊铺混合料松铺系数　　　　表 3-22

材料名称	松铺系数	备注
石灰土	1.53～1.58	现场人工摊铺土和石灰,机械拌和,人工整平
	1.65～1.70	路外集中拌和,运到现场人工摊铺
石灰土砂砾	1.52～1.56	路外集中拌和,运到现场人工摊铺

（5）洒水闷料。

（6）整平和轻压。均与水泥稳定类结构层路拌法施工要求相同。

（7）卸置和摊铺石灰。

①按计算所得的每车石灰的纵横间距,用石灰在土层上做标记,同时画出摊铺石灰的边线。

②用刮板将石灰均匀摊开,石灰摊铺完成后,表面应没有空白位置。量测石灰的松铺厚度,根据石灰的含水率和松密度,校核石灰用量是否合适。

（8）拌和与洒水。

①对二级及二级以上公路,参照水泥稳定类结构层路拌法施工"拌和"相关要求。只是当使用生石灰粉时,宜先用平地机或多铧犁将石灰翻到土层中间,但不能翻到底部。

②对于三、四级公路的石灰稳定细粒土和中粒土,在没有专用拌和机械的情况下,可用农用旋转耕作机与多铧犁或平地机相配合拌和 4 遍。

先用旋转耕作机拌和两遍,后用多铧犁或平地机将底部素土翻起,再用旋转耕作机拌和两遍,多铧犁或平地机将底部料再翻起,并随时检查调整翻犁的深度,使稳定土层全部翻透。严禁在稳定土层与下承层之间残留一层素土,但也应防止翻犁过深过多,破坏下承层的表面。也可以用缺口圆盘耙与多铧犁或平地机相配合,拌和石灰稳定细粒土、中粒土和粗粒土。参照水泥稳定类结构层路拌法施工"拌和"相关要求。

③拌和过程中混合料的含水率及检查,应符合水泥稳定类结构层路拌法施工"加水并湿拌"的规定。

④用石灰稳定塑性指数大的黏性土时,应采用两次拌和。第一次加 70%～100% 预定剂量的石灰进行拌和,闷放 1～2d,此后补足需用的石灰,再进行第二次拌和。

（9）整形和碾压。均与水泥稳定类结构层路拌法施工要求相同。

（10）接缝和掉头处的处理。

①同日施工的两工作段的衔接处应采用搭接形式。前一段拌和整形后,留 5～8m 不进行碾压,后一段施工时,应与前段留下未压部分一起再进行拌和,并与后一段一起碾压。

②拌和机械或其他机械不宜在已压成的石灰稳定类结构层上掉头,如必须掉头,应采取措施保护掉头部分,使石灰稳定类结构层不受破坏。

③纵缝的处理与水泥稳定类结构层施工纵缝处理的要求相同。

（11）养生与交通管制。

①石灰土结构层需要保湿养生,养生期要符合规范要求。

②在采用石灰土做基层时,必须采取措施防止表面水透入基层,同时应经历一个月以上的温暖和热的气候养生。作为三、四级公路沥青路面的基层时,还应采取措施加强基层与面层的联结。

③石灰稳定土在养生期间应保持一定的湿度,不应过湿或忽干忽湿。养生期不宜少于 7d。每次洒水后,应用两轮压路机将表层压实。石灰稳定土基层碾压结束后 1～2d,当其表

层较干燥(石灰土的含水率不大于10%,石灰粒料土的含水率为5%~6%)时,可以立即喷洒透层沥青,然后做下封层或铺筑面层,但初期应禁止重型车辆通行。

④在养生期间未采用覆盖措施的石灰稳定土层上,除洒水车外,应封闭交通。在采用覆盖措施的石灰稳定土层上不能封闭交通时,应限制车速不得超过30km/h,禁止重车通行。

⑤养生期结束后,在铺筑沥青面层前,应清扫基层并喷洒透层沥青或做下封层。如面层是沥青混凝土,在喷洒透层沥青后,应撒布4.75~9.5mm的小碎(砾)石,小碎(砾)石应均匀撒布约60%的面积。如喷洒的透层沥青能透入基层,其上作业车辆不会破坏沥青膜时,可以不撒小碎(砾)石。在喷洒沥青时,石灰稳定土层的上层应比较湿润。

⑥石灰稳定土分层施工时,下层石灰稳定土碾压完成后,可以立即铺筑上一层石灰稳定土,不需专门的养生期。

2. 厂拌法施工技术要点

与水泥稳定类结构层厂拌法施工要求相同。

3. 人工沿路拌和法施工技术要点

对于二级以下公路可以采用人工沿路拌和法施工,其主要程序与要点如下:

(1)备料。将需稳定的土料按事先计算的数量运到路上分堆堆放,应每隔一定距离留一缺口。再将消石灰按事先计算的数量运到路上并直接卸在土堆上或土堆旁。

(2)拌和。

筛拌法:将土和石灰混合或交替过15mm孔径的筛,筛余土块应随时打碎随时过筛。过筛后,适当加水,拌和到均匀为止。

翻拌法:将过筛的土和石灰先干拌1~2遍,然后加水拌和,应不少于3遍,直到均匀为止。为了使混合料的水分充分渗透均匀,可在当天拌和后堆放闷料,第二天再摊铺使用。

(3)摊铺。将拌好的石灰土按松铺厚度在路段上摊铺。

(4)整形与碾压。与水泥稳定土路拌法施工中的相应工序要求相同。

三、石灰稳定类结构层施工过程中的质量控制

石灰稳定类结构层在铺筑过程中必须随时对铺筑质量进行检查与评定。质量检查的内容、频度、允许偏差参照表3-23的要求。

水泥稳定类结构层施工过程中工程质量的控制要求　　　　表3-23

项目		检查频度及单点检验评价方法	质量要求或允许偏差		试验方法或试验规程
			高速公路、一级公路	其他等级公路	
级配		2000m² 1次	在规范规定范围内		T 0302、T 0303 筛分法
水泥剂量		每2000m² 1次,至少6个样品	不小于设计值1%		T 0809 EDTA 滴定法或 T 08010 直读式测钙仪法
含水率		据观察,随时	在规范规定范围内		T 0801 烘干法、T 0803 酒精燃烧法
压实度	稳定细粒土	每一作业段或不超过2000m²检查6次以上	≥95%	≥93%	T 0921 挖坑灌砂法
	稳定中粒土和粗粒土		基层≥98%,底基层≥96%	基层≥97%,底基层≥95%	
拌和均匀性		随时观察	无灰条、灰团,色泽均匀,无离析现象		表层观察、挖坑观察
无侧限抗压强度		同表3-9	在规范规定范围内		同表3-9

四、石灰稳定类结构层交工验收阶段的质量检验

石灰稳定类结构层工程完工后,施工单位、工程监理单位和建设单位应按相同的工程项目划分进行工程质量的监控和管理。

按照《公路工程质量检验评定标准》(JTG F80/1—2004)的规定,石灰稳定类结构层工程质量检验评定时的基本要求、质量检验评定标准和外观鉴定等内容分述如下。

1. 基本要求

(1)粒料应符合设计和施工规范要求。
(2)土质应符合设计要求,土块应粉碎。
(3)石灰质量应符合设计要求,块状石灰须经充分消解才能使用。
(4)石灰和土的用量应按设计要求控制准确,未消解的生石灰块必须剔除。
(5)路拌法拌和深度应达到层底。
(6)混合料应处于最佳含水率状况下,应先用轻型压路机稳压,后用重型压路机碾压至要求的压实度。摊铺时要注意消除离析现象。
(7)保湿养生,养生期应符合规范要求。

2. 质量检验评定标准

石灰稳定类结构层交工验收阶段质量检验评定的实测项目、检查频度、质量要求或允许偏差等,见表3-24和表3-25。

石灰土基层和底基层实测项目 表3-24

项次	检查项目		规定值或允许偏差				检查方法和频率	权值
			基 层		底 基 层			
			高速公路、一级公路	其他等级公路	高速公路、一级公路	其他等级公路		
1	压实度(%)	代表值	—	95	95	93	按有关规定方法进行检查,每200m每车道2处	3
		极值	—	91	91	89		
2	平整度(mm)		12	12	12	15	3m直尺:每200m测2处×10尺	2
3	纵断高程(mm)		+5, -15	+5, -15	+5, -20		水准仪:每200m每测4个断面	1
4	宽度(mm)		符合设计要求		符合设计要求		尺量:每200测4处	1
5	厚度(mm)	代表值	-10	-10	-12		按有关规定进行检查,每200m每车道测1点	2
		合格值	-20	-20	-25	-30		
6	横坡(%)		±0.5	±0.3	±0.5		水准仪:每200m测4个断面	1
7	强度(MPa)		符合设计要求		符合设计要求		按有关规定进行检查	3

石灰稳定粒料(碎石、砂砾或矿渣等)基层和底基层实测项目 表3-25

项次	检查项目		规定值或允许偏差				检查方法和频率	权值
			基 层		底 基 层			
			高速公路、一级公路	其他等级公路	高速公路、一级公路	其他等级公路		
1	压实度(%)	代表值	—	97	96	95	按有关规定方法进行检查,每200m每车道2处	3
		极值	—	93	92	91		

续上表

项次	检查项目		规定值或允许偏差				检查方法和频率	权值
			基 层		底 基 层			
			高速公路、一级公路	其他等级公路	高速公路、一级公路	其他等级公路		
2	平整度(mm)		—	12	12	15	3m 直尺;每200m 测2处×10尺	2
3	纵断高程(mm)		—	+5,−15	+5,−15	+5,−20	水准仪;每200m 测4个断面	1
4	宽度(mm)		符合设计要求		符合设计要求		尺量;每200m 测4处	1
5	厚度(mm)	代表值	—	−10	−10	−12	按有关规定进行检查,每200m 每车道测1点	2
		合格值	—	−20	−25	−30		
6	横坡(%)		—	±0.5	±0.3	±0.5	水准仪;每200m 测4个断面	1
7	强度(MPa)		符合设计要求		符合设计要求		按有关规定进行检查	3

3. 外观鉴定

(1)表面平整密实、无坑洼。不符合要求时,每处减1~2分。

(2)施工接茬平整、稳定。不符合要求时,每处减1~2分。

 任务工单

任 务 工 单

学习情境三:基层和垫层施工 工作任务四:石灰稳定类结构层施工	班级			
	姓名		学号	
	日期		评分	
观看施工录像,并回答下列问题: 1.石灰稳定类基层施工及质量检验评定的依据是什么? 2.石灰稳定类基层的材料要求有哪些? 3.石灰稳定类基层的施工工艺流程有哪些?				

工作任务五　级配碎(砾)石结构层施工

 **任务概述**

1. 应知应会

(1)掌握级配碎(砾)石结构层适用的公路等级及结构层层次位置;

(2)了解级配碎(砾)石的组成材料;
(3)了解级配碎(砾)石施工中的基本规定和技术要求。

2. 学习要求

(1)研读教材内容;
(2)查阅某一公路项目相关级配碎(砾)石的资料;
(3)重视理论联系实际。

 相关知识

一、一般规定

(1)级配碎石可以用于各级公路的基层和底基层。级配砾石、级配碎砾石以及符合级配、塑性指数在6或9以下的天然砂砾,可用于轻交通的二级及二级以下公路的基层以及各级公路的底基层。

(2)级配碎石、级配砾石也可用于四级公路的面层。

(3)级配碎石可用做较薄沥青面层与半刚性基层之间的中间层。

(4)用于二级及二级以上公路基层和底基层的级配碎石,应由预先筛分的几组不同粒径的碎石及石屑组配组成;其他等级公路,级配碎石可采用未筛分碎石和石屑组配。

(5)级配碎石施工中缺乏石屑时,可以添加细砂砾或粗砂,也可以用颗粒组成合适的含细集料较多的砂砾与未筛分碎石组配成级配碎砾石。

(6)可在天然砂砾中掺加部分碎石或轧碎砾石,以提高材料的强度和稳定性。

(7)级配碎石施工中应遵循以下基本规定:

①颗粒级配应符合规定。
②配料必须准确。
③塑性指数应符合规定。
④混合料必须拌和均匀,没有粗细颗粒离析现象。
⑤在最佳含水率时进行碾压,当采用重型击实标准设计时,基层压实度应大于98%,CBR值不应小于100%;底基层压实度应大于96%,CBR值不应小于80%。

(8)级配砾石施工中应遵循以下基本规定:

①颗粒级配应符合规定。
②配料必须准确。
③塑性指数应符合规定。
④混合料必须拌和均匀,没有粗细颗粒离析现象。
⑤在最佳含水率时进行碾压,当采用重型击实标准设计时,基层压实度应大于98%,CBR值不应小于80%;底基层压实度应大于96%,CBR值对于轻交通的公路不应小于40%,对于中等交通的公路不应小于60%。

(9)级配碎石、级配砾石应使用12t以上的三轮压路机进行碾压,每层的压实厚度不应超过15~18cm。用重型振动压路机和轮胎压路机碾压时,每层的压实厚度可达20cm。

(10)级配碎石、级配砾石基层未洒透层沥青或铺封层时,禁止开放交通,以保护表层不受破坏。

(11)级配碎石用做半刚性路面的中间层,以及用做二级以上公路的基层时,应采用厂拌法拌制混合料,并用摊铺机摊铺混合料。

二、施工工艺流程

级配碎石结构层的施工方法分为路拌法施工和厂拌法施工。用做高等级公路的基层时,级配碎石结构层宜采用厂拌法施工。级配砾石一般采用路拌法施工。

级配碎石路拌法施工的工艺流程如图3-8所示,级配砾石路拌法施工的工艺流程如图3-9所示。

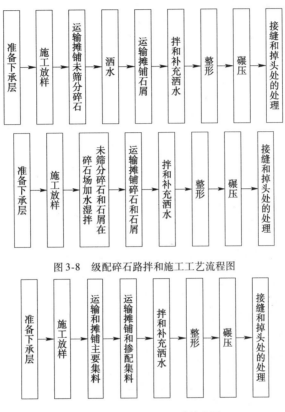

图3-8 级配碎石路拌和施工工艺流程图

图3-9 级配砾石施工工艺流程图

任务实施

一、级配碎(砾)石结构层原材料选择

1. 级配碎石结构层使用的材料

(1)各种类型的岩石(软质岩石除外)、圆石或矿渣均可作为轧制碎石的材料。圆石的粒径应是碎石最大粒径的3倍以上,矿渣应是已崩解稳定的,其干密度不小于960kg/m³,且干密度和质量比较均匀。

碎石中针片状颗粒的总含量应不超过20%,软石含量不超过5%,且不含黏土块、植物等有害物质。

(2)石屑或其他细集料可以使用一般碎石场的细筛余料,也可以利用轧制沥青表面处治和贯入式用石料时的细筛余料,或专门轧制的细碎石集料。亦可用天然砂砾或粗砂代替石屑,其颗粒尺寸应合适,必要时应筛除其中的超尺寸颗粒。天然砂砾或粗砂应有较好的级配。

（3）级配碎石分为骨架密实型和连续级配型，其集料的级配组成可参照表3-26确定。

级配碎石混合料的级配组成　　　　　　　　　表3-26

层位	通过下列方孔筛(mm)的质量百分率(%)												液限(%)	塑性指数	备注
	37.5	31.5	26.5	19	16	13.2	9.5	4.75	2.36	1.18	0.6	0.3	0.15	0.075			
上基层			100	85~100			60~80	30~50		15~30	10~20			0~5			防治反射裂缝过渡层
基层	100	90~100	75~90	60~85	53~80	48~74	40~65	25~50	18~40	13~32	9~25	6~20	3~13	0~7	<25	<8	连续型
		100	90~100	75~95	66~88	59~82	46~71	30~55	18~40	13~32	9~25	6~20	3~13	0~7			
			100	85~95	66~80	44~56	37~48	31~41	28~38	12~28	8~20	5~14	3~11	0~6			骨架密实型
底基层与垫层	95~100	85~95	75~90	60~82	53~78	48~74	40~65	25~50	18~40	13~32	9~25	6~20	3~13	0~7	<25	<8	连续型
	100	85~100	65~85		42~67		20~40	10~27		8~20	5~18			0~10			骨架型
			100	80~100		56~87		30~60	18~46		10~33	5~20		0~10			连续型

注：①上基层是指沥青面层下与半刚性基层之间设置级配碎石，该层的级配宜符合此规定。
②潮湿多雨地区的基层塑性指数不大于4%。
③为排水或做防冻垫层时，其0.075mm通过率不超过5%。

（4）级配碎石所用石料的压碎值应符合表3-27的要求。

级配碎石基层、底基层的集料压碎值　　　　　　　　　表3-27

公路等级 层位	高速公路、一级公路	二级公路	三、四级公路
基层	≤26%	≤30%	≤35%
底基层	≤30%	≤35%	≤40%

2. 级配砾石结构层使用的材料

（1）级配砾石做基层时，砾石的最大粒径不应超过37.5mm；用做底基层时，砾石的最大粒径不应超过53mm。砾石颗粒中细长及扁平颗粒的含量不应超过20%。

（2）级配砾石的级配组成应符合表3-28的要求，且级配宜接近圆滑曲线。

级配砾石结构层的级配组成　　　　　　　　　表3-28

层位	编号	通过下列方孔筛(mm)的质量百分率(%)										液限(%)	塑性指数(%)
		53	37.5	31.5	26.5	19	9.5	4.75	1.18	0.6	0.075		
砂石路面面层	1		100	90~100		65~85	45~70	30~55	20~37	15~25	7~12	<43	12~21
	2			100	85~100	70~90	50~70	40~60	25~40	20~32	8~15	<43	12~21
	3				100	85~100	60~80	45~65	30~50	20~32	8~15	<43	12~18

续上表

层位	编号	通过下列方孔筛(mm)的质量百分率(%)										液限(%)	塑性指数(%)
		53	37.5	31.5	26.5	19	9.5	4.75	1.18	0.6	0.075		
基层与底基层	1		100	90~100		65~85	45~70	30~55	15~35	10~20	4~10	<28	<9
	2			100	90~100	75~90	50~70	30~55	15~35	10~20	4~10	<28	<9
	3				100	85~100	60~80	30~50	15~30	10~20	2~8	<28	<9
垫层	1	100	90~100			65~85		30~50		8~25	0~5	<28	<9

注:①面层上可不设磨耗层,若加铺磨耗层,0.5mm以下细料含量和塑限宜用低限。
　②潮湿多雨地区的基层塑性指数不大于6%。

(3)级配砾石所用石料的压碎值应符合表3-29的要求。

级配砾石或天然砂砾基层、底基层的集料压碎值　　表3-29

层位 \ 公路等级	高速公路、一级公路	二级公路	三、四级公路
基层	—	—	≤35%
底基层	≤30%	≤35%	≤40%

3. 施工过程中对原材料的检查与要求

施工过程中,可参照表3-30所列的检查项目与频度对各种原材料进行抽样试验,质量应符合现行施工技术规范规定的技术要求,每个检查项目的平行试验次数或一次试验的试样数必须按相关试验规程的规定进行,并以平均值评价是否合格。

施工过程中材料质量检查项目与频度　　表3-30

材料	检查项目	检查频度		试验方法或试验规程	试验规程规定的平行试验次数或一次试验的试样数
		高速公路、一级公路	其他等级公路		
碎石、砾石	含水率	必要时	必要时	T 0305 烘干法、T 0306 酒精燃烧法	每天使用前测2个样品
	级配	随时	随时	T 0302、T 0303 筛分法	每天使用前测2个样品,使用过程中每2000m³测2个样品
碎石、砾石	压碎值	必要时	必要时	T 0316	每天使用前测2个样品,砂砾使用过程中每2000m³测2个样品,碎石种类变化重做2个样品
	针片状颗粒含量	随时	随时	T 0311 规准仪法	2~3个样品
土	含水率	必要时	必要时	T 0305 烘干法、T 0306 酒精燃烧法	每天使用前测2个样品
	液限、塑限	随时	随时	T 0118 液塑限联合测定法、T 0119 滚搓法	每天使用前测2个样品,使用过程中每2000m³测2个样品

二、级配碎(砾)石结构层施工技术要点

1. 级配碎石结构层施工技术要点

1）路拌法施工

（1）准备下承层

①下承层不宜做成槽式断面。

②其他规定与水泥稳定类结构层施工"准备下承层"相同。

（2）施工放样

与水泥稳定类结构层施工"施工放样"相同。

（3）备料

①计算材料用量：

a. 按照级配碎石规定的级配组成计算不同粒级碎石和石屑的配合比。

b. 根据各路段基层或底基层的宽度、厚度及规定的压实干密度，并按确定的配合比分别计算各段需要的未筛分碎石和石屑的数量或不同粒级碎石和石屑的数量，并计算每车料的堆放距离。

②未筛分碎石的含水率较最佳含水率宜大1%左右。

③未筛分碎石和石屑可按预定比例在料场混合，同时洒水加湿，使混合料的含水率超过最佳含水率约1%。

（4）运输和摊铺集料

①集料装车时，应控制每车料的数量基本相等。

②在同一料场供料的路段内，宜由远到近卸置集料。卸料距离应严格控制，避免料不够或过多。未筛分碎石和石屑分别运送时，应先运送碎石。

③料堆每隔一定距离应留一缺口。集料在下承层上的堆置时间不应过长。运送集料较摊铺集料工序宜只提前数天。

④应事先通过试验确定集料的松铺系数和松铺厚度。人工摊铺混合料时，其松铺系数为1.40~1.50；平地机摊铺混合料时，为1.25~1.35。

⑤用平地机或其他合适的机具将集料均匀地摊铺在预定的宽度上，表面应力求平整，并具有规定的路拱。应同时摊铺路肩用料。

⑥检查松铺材料层厚度，必要时应进行减料或补料工作。

⑦未筛分碎石摊铺平整后，在其较潮湿的情况下，将石屑按计算堆放的距离丈量好并卸下石屑。用平地机并辅以人工将石屑均匀摊铺在碎石层上。

⑧采用不同粒级的碎石和石屑时，应将大碎石铺于下层，中碎石铺于中层，小碎石铺于上层。洒水使碎石湿润后，再摊铺石屑。

未筛分碎石和石屑分别运送时，应先运送碎石。料堆每隔一定距离应留一缺口。

（5）拌和与整形

①对于二级及二级以上公路，应采用专用稳定土拌和机拌和级配碎石。对于二级以下公路，在无稳定土拌和机的情况下，可采用平地机或多铧犁与缺口圆盘耙相配合进行拌和。其要点是：

a. 用稳定土拌和机时，应拌和两遍以上。拌和深度应直到级配碎石层底。在进行最后一遍拌和之前，必要时先用多铧犁紧贴底面翻拌一遍。

b. 用平地机进行拌和时,宜翻拌 5~6 遍,使石屑均匀分布于碎石料中。平地机拌和的作业长度,每段宜为 300~500m。

平地机刀片安装角度与位置见表 3-31 和图 3-10。

平地机刀片安装角度(°)　　　　表 3-31

拌和条件	平面角 α	倾角 β	切角 γ
干拌	30~50	45	3
湿拌	35~40	45	2

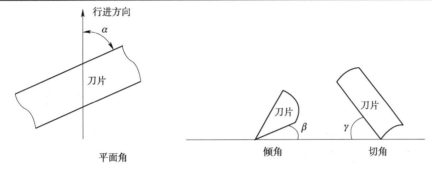

图 3-10　平地机刀片安装示意图

c. 用缺口圆盘耙与多铧犁相配合拌和时,用多铧犁在前翻拌,圆盘耙紧跟后面拌和,即采用边翻边耙的方法,共翻耙 4~6 遍。应随时检查调整翻耙的深度。用多铧犁翻拌时,第一遍由路中心开始,将混合料向中间翻,且机械应慢速前进。第二遍从两边开始,将混合料向外翻。

拌和结束时,混合料的含水率应均匀,并较最佳含水率大 1% 左右,同时应没有粗细集料离析现象。

②使用在料场已拌和均匀的级配碎石混合料时,摊铺后混合料如有离析现象,应用平地机进行补充拌和。

③用平地机将拌和均匀的混合料按规定的路拱进行整平和整形,并注意消除粗细集料离析现象。

④用拖拉机、平地机或轮胎压路机在已初平的路段上快速碾压一遍,以暴露潜在的不平整。

⑤再用平地机进行整平和整形。

(6)碾压

整形后,当混合料的含水率等于或略大于最佳含水率时,立即用 12t 以上三轮压路机、振动压路机或轮胎压路机进行碾压。

①直线和不设超高的平曲线段,由两侧路肩开始向路中心碾压;在设超高的平曲线段,由内侧向外侧路肩进行碾压。

碾压时,后轮应重叠 1/2 轮宽;后轮必须超过两段的接缝处。后轮压完路面全宽时,即为一遍。碾压一直进行到要求的密实度为止。一般需压 6~8 遍,应使表面无明显轮迹。压路机的碾压速度,头两遍以 1.5~1.7km/h 为宜,以后用 2.0~2.5km/h。

②路面的两侧应多压 2~3 遍。

③严禁压路机在已完成的或正在碾压的路段上掉头或紧急制动。

④凡含土的级配碎石层都应进行滚浆碾压,一直压到碎石层中无多余细土泛到表面为

止。滚到表面的泥浆应清除干净。

(7)接缝的处理

①横缝的处理。两作业段的衔接处应搭接拌和。第一段拌和后,留5~8m不进行碾压,第二段施工时,前段留下未压部分与第二段一起拌和、整平后进行碾压。

②纵缝的处理。应尽量避免纵向接缝。在必须分两幅铺筑时,纵缝应搭接拌和。前一幅全宽碾压密实后,在后一幅拌和时,应将相邻的前幅边部约30cm搭接拌和,整平后一起碾压密实。

2)厂拌法施工

级配碎石混合料中心站拌和可采用强制式拌和机、卧式双转轴桨叶式拌和机、普通水泥混凝土拌和机等多种机械进行集中拌和。在正式拌和前,必须先调试所用厂拌设备。

(1)混合料拌和

①不同粒级的碎石和石屑等细集料应隔离,分别堆放。细集料应有覆盖,防止雨淋。

②不同粒级的单一尺寸碎石和石屑,应按预定配合比在拌和机内拌制混合料,使混合料的颗粒组成和含水率都能达到规定的要求。

③在采用未筛分碎石和石屑时,如未筛分碎石或石屑的颗粒组成发生明显变化,应重新调试设备。

(2)混合料摊铺与整形

①级配碎石用于高速公路和一级公路时,应用沥青混凝土摊铺机或其他碎石摊铺机摊铺混合料,摊铺机后面应设专人消除粗细集料离析现象。

②级配碎石用于二级及二级以下公路时,如没有摊铺机,也可用自动平地机(或摊铺箱)摊铺混合料。

a. 根据摊铺层的厚度和要求达到的压实干密度计算每车混合料的摊铺面积。

b. 将混合料均匀地卸在路幅中央,路幅宽时亦可卸成两行。

c. 用平地机将混合料按松铺厚度摊铺均匀。

d. 设一个3人小组跟在平地机后面,及时消除粗细集料离析现象。对于粗集料"窝"和粗集料"带",应添加细集料,并拌和均匀;对于细集料"窝",应添加粗集料,并拌和均匀。

③用平地机摊铺混合料后的整形与级配碎石路拌法施工要求相同。

(3)碾压

采用振动压路机或三轮压路机进行碾压,其碾压方法与级配碎石路拌法施工要求相同。

(4)接缝的处理

①横向接缝处理

a. 用摊铺机摊铺混合料时,靠近摊铺机当天未压实的混合料可与第二天摊铺的混合料一起碾压,但应特别注意对其含水率的检查控制。必要时应人工补充洒水,使其含水率达到规定的要求。

b. 用平地机摊铺混合料时,每天的工作缝与级配碎石路拌法施工要求相同。

②纵向接缝处理。应避免纵向接缝。如一台摊铺机摊铺宽度不够时,宜采用两台摊铺机一前一后相隔5~8m同步向前摊铺。如仅有一台摊铺机时,可先在一条摊铺带上摊铺一定长度后,再开到另一条摊铺带上摊铺,然后一起进行碾压。

在不能避免纵向接缝的情况下,纵缝必须垂直相接,不应斜接,其处理方法是:

a. 在前一幅摊铺时,在靠后一幅的一侧应用方木或钢模板作支撑,方木或钢模板的高度与级配碎石层的压实厚度相同,并在摊铺后一幅之前将方木或钢模板除去。

b. 如在摊铺前一幅时未用方木或钢模板支撑,靠边缘的 30cm 左右难于压实,且形成一个斜坡;则在摊铺后一幅时,应先将未完全压实部分和不符合路拱要求部分挖松并补充洒水,待后一幅混合料摊铺后再一起进行整平和碾压。

注意事项:

a. 在施工中,主要是控制颗粒的级配组成,特别是其中粒径 4.75mm 以下、0.6mm 以下和 0.075mm 以下的颗粒含量以及塑性指数。

b. 严格控制级配集料的均匀性(包括级配组成和含水率)和压实度。

c. 级配集料(含未筛分碎石)底基层不宜做成槽式断面,宜做成全铺式断面,以利排除进入路面结构层的水。否则两侧要设置纵向盲沟。

d. 对未筛分碎石,一定要在较潮湿情况下才能往上铺撒石屑,否则一旦开始拌和,石屑就会落到底部。

(5)级配碎石基层未洒透层沥青或未铺封层时,禁止开放交通。

2. 级配砾石结构层施工技术要点

1)准备下承层和施工放样

有关要求与级配碎石路拌法施工相同。

2)计算材料用量

根据各路段基层或底基层的宽度、厚度和预定的干密度,计算各段需要的集料数量。如级配砾石用两种集料合成时,分别计算两种集料的数量;根据料场集料的含水率以及运料车辆的吨位,计算每车材料的堆放距离。

3)运输和摊铺集料

(1)集料装车时,每车料的数量应基本相等。

(2)同一料场供料的路段内,由远到近将料按上述计算的距离卸置于下承层上。严格控制卸料距离,避免料不够或过多。采用两种集料时,应先将主要集料遭到路上,待主要集料摊铺后,再运另一种集料并摊铺。如两种集料的最大粒径相差很多,则要特别注意应在粗集料潮湿状态下摊铺细集料。料堆每隔一定距离应留一缺口。

(3)集料在下承层上的堆置时间不宜太长。运送集料较摊铺集料工序只宜提前数天。

(4)通过试验确定松铺系数和松铺厚度。人工摊铺时,其松铺系数取 1.40～1.50;平地机摊铺时取 1.25～1.35。

(5)用平地机或其他合适的机具将料均匀摊铺在预定的宽度上,表面应力求平整并有规定路拱。应同时摊铺路肩用料。

(6)检查松铺层厚度。

4)拌和及整形

(1)用平地机拌和时,每一作业段长度宜为 300～500m。

①拌和时平地机刀片安装的角度与级配碎石路拌法施工的要求相同。一般需拌 5～6 遍。拌和过程中,用洒水车洒足所需的水分。

②使用符合级配要求的天然砂砾时,如摊铺后有粗细颗粒离析现象,应用平地机进行补充拌和。

③用平地机将拌和均匀的混合料按规定的路拱进行整平和整形。

④用拖拉机、平地机或轮胎压路机在已初平的路段上快速碾压一遍,以暴露潜在的不平

整,再用平地机进行整平和整形。

(2)用拖拉机、牵引四铧犁或五铧犁进行拌和时,每一作业段长度宜为100~150m。第一遍由路中心开始,将料向中间翻,同时机械慢速前进。第二遍则应从两边开始,将料向外翻。拌和过程中,用洒水车洒足所需水分。拌和遍数以双数为宜,一般需拌6遍,且无离析现象。然后用平地机或其他机具按规定路拱整平和整形。整形过程中,严禁任何车辆通行。

碾压、接缝处理等与级配碎石路拌法施工所述相同。

三、级配碎(砾)石结构层施工过程中的质量控制

级配碎(砾)石结构层在铺筑过程中,必须随时对铺筑质量进行检查与评定,质量检查的内容、频度与允许偏差参照表3-32的要求。

级配碎(砾)石结构层施工过程中工程质量的控制要求 表3-32

项目	检查频度及单点检验评价方法	质量要求或允许偏差		试验方法或试验规程
		高速公路、一级公路	其他等级公路	
级配	每2000m²测1次	在规范规定范围内		T 0302、T 0303 筛分法
含水率	据观察,随时	在规范规定范围内		T 0801 烘干法、T 0803 酒精燃烧法
压实度	每一作业段或不超过2000m²检查6次以上	基层≥98%,底基层≥96%,中间层100%		T 0304 网篮法或 T 0308 容量瓶法
拌和均匀性	随时观察	无粗细集料离析现象		表层观察、挖坑观察
承载比	每3000m²测1次,根据观察随时增加试验	不小于规定要求		室内承载比试验
弯沉值检验	每一评定段(不超过1km)每车道40~50个测点	97.7%概率的上波动界限不大于计算得到的容许值	95%概率的上波动界限不大于计算所得到的容许值	T 0951 贝克曼梁弯沉仪法

四、级配碎(砾)石结构层交工验收阶段的质量检验

级配碎(砾)石结构层工程完工后,施工单位、工程监理单位和建设单位应按相同的工程项目划分进行工程质量的监控和管理。

按照《公路工程质量检验评定标准》(JTG F80/1—2004)的规定,级配碎(砾)石结构层工程质量检验评定时的基本要求、质量检验评定标准和外观鉴定等内容分述如下。

1. 基本要求

(1)应选用质地坚韧、无杂质的碎石、砂砾、石屑或砂,级配应符合要求。
(2)配料必须准确,塑性指数必须符合规定。
(3)混合料应拌和均匀,无明显离析现象。
(4)碾压应遵循先轻后重的原则;洒水碾压至要求的压实度。

2. 质量检验评定标准

级配碎(砾)石结构层交工验收阶段质量检验评定的实测项目、检查频度、质量要求或允许偏差等见表3-33。

级配碎(砾)石基层和底基层实测项目   表 3-33

项次	检查项目		规定值或允许偏差				检查方法和频率	权值
			基 层		底 基 层			
			高速公路、一级公路	其他等级公路	高速公路、一级公路	其他等级公路		
1	压实度(%)	代表值	98	97	96	95	按有关规定方法进行检查,每200m每车道测2处	3
		极值	94	93	92	91		
2	弯沉值(mm)		符合设计要求		符合设计要求		按有关规定进行检查	3
3	平整度(mm)		8	12	12	15	3m 直尺:每200m测2处×10尺	2
4	纵断高程(mm)		+5,-10	+5,-15	+5,-15	+5,-20	水准仪:每200m测4个断面	1
5	宽度(mm)		符合设计要求		符合设计要求		尺量:每200测4处	1
6	厚度(mm)	代表值	-8	-10	-10	-12	按有关规定进行检查,每200m每车道测1点	2
		合格值	-15	-20	-25	-30		
7	横坡(%)		±0.3	±0.5	±0.3	±0.5	水准仪:每200m测4个断面	1

3. 外观鉴定

表面平整密实,边线整齐,无松散。不符合要求时,每处减1~2分。

任务工单

任 务 工 单

学习情境三:基层和垫层施工 工作任务五:级配碎(砾)石结构层施工	班级			
	姓名		学号	
	日期		评分	

一、自主学习施工规范,回答以下问题:
简述级配碎石路拌法施工工艺流程。

二、针对某级配碎石底基层施工方案,按照施工方案的逻辑顺序,小组讨论以下问题:
1. 原材料要求。

2. 施工放样要点。

3. 拌和及运输要点。

4. 摊铺及碾压要点。

5. 养护要点。

6. 接缝处理要点。

7. 质量检验内容。

学习情境四 沥青路面施工

情境概述

一、职业能力分析

学习能力

1. 了解常用沥青类面层的类型、特性及其应用;
2. 能正确叙述热拌沥青混合料结构层的施工工艺流程;
3. 掌握热拌沥青混合料结构层的施工技术要点;
4. 能正确叙述沥青贯入式结构层、沥青表面处治与封层的施工工艺流程;
5. 掌握沥青贯入式结构层、沥青表面处治与封层的施工技术要点;
6. 沥青类面层施工过程中质量控制的要点。

职业技能

1. 掌握热拌沥青混合料结构层施工;
2. 掌握沥青贯入式结构层施工;
3. 掌握沥青表面处治与封层施工。

二、学习情境描述

沥青路面是指用沥青作为结合料铺筑面层的路面结构总称。由于使用了沥青材料,使集料间的黏结力大大增强,提高了沥青混合料的强度和稳定性,也提高了路面的行驶质量和耐久性。与水泥混凝土路面相比,沥青路面具有表面平整、无接缝、行车平稳、振动小、噪声低、施工期短、养护方便等优点,因此得到了广泛应用。

本学习情境分为 5 个工作任务,基于沥青类结构层施工的工作过程安排了每个工作任务的具体学习内容,学生应按如下流程进行学习:

认知公路沥青类路面结构层的类型及其应用 → 熟悉沥青类路面结构层原材料及其混合料的技术要求 → 熟悉沥青类路面结构层的施工工艺流程 → 熟悉沥青类路面结构层的施工要点及注意事项 → 熟悉沥青类路面结构层施工质量检验 → 结合工作任务进行案例分析

三、教学环境要求

将整个学习内容划分成若干个工作任务,每个工作任务利用多媒体教学设备、课件和视频教学资料,按照"资讯→计划→决策→实施→检查→评估"的六步教学法开展教学,学生在教师指导下制订方案、实施方案,最终评估学习的结果。

"教、学、做"一体化,结合案例教学法,学习沥青类路面结构层施工的全过程及质量检测评定项目、主要检测项目的评定方法。

工作任务一　结构层认知

1. 应知应会

(1) 熟悉沥青路面的基本特性；
(2) 了解沥青路面的分类；
(3) 掌握沥青类路面结构层的选择与应用；
(4) 熟悉沥青路面功能层的应用。

2. 学习要求

(1) 研读教材内容；
(2) 查阅某一公路项目沥青类路面结构层的相关资料；
(3) 重视理论联系实际。

　　沥青路面是指用沥青作结合料铺筑面层的路面结构的总称。沥青路面属柔性路面,抗弯拉强度较低,其承载力与稳定性在很大程度上取决于土基和基层的特性。因而要求土基和基层应具有足够的强度和稳定性。对软弱土基或翻浆路段,必须预先加以处理。在低温时,沥青路面的抗变形能力很低,在寒冷地区为了防止土基的不均匀冻胀而使沥青路面开裂,需设置防冻层。对交通量较大的路段,为使沥青路面具有一定的抗弯拉和抗疲劳开裂的能力,宜在沥青面层下设置沥青混合料的基层。

　　沥青路面的基本特性表现在以下几个方面。

　　(1) 沥青路面的高温稳定性

　　沥青路面的高温稳定性主要是指沥青混合料于高温季节在行车荷载作用下抵抗变形的能力。如沥青路面在夏季出现的推挤、车辙、拥包等病害基本上属于高温稳定性的范畴,造成的原因主要是在高温时沥青混合料的抗剪切能力不足。

　　一般来讲,选用稠度较大和黏结力较强的沥青,沥青混合料的抗剪切强度也较高。另外,矿料的级配组成、矿料颗粒形状和表面性质也影响沥青混合料的内摩擦角,矿料的颗粒尺寸增加、针片状颗粒含量减少都可使混合料的内摩擦角增大。因此,使用形状接近立方体、有棱角和表面粗糙的碎石,以及增加碎石用量等都可以提高沥青混合料的高温稳定性。

　　(2) 沥青路面的低温抗裂性

　　沥青路面的低温开裂主要有两种形式:一种是由于气温骤降使面层产生温度收缩变形,在有约束的条件下沥青面层内产生的温度拉应力超过沥青混合料的抗拉强度而形成的低温开裂;另一种形式是由于一年四季气候的变化,使沥青面层产生温度疲劳裂缝。无论哪种裂缝,从内因看是沥青混合料的性质决定,从外因看主要是外界环境温度的变化所诱发,行车荷载的作用起次要作用。由于温度的下降,沥青混合料的刚度大大增加,在气温差较大或路表结构层产生较大的温度梯度时,较易在沥青路面表层先产生开裂,继而发展到面层深部,其裂缝形式一般为从上到下,而且裂缝一般为等间距。

　　使用稠度较低、温度敏感性低的沥青,可以减少或延缓路面的开裂。路面所在地区的温度越低,开裂一般越严重。沥青材料的老化,致使混合料变硬、变脆,因此对低温更为敏感,使路面产生开裂的可能性增大。

(3)沥青路面的水稳定性

沥青路面的水稳定性通常是指沥青混合料在水的作用下保持强度(黏结强度、整体强度)的能力。高速公路、一级公路、二级公路的沥青混合料面层应具有良好的水稳定性。沥青混凝土的水稳定性指标,除通常采用的浸水马歇尔试验和沥青与矿料的黏附性试验,以检验沥青混合料受水损害时的抗剥落性能外,对年最低气温低于$-21.5℃$的寒冷地区,还应增加沥青混合料冻融劈裂残留强度试验。

改善沥青混合料水稳定性的措施主要有:使用水泥或消石灰处理集料表面,也可掺加抗剥落剂来提高沥青结合料与矿料之间的黏附性。国内外的经验证明,使用消石灰处理集料表面的效果较好,而且比较经济。

(4)沥青路面的疲劳特性

同其他路面材料一样,沥青混合料的变形和破坏,不仅与荷载应力水平大小有关,而且与荷载的重复作用次数有很大的关系。路面材料受重复荷载的作用在低于极限抗拉强度下的破坏,称为疲劳破坏,导致疲劳破坏最终的荷载作用次数称为材料的疲劳寿命。

影响沥青路面疲劳特性的因素很多,除了材料的性质(如种类、组成等)、环境因素(如温度、湿度等),还取决于沥青混合料的劲度。沥青混合料的压实度直接决定着沥青泥合料的稳定度和劲度,也决定着混合料中的空隙率。当沥青混合料结构层中的空隙率较大时会增加沥青的氧化速度,增大与水的接触面积,因而减少其疲劳寿命。因此,保证沥青混合料具有较高的压实度,对增加沥青混合料的使用寿命意义重大。

(5)沥青路面的老化

材料在沥青混合料的拌和、摊铺、碾压以及运营使用中,都存在老化问题。从大的方面看,主要是施工过程中超过规范规定的高温加热老化和使用过程中的空气及紫外线照射等长期作用而老化。

对于沥青材料来说,评价其抗热老化的能力一般用蒸发损失、薄膜烘箱及旋转薄膜烘箱试验,而评价长期老化的性能则用压力老化试验等。

一、沥青路面的分类

1. 按沥青面层的结构组成分类

按沥青面层的结构组成可分为密实型、嵌挤型和嵌挤密实型3大类。

(1)密实型沥青结构层的集料级配按最大密实原则设计,颗粒尺寸连续多样,其强度和稳定性主要取决于沥青混合料的黏聚力和内摩阻力。此类路面的主要特点是空隙率较小(小于10%),沥青混合料致密耐久,但热稳性较差。

(2)嵌挤型沥青结构层要求采用颗粒尺寸较为均一的集料与沥青分层铺筑或采用开级配(半开级配)沥青碎石混合料铺筑,结构层的强度和稳定性主要依靠集料之间相互嵌挤产生的内摩阻力,而黏结力起次要作用。此类路面的主要特点是热稳性较好,但空隙较大(大于10%)、易渗水,因而耐久性较差。

(3)嵌挤密实型沥青结构层的粗集料嵌挤作用较好,设计空隙率较小(小于10%),其强度和稳定性主要取决于沥青混合料的内摩阻力和黏聚力。此类路面的主要特点是沥青混合料致密耐久,热稳性也较好。

2. 按沥青面层的成型方法分类

按沥青面层的成型方法可分为层铺法、路拌法和厂拌法3类。

(1)层铺法是用分层洒布沥青、分层铺撒矿料和碾压的方法修筑。其主要优点是工艺和设备简便、功效较高、施工进度快、造价较低;缺点是路面成型期较长,需要经过炎热季节行车碾压反油之后路面方能成型。用这种方法修筑的沥青路面有沥青表面处治和沥青贯入式两种。

(2)路拌法是在路上用机械将矿料和沥青材料就地拌和摊铺经碾压密实而成的沥青面层。此类面层所用的矿料为碎(砾)石者称为路拌沥青碎(砾)石;所用的矿料为土者则称为路拌沥青稳定土。路拌沥青面层,通过就地拌和,沥青材料在矿料中分布比层铺法均匀,可以缩短路面的成型期。但因所用的矿料为冷料,需使用黏稠度较低的沥青材料,故沥青混合料的强度较低。

(3)厂拌法是将规定级配的矿料和沥青材料在工厂用专用设备加热拌和,然后送到工地摊铺碾压而成的沥青路面。厂拌法按沥青混合料铺筑时温度的不同,又可分为热拌热铺和热拌冷铺两种:热拌热铺沥青混合料是在专用设备中加热拌和后立即趁热运到路上摊铺压实。如果沥青混合料加热拌和后储存一段时间再在常温下运到路上摊铺压实,即为热拌冷铺。厂拌法使用较黏稠的沥青材料,且矿料经过精选,因而沥青混合料质量高,使用寿命长,但修建费用也较高。

3. 按沥青面层的使用品质分类

按沥青面层的使用品质可分为沥青混凝土路面(AC)、沥青碎石路面(AM)、沥青玛蹄脂碎石路面(SMA)、沥青贯入式、沥青表面处治等类型。此外,近年来采用的新型路面结构有多碎石沥青混凝土路面(SAC)、大粒径沥青混凝土路面(LSAM)、开级配排水式抗滑磨耗层(OGFC)等。

(1)沥青混凝土路面

沥青混凝土路面是指按级配原理选配的矿料与适量的沥青在严格控制条件下均匀拌和,经摊铺压实而成型的沥青路面。

沥青混凝土是按密级配原理严格配制的混合料。它含有较多的细料,特别是一定数量的矿粉,使矿料同沥青相互作用的表面积大大增加,因而混合料的黏聚力在强度构成上占有主导地位。但黏聚力受温度影响大,如配料不当,特别是沥青用量过多,热稳性就较差,抗滑性能也不好。沥青混凝土由于本身的结构强度高,若基层坚实,路面结构合理,可以承受繁重交通;又因空隙率小,受水和空气等的侵蚀作用小,故耐久性好,使用寿命长。

沥青混凝土路面适用于各级公路,设计时可按不同等级的公路来选用不同厚度的沥青面层。

(2)沥青碎石路面

沥青碎石路面是指由一定级配的集料与适量的沥青在要求的控制条件下均匀拌和,经摊铺压实而成型的沥青路面。

沥青碎石路面的空隙率较大(大于10%),且混合料中仅有少量的矿粉或没有矿粉,其强度以石料间的嵌挤为主,黏结为辅。沥青碎石与沥青混凝土的主要区别仅在于是否加矿粉填料及矿料级配比例是否严格,其实质是混合料的空隙率不同。沥青碎石路面的热稳性较好,但因其空隙较大,易渗水,因而耐久性较差。

沥青碎石路面适用于三级、四级公路。沥青碎石(AM)还适宜作中等交通及以上公路沥青混凝土路面的基层、底基层和改建工程的调平层。

(3)沥青玛蹄脂碎石路面

沥青玛蹄脂碎石路面是指用沥青玛蹄脂碎石混合料(SMA)做面层或抗滑层的沥青路面。

沥青玛蹄脂碎石混合料是一种以沥青、矿粉及纤维稳定剂组成的沥青玛蹄脂结合料,填充于间断级配的矿料骨架中所形成的沥青混合料。SMA的结构组成可概括为"三多一少",即粗集料多、矿粉多、沥青多、细集料少。由于粗集料良好的嵌挤作用,混合料有非常好的高温抗车辙能力,同时由于沥青玛蹄脂良好的黏结作用,混合料的低温变形性能和水稳定性也有较多的改善。添加纤维稳定剂,使沥青结合料保持高黏度,其摊铺和压实效果较好。间断级配在表面形成大孔隙,构造深度大,抗滑性能好。同时混合料的空隙率又很小,耐老化性能及耐久性都很好,从而全面提高了沥青混合料的路面性能。

沥青玛蹄脂碎石路面适用于高速公路、一级公路的抗滑表层,厚度一般为2.5~5cm。

(4)沥青贯入式路面

沥青贯入式路面是在初步压实的碎石层上,分层浇洒沥青、撒布嵌缝料,或再在上部铺筑热拌沥青混合料封层,经压实而成的沥青路面。

沥青贯入式结构层是一种多孔结构,它的强度主要依靠碎石之间的嵌挤锁结作用,沥青只起黏结碎石的作用,故温度稳定性较好,抗滑性能也好。其厚度宜为40~80mm。为了防止路表水的浸入,沥青贯入式路面应设置封层(封层可分为上封层和下封层,厚度约10mm,封层材料可选用单层式沥青表面处治或沥青砂)。沥青贯入式路面施工较简便,不需要复杂的机具,但对碎石材料的要求较高,沥青用量也不宜控制,并且施工质量同操作者的技术水平和经验有很大关系。

下部采用层铺法施工,上部铺筑热拌沥青混合料封层形成的沥青路面也称上拌下贯沥青路面。其总厚度宜为70~100mm,其中拌和层的厚度宜为25~40mm。它属于贯入式结构层,但综合了贯入式和热拌沥青混合料的施工特点,具有成型快、质量易控制、平整度较好等优点。

沥青贯入式路面适用于三、四级公路。沥青贯入式结构层还适宜作中、重等交通公路沥青混凝土路面的基层、底基层和改建工程的调平层。

(5)沥青表面处治路面

沥青表面处治路面是指用沥青和集料按层铺法铺筑而成的厚度不超过3cm的沥青面层。当采用乳化沥青作结合料时,称为乳化沥青表面处治路面。

沥青表面处治结构层按层铺的次数及厚度可分为:单层式(厚度10~15mm)、双层式(厚度15~25mm)、三层式(厚度25~30mm)。

沥青表面处治结构层按嵌锁原则修筑而成。它的主要作用是抵抗车轮磨耗,增强抗滑和防水能力,提高平整度,改善路面的行车条件。为了保证石料间有良好的锁结作用,同一层石料的颗粒尺寸要均匀。为了防止石料松散,所用的沥青必须有足够的稠度。层铺法表面处治在施工完毕后,需经过行车,特别是夏季行车的作用,使其石料取得最稳定的嵌紧位置,并同沥青黏结牢固,这一过程称为"成型"阶段。由于成型期较长,加之质量不易保证,层铺法表面处治应注意初期养护。沥青表面处治路面适用于三级、四级公路和各级施工便道。

(6)多碎石沥青混凝土

多碎石沥青混合料是采用较多的粗碎石形成骨架、沥青胶砂填充骨架中的孔隙并使骨架胶合在一起而形成的沥青混合料形式。具体组成为:粗集料含量69%~78%,矿粉6%~10%,油石比5%左右。实践证明,多碎石沥青混凝土面层既能提供较深的表面构造,又具有较小空隙及较小透水性,同时还具有较好的抗形变能力和表面构造深度。自1988年沙庆林院士首次提出了多碎石沥青混凝土的理论以来,多碎石沥青混凝土路面已在我国1000多公里的高速公路上得到应用。

(7)大粒径沥青混凝土

一般是指含有最大粒径为25~63mm矿料的热拌热铺沥青混合料。该类混合料是为重交通荷载而开发的,粗集料嵌锁成骨架,细集料填充空隙而构成密实型或骨架空隙型结构,以抵抗较大的永久变形。LSAM适用于作柔性基层,其上的细集料表面层在保证必需的铺筑厚度和压实性的前提下,应当尽可能减薄其厚度,以便最大限度地发挥LSAM的能力。LSAM的铺筑厚度一般为矿料粒径的2.5倍,或者为最大公称粒径3倍。当LSAM集料的最大粒径为37.5mm时,路面厚度通常为96~100mm,LSAM集料的最大粒径为53mm时,路面厚度通常为110~130mm。

(8)大空隙开级配抗滑磨耗层

大空隙开级配抗滑磨耗层是指用大空隙的沥青混合料铺筑,能迅速从其内部排走路表雨水,具有抗滑、抗车辙及降低噪声的沥青路面。设计空隙率大于18%,具有较强的结构排水能力,适用于多雨地区修筑沥青路面的表层或磨耗层。

二、沥青类路面结构层的选择与应用

各种沥青类路面的选择使用,一方面要根据使用性质要求(如公路的等级、交通量、使用年限、修建费用等)和工程特点(如施工季节、施工期限、结构组合状况等),另一方面还应考虑材料的供应情况、施工机具、劳动力和施工技术条件等因素。

我国《公路沥青路面施工技术规范》(JTG F40—2004)规定:高速公路及一级公路的表面层、中面层、下面层应采用沥青混凝土,二级公路的表面层应采用沥青混凝土。工程实践中可参照表4-1和以下原则选定。

路面类型的选择 表4-1

面 层 类 型	公 路 等 级
沥青混凝土(AC)	高速公路~四级公路
沥青玛蹄脂碎石(SMA)	高速公路、一级公路表面层
沥青贯入式、沥青碎石、沥青表面处治	三、四级公路
设计空隙率6%~12%的半开级配沥青碎石混合料(AM)	三、四级公路及乡村公路,且沥青混合料拌和设备缺乏添加矿粉装置和人工炒拌的情况
设计空隙率3%~6%的粗粒式的密级配沥青稳定碎石混合料(ATB)	基层
设计空隙率大于18%的粗粒式及特粗排水式沥青稳定碎石混合料(ATPB)	排水基层
设计空隙率大于18%的细粒式排水式沥青碎石混合料(OGFC)	高速行车、多雨潮湿、不易被尘土污染、非冰冻地区铺筑排水式沥青路面磨耗层和排水路面的表面层

(1)特粗式沥青混合料适用于基层,粗粒式沥青混合料适用于下面层或基层,中粒式沥青混合料适用于中面层和表面层,细粒式沥青混合料适用于表面层和薄层罩面;砂粒式沥青混合料适用于非机动车道或行人道路。对高速公路及一级公路,除沥青稳定碎石基层外,通常宜选用公称最大粒径为 13.2~26.5mm 的沥青混合料。

(2)对沥青层较厚的高速公路及一级公路,应考虑:

① 潮湿区和湿润区的路面上面层应符合潮湿条件下的抗滑要求,抗滑性能不符合要求时,宜铺筑抗滑磨耗层。在寒冷地区,表面层应考虑低温抗裂性能的要求。

② 三层式面层的中面层或双层式面层的下面层,应重点满足混合料的高温抗车辙性能。下面层应在在满足高温抗车辙性能的基础上,重点考虑抗疲劳性能及抗裂性能的要求。

③ 除排水式沥青混合料外,每一层都应该考虑密水性,当上层属渗水性结构层时,层间或下层应采取防渗水或排水措施。高速公路的紧急停车带(硬路肩)沥青面层宜采用与车行道相同的结构,但表面层宜采用密级配沥青混凝土混合料铺筑。

(3)沥青类路面一般不宜铺筑在纵坡大于6%的路段上。在纵坡大于3%的路段,考虑抗滑的宜采用粗粒式的沥青碎石或粗粒式沥青混凝土做面层。

三、沥青路面功能层的应用

沥青路面的功能层包括透层、黏层和封层。

1. 透层

沥青类面层下的级配砂砾、级配碎石基层及水泥、石灰、粉煤灰等无机结合料稳定土或粒料的半刚性基层上必须浇洒透层沥青。基层上设置下封层时,透层油不宜省略。

2. 黏层

黏层是加强面层间结合的一种措施。符合下列情况之一时,必须喷洒黏层油:

①双层式或三层式热拌热铺沥青混合料路面的沥青层之间。

②水泥混凝土路面、沥青稳定碎石基层或旧沥青路面上加铺沥青层。

③路缘石、雨水口、检查井等构造物与新铺沥青混合料接触的侧面。

3. 封层

当前广泛使用的封层有稀浆封层和微表处两种类型。稀浆封层是指用适当级配的石屑或砂、填料(如水泥、石灰、粉煤灰、石粉等)与乳化沥青、外掺剂和水,按一定比例拌和成流动状态的沥青混合料,并采用专用的铺筑设备将其均匀地摊铺在路面上形成的沥青封层。微表处是指采用适当级配的石屑或砂、填料(如水泥、石灰、粉煤灰、石粉等)与聚合物改性乳化沥青、外掺剂和水,按一定比例拌和成流动状态的沥青混合料,并采用专用的铺筑设备将其均匀地摊铺在路面上形成的沥青封层。微表处常用于沥青路面的养护。

稀浆封层和微表处在材料组成和使用功能上有差异,它们的主要作用有如下几个方面:

①混合料较细,具有较好的流动性,很容易进入微裂缝和小坑槽中,将路面填充密实成为整体。因此具有封闭裂缝和提高路面平整度的作用。

②混合料中集料级配合理,能均匀、牢固、密实地粘附在路面上,具有较好的水稳性并防止水分渗透,保持基层稳定。

③集料的强度、压碎值、磨光值、含泥量等性能指标均达到标准要求,不论是酸性还是碱性石料都能很好地黏附在路面上,有一定的耐磨性,在路面上形成磨耗层。

④由于选择了坚硬而有棱角的集料,沥青又能均匀地裹覆集料。封层后纹理深度较佳,

摩擦系数显著增加,具有良好的抗滑性能。

⑤可恢复路面性能,延长路面使用寿命,在路面养护中有施工简单、造价低廉、功能恢复强的特点。

稀浆封层按照矿料粒径的不同,可分为 ES-1 型(公称最大粒径 2.36mm)、ES-2 型(公称最大粒径 4.75mm)和 ES-3 型(最大粒径 9.5mm)3 种,单层厚度分别为 2.5~3 mm、4~7mm、8~10mm;微表处按照矿料粒径的不同,可分为 MS-2 型(公称最大粒径 4.75mm)和 MS-3 型(最大粒径 9.5m)两种,单层厚度分别为 4~7mm、8~10mm。

任务工单

任务工单

学习情境四:沥青路面施工 工作任务一:结构层认知	班级			
	姓名		学号	
	日期		评分	

1. 概述
   (1)沥青路面的基本特性表现在＿＿＿＿＿＿＿＿＿＿＿＿＿＿＿＿＿＿＿＿＿＿＿＿＿。
   (2)沥青面层的结构组成可分为＿＿＿＿、＿＿＿＿和＿＿＿＿3 大类。
   (3)嵌挤密实型沥青类路面的主要特点是＿＿＿＿＿＿＿＿＿＿＿＿＿＿＿＿＿＿＿。
   (4)沥青路面的功能层包括＿＿＿＿＿＿＿＿＿＿＿＿＿＿＿＿＿＿＿＿＿＿＿＿＿。
2. 小组讨论:各分类沥青路面优、缺点的表现。

工作任务二　原材料准备

1. 应知应会

(1)认知沥青类路面结构层各种原材料的来源和质量检验;
(2)了解沥青路面使用的沥青;
(3)掌握沥青路面使用的粗集料、细粗集料、填料、纤维稳定剂的相关要求;
(4)掌握施工过程中对原材料的检验。

2. 学习要求

(1)研读教材内容;
(2)查阅某一公路项目对沥青结构层各原材料的选择及技术要求的相关资料;
(3)重视理论联系实际。

沥青类结构层的原材料包括沥青、粗集料、细集料与填料等。施工前,选用符合质量标准的原材料,是生产出质量优良、符合设计要求的沥青混合料的基础。

1. 施工前必须检查各种原材料的来源和质量

对经招标程序购进的沥青、集料等重要材料,供货单位必须提交最新检测的正式试验报告。从国外进口的材料应提供该批材料的船运单。对首次使用的集料,应检查生产单位的生产条件、加工机械、覆盖层的清理情况。所有材料都应按有关规定取样检测,经质量认可后方可订货。

2. 运至现场后必须取样进行质量检验

各种材料都必须在施工前或施工过程中以"批"为单值进行质量检验,经评定合格后方可使用,不得以供应商提供的检测报告或商检报告代替现场检测。不符合现行的《公路沥青路面施工技术规范》(JTG F40—2004)技术要求的材料不得进场。

对各种矿料是以同一料源、同一次购入并运至生产现场的相同规格材料为一"批";对沥青是指从同一来源、同一次购入且储入同一沥青罐的同一规格的沥青为一"批"。材料试样的取样数量与频度按现行试验规程的规定进行。

3. 沥青必须按品种、标号分开存放

除长期不使用的沥青可放在自然温度下存储外,沥青在储罐中的储存温度不宜低于130℃并不得高于170℃。桶装沥青应直立堆放,加盖苫布。

使用成品改性沥青的工程,应要求供应商提供所使用的改性剂型号、基质沥青的质量检测报告。使用现场改性沥青的工程,应对试生产的改性沥青进行检测,质量不合格的不可使用。

4. 不同料源、品种、规格的集料不得混杂堆放

工程开始前或施工过程中,必须对集料的存放场地、防雨和排水措施进行确认。采取适当的措施防止对集料的污染。

 任务实施

一、沥青

沥青路面使用的沥青包括道路石油沥青、乳化沥青、液体石油沥青、煤沥青、改性沥青、改性乳化沥青等。其技术要求及适用范围应符合现行《公路沥青路面施工技术规范》(JTG F40—2004)的规定。

道路石油沥青使用广泛,其标号分为160号、130号、110号、90号、70号、50号、30号,共7个标号,每个标号的道路石油沥青又分为A、B、C 3个等级,各个沥青等级的适用范围应符合表4-2的规定。

道路石油沥青的石油范围　　　　　　　　　　表4-2

沥青等级	适 用 范 围
A级沥青	各个等级的公路,适用于任何场合各个层次
B级沥青	(1)高速公路、一级公路沥青下面层及以下的层次,二级及二级以下公路的各个层次; (2)用做改性沥青、乳化沥青、改性乳化沥青、稀释沥青的基质沥青
C级沥青	三级及三级以下公路的各个层次

道路石油沥青的质量检测指标、技术要求及试验方法见现行的《公路沥青路面施工技术规范》(JTG F40—2004)。在进行道路石油沥青质量检测评定时需注意以下事项:

(1)试验方法按照现行《公路工程沥青及沥青混合料试验规程》(JTG 052—2000)规定的方法执行。用于仲裁试验求取针入度指数 PI 时的5个温度的针入度关系相关系数不得小于 0.997。

（2）经建设单位同意，沥青的 PI 值、60℃动力黏度、10℃延度可作为选择性指标，也可不作为施工质量检验指标。

（3）70 号沥青可根据需要要求供应商提供针入度范围为 60～70 或 70～80 的沥青，50 号沥青可要求提供针入度范围为 40～50 或 50～60 的沥青。

（4）30 号沥青仅适用于沥青稳定基层。130 号和 160 号沥青除寒冷地区可直接在中低级公路上直接应用外，通常用作乳化沥青、稀释沥青、改性沥青的基质沥青。

（5）老化试验以 TFOT 为准，也可以 RTFOT 代替。

（6）气候分区可参考《公路沥青路面施工技术规范》（JTG F40—2004）附录 A。

沥青路面采用的沥青标号，宜按照公路等级、气候条件、交通条件、路面类型及在结构层中的层位及受力特点、施工方法等，结合当地的使用经验，经技术论证后确定。道路石油沥青在储运、使用及存放过程中应有良好的防水措施，避免雨水或加热管道蒸汽进入沥青中。

二、粗集料

沥青层用粗集料包括碎石、破碎砾石、筛选砾石、钢渣、矿渣等。高速公路和一级公路不得使用筛选砾石和矿渣。粗集料必须由具有生产许可证的采石场生产或施工单位自行加工。

粗集料应该洁净、干燥、表面粗糙，其质量检测项目、技术要求及试验方法见《公路沥青路面施工技术规范》（JTG F40—2004）的规定。当单一规格集料的质量指标达不到有关规定要求，而按照集料配合比计算的质量指标符合要求时，工程上允许使用。对受热易变质的集料，宜采用经拌和机烘干后的集料进行检验。

在进行沥青层用粗集料质量检测评定时需注意以下事项：

（1）坚固性试验可根据需要进行。

（2）用于高速公路、一级公路时，多孔玄武岩的视密度可放宽至 2.45t/m³，吸水率可放宽至 3%，但必须得到建设单位的批准，且不得用于 SMA 路面。

（3）对 S14 即公称粒径 3～5mm 规格的粗集料，针片状颗粒含量可不予要求，小于 0.075mm 含量可放宽到 3%。

高速公路、一级公路沥青路面表面层（或磨耗层）粗集料的磨光值，应符合《公路沥青路面施工技术规范》（JTG F40—2004）的有关要求。除 SMA、OGFC 路面外，允许在硬质粗集料中掺加部分较小粒径的、磨光值达不到要求的粗集料，其最大掺加比例由磨光值试验确定。

粗集料与沥青的黏附性应符合《公路沥青路面施工技术规范》（JTG F40—2004）的有关要求。当使用不符合要求的粗集料时，宜掺加消石灰、水泥或用饱和石灰水处理后使用，必要时可同时在沥青中掺加耐热、耐水、长期性能好的抗剥落剂，也可采用改性沥青的措施，使沥青混合料的水稳定性检验达到要求。掺加外加剂的剂量由沥青混合料的水稳定性检验确定。

三、细集料

沥青路面的细集料包括天然砂、机制砂、石屑。细集料必须由具有生产许可证的采石场、采砂场生产。细集料应洁净、干燥、无风化、无杂质，并有适当的颗粒级配，其质量检测项目、技术要求及试验方法见《公路沥青路面施工技术规范》(JTG F40—2004)的规定。

细集料的洁净程度,天然砂以小于0.075mm含量的百分数表示,石屑和机制砂以砂当量(适用于0~4.75mm)或亚甲蓝值(适用于0~2.36mm或0~0.15mm)表示。

天然砂可采用河砂或海砂,通常宜采用粗、中砂,规格应符合《公路沥青路面施工技术规范》的规定。砂的含泥量超过规定时应水洗后使用,海砂中的贝壳类材料必须筛除。热拌密级配沥青混合料中天然砂的用量不宜超过集料总量的20%,SMA-OGFC混合料不宜使用天然砂。

石屑是指采石场破碎石料时通过4.75mm或2.36mm的筛下部分,其规格应符合《公路沥青路面施工技术规范》的要求。高速公路和一级公路的沥青混合料,宜将S14(公称粒径3~5mm)与S16(公称粒径0~3mm)组合使用,S15(公称粒径0~5mm)可在沥青稳定碎石基层或其他等级公路中使用。机制砂宜采用专用的制砂机制造,并选用优质石料生产,其级配应符合S16的要求。

四、填料

沥青混合料的矿粉必须采用石灰岩或岩浆岩中的强基性岩石等憎水性石料经磨细得到,原石料中的泥土杂质应除净。矿粉应干燥、洁净,能自由地从矿粉仓流出,其质量检测项目、技术要求及试验方法见《公路沥青路面施工技术规范》(JTG F40—2004)的规定。

拌和机的粉尘可作为矿粉的一部分回收使用,但每盘用量不得超过填料总量的25%,掺有粉尘填料的塑性指数不得大于4%。

粉煤灰作为填料使用时,用量不得超过填料总量的50%,粉煤灰的烧失量应小于12%。与矿粉混合后的塑性指数应小于4%,其余质量要求与矿粉相同。高速公路、一级公路的沥青面层不宜采用粉煤灰作填料。

五、纤维稳定剂

在沥青混合料中,掺加的纤维稳定剂宜选用木质素纤维、矿物纤维等。木质素纤维的质量检测项目、技术要求及试验方法见《公路沥青路面施工技术规范》(JTG F40—2004)的规定。

纤维应在250℃的干拌温度不变质、不发脆,使用纤维必须符合环保要求,不危害身体健康。矿物纤维宜采用玄武岩等矿石制造,易影响环境及造成人体伤害的石棉纤维不宜直接使用。纤维必须在混合料拌和过程中能充分分散均匀。纤维应存放在室内或有棚盖的地方,松散纤维在运输及使用过程中应避免受潮、结团。

纤维稳定剂的掺加比例以沥青混合料总量的质量百分率计算,通常情况下用于SMA路面的木质素纤维不宜低于0.3%,矿物纤维不宜低于0.4%,必要时可适当增加纤维用量。纤维掺加量的允许误差宜不超过±5%。

六、施工过程中对原材料的检验

沥青混合料在生产过程中,应按照表4-3所列的检查项目与频度对各种原材料进行抽样试验,质量应符合现行施工技术规范规定的技术要求,每个检查项目的平行试验次数或一次试验的试样数必须按相关试验规程的规定进行,并以平均值评价是否合格。

施工过程中材料质量检查项目与频度   表4-3

材料	检查项目	检查频度 高速公路、一级公路	检查频度 其他等级公路	试验方法或试验规程	试验规程规定的平行试验次数或一次试验的试样数
粗集料	外观(石料品种、含泥量等)	随时	随时	—	—
	针片状颗粒含量	随时	随时	T 0312	2~3
	颗粒组成(筛分)	随时	必要时	T 0302	2
	压碎值	必要时	必要时	T 0316	2
	磨光值	必要时	必要时	T 0321	4
	洛杉矶磨耗值	必要时	必要时	T 0317	2
	<0.075mm颗粒含量	必要时	必要时	T 0303	2
	与沥青的黏附性	必要时	必要时	T 0616	同一试样5个集料颗粒
	表观相对密度	必要时	必要时	T 0304	2
	坚固性	必要时	必要时	T 0314	不同粒级的试样各1份
	含水率	必要时	必要时	T 0305	2
细集料	颗粒组成(筛分)	随时	必要时	T 0327	2
	含泥量(<0.075mm颗粒含量)	必要时	必要时	T 0333	2
	砂当量或亚甲蓝值	必要时	必要时	T 0334/T 0349	2
	表观相对密度	必要时	必要时	T 0328	2
	坚固性	必要时	必要时	T 0340	不同粒级的试样各1份
	含水率	必要时	必要时	T 0332	2
矿粉	外观	随时	随时	—	—
	表观密度	必要时	必要时	T 0352	2
	塑性指数	必要时	必要时	T 0354	2
	粒度范围(<0.075mm颗粒含量)	必要时	必要时	T 0351	2
	含水率	必要时	必要时	T 0103	2
道路石油沥青	针入度	每2~3天1次	每周1次	T 0604	3
	软化点	每2~3天1次	每周1次	T 0606	2
	延度	每2~3天1次	每周1次	T 0605	3
	针入度指数、TFOT(或RTFOT)	必要时	必要时	T 0609/T 0610	2
	溶解度	必要时	必要时	T 0607	2
	密度	必要时	必要时	T 0603	2
	含蜡量	必要时	必要时	T 0615	2~3

续上表

材料	检查项目	检查频度		试验方法或试验规程	试验规程规定的平行试验次数或一次试验的试样数
		高速公路、一级公路	其他等级公路		
改性沥青	针入度	每天1次	每天1次	T 0604	3
	软化点	每天1次	每天1次	T 0606	2
	离析试验(对成品改性沥青)	每周1次	每周1次	T 0661	2
	低温延度	必要时	必要时	T 0605	3
	弹性恢复	必要时	必要时	T 0662	3
	显微镜观察(对现场改性沥青)	随时	随时		
乳化沥青	蒸发残留物含量	每2~3天1次	每周1次	T 0651	2
	蒸发残留物针入度	每2~3天1次	每周1次	T 0604	2
改性乳化沥青	蒸发残留物含量	每2~3天1次	每周1次	T 0651	2
	蒸发残留物针入度	每2~3天1次	每周1次	T 0604	3
	蒸发残留物软化点	每2~3天1次	每周1次	T 0606	2
	蒸发残留物延度	必要时	必要时	T 0605	3

 任务工单

任务工单

学习情境四:沥青路面施工 工作任务二:原材料准备	班级		
	姓名	学号	
	日期	评分	

一、概述
1.沥青路面使用的粗集料要求＿＿＿＿＿＿＿＿＿＿＿＿＿＿＿＿＿＿＿＿＿＿＿＿＿＿＿＿＿。
2.道路石油沥青的标号分为＿＿＿＿＿＿＿＿＿＿＿＿＿＿＿＿＿＿＿＿＿＿＿＿＿＿＿＿＿。
二、小组讨论:各分类沥青路面各原材料的要求。

工作任务三　热拌沥青混合料结构层施工

 任务概述

1.应知应会

(1)认知热拌沥青混合料的分类及各层沥青混合料的要求;
(2)熟悉热拌沥青混合料面层施工工艺流程;

(3)掌握沥青路面施工需准备的各项内容;

(4)了解热拌沥青混合料拌制;

(5)掌握热拌沥青混合料的摊铺、压实的各技术要点及注意事项。

2. 学习要求

(1)研读教材内容;

(2)查阅某一公路项目热拌沥青沥青混合料结构层施工相关资料;

(3)重视理论联系实际。

相关知识

一、一般规定

《公路沥青路面施工技术规范》(JTG F40—2004)中对热拌沥青混合料结构层施工的一般规定如下。

1. 热拌沥青混合料的分类

热拌沥青混合料(HMA)适用于各种等级公路的沥青路面,其种类按集料公称最大粒径、矿料级配、空隙率划分,见表4-4。

热拌沥青混合料种类　　　　　　表4-4

混合料类型	密级配			开级配		半开级配	公称最大粒径(mm)	最大粒径(mm)
	连续级配	间断级配		间断级配		沥青稳定碎石		
	沥青混凝土	沥青稳定碎石	沥青玛蹄脂碎石	排水式沥青磨耗层	排水式沥青碎石基层			
特粗式	—	ATB-40	—	—	ATPB-40	—	37.5	53.3
粗粒式	—	ATB-30	—	—	ATPB-30	—	31.5	37.5
	AC-25	ATB-25	—	—	ATPB-25	—	26.5	31.5
中粒式	AC-20	—	SMA-20	—	—	AM-20	19.0	26.5
	AC-16	—	SMA-16	OGFC-16	—	AM-16	16.0	19.0
细粒式	AC-13	—	SMA-13	OGFC-13	—	AM-13	13.2	16.0
	AC-10	—	SMA-10	OGFC-10	—	AM-10	9.5	13.2
砂粒式	AC-5	—	—	—	—	AM-5	4.75	9.5
设计空隙率(%)	3~5	3~6	3~4	>18	>18	6~12	—	—

注:设计空隙率可根据当地气候条件和交通组成在配合比设计时适当调整。

2. 各层沥青混合料的要求

各层沥青混合料应满足所在层位的功能性要求,便于施工,不容易离析。各层应连续施工并结合成为一个整体。当发现混合料结构组合及级配类型的设计不合理时应进行修改、调整,以确保沥青路面的使用性能。

3. 沥青面层集料粒径的要求

沥青面层集料的最大粒径宜从上至下逐渐增大,并应与压实层厚度相匹配。对热拌热铺密级配沥青混合料,沥青层一层的压实厚度不宜小于集料公称最大粒径的2.5~3倍,对SMA和OGFC等嵌挤型混合料不宜小于公称最大粒径的2~2.5倍,以减少离析,便于压实。

二、施工工艺流程

热拌沥青混合料面层施工过程分为施工准备阶段、施工阶段和交工验收阶段,其施工工艺流程图如图4-1所示。

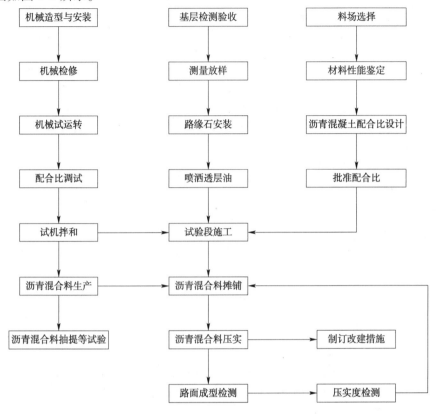

图4-1 沥青路面面层施工工艺流程图

一、施工准备

热拌沥青混合料结构层施工的准备工作包括制订施工方案、施工放样、混合料配合比设计、下承层准备、铺筑试验路段等。这些在本课程学习情境二中和道路材料课程中已经介绍,内容不再赘述。

1. 下承层的准备

铺筑沥青层前,应检查基层或下层沥青层的质量,不符合要求的不得铺筑沥青面层。旧沥路面或下卧层已被污染时,必须清洗或经铣刨处理后方可铺筑沥青混合料。

2. 施工温度的确定

石油沥青加工及沥青混合料施工温度,应根据沥青标号及黏度、气候条件、铺装层的厚度确定。

(1)普通沥青混合料的施工温度宜通过在135℃及175℃条件下测定的黏度—温度曲线确定。缺乏黏度—温度曲线数据时,可参照表4-5的范围选择,并根据实际情况确定使用高值或低值。当表中温度不符实际情况时,容许作适当调整。

热拌沥青混合料的施工温度(℃) 表4-5

施工工序		石油沥青的标号			
		50号	70号	90号	110号
沥青加热温度		160~170	155~165	150~160	145~155
矿料加热温度	间歇式拌和机	集料加热温度比沥青温度高10~30			
	连续式拌和机	矿料加热温度比沥青温度高5~10			
沥青混合料出料温度		150~170	145~165	140~160	135~155
混合料储料仓储存温度		储料过程中温度降低不超过10			
混合料废弃温度(高于)		200	195	190	185
运输到现场温度(不低于)		150	145	140	135
混合料摊铺温度(不低于)	正常施工	140	135	130	125
	低温施工	160	150	140	135
开始碾压的混合料内部温度(不低于)	正常施工	135	130	125	120
	低温施工	150	145	135	130
碾压终了的表面温度(不低于)	钢轮压路机	80	70	65	60
	轮胎压路机	85	80	75	70
	振动压路机	75	70	60	55
开放交通的路表温度(不高于)		50	50	50	45

注:①沥青混合料的施工温度采用具有金属探测针的插入式数显温度计测量。表面温度可采用表面接触式温度计测定。当采用红外线温度计测量表面温度时,应进行标定。
②表中未列入的130号、160号及30号沥青的施工温度由试验确定。

(2)聚合物改性沥青混合料的施工温度根据实践经验并参照表4-6选择。通常宜较普通沥青混合料的施工温度提高10~20℃。对采用冷态胶乳直接喷入法制作的改性沥青混合料,集料烘干温度应进一步提高。

聚合物改性沥青混合料的正常施工温度范围(℃) 表4-6

工序	施工温度		
	SBS类	SBR胶乳类	EVA、PE类
沥青加热温度	160~165		
改性沥青现场制作温度	165~170	—	165~170
成品改性沥青加热温度(不大于)	175	—	175
集料加热温度	190~220	200~210	185~195
改性沥青SMA混合料出厂温度	170~185	160~180	165~180
混合料最高温度(废弃温度)	195		
混合料储存温度	拌和出料后降低不超过10		
摊铺温度(不低于)	160		
初压开始温度(不低于)	150		
碾压终了的表面温度(不低于)	90		
开放交通时的路表温度(不高于)	50		

注:当采用表列以外的聚合物或天然沥青改性沥青时,施工温度由试验确定。

(3)SMA混合料的施工温度应视纤维品种和数量、矿粉用量的不同,在改性沥青混合料的基础上做适当提高。

3. 施工机械的检查

施工前应对沥青混合料拌合楼、摊铺机、压路机等各种施工机械和设备进行调试,对机械设备的配套情况、技术性能、传感器计量精度等进行认真检查、标定,并得到监理工程师的认可。

4. 配合比设计检验

热拌沥青混合料的质量很大程度上取决于其配合比设计,施工前应高度重视沥青混合料的配合比设计工作。热拌沥青混合料的配合比设计宜在对同类公路配合比设计和使用情况调查研究的基础上,充分借鉴成功的经验,选用符合要求的材料,进行配合比设计。沥青混合料的配合比设计应通过目标配合比设计、生产配合比设计及生产配合比验证三个阶段,确定沥青混合料的材料品种及配比、矿料级配、最佳沥青用量。热拌沥青混合料的配合比设计步骤见《道路材料应用技术》或有关技术规范。

正式开工前,各种原材料的试验结果,以及据此进行的目标配合比设计和生产配合比设计结果,应在规定的期限内向业主及监理工程师提出正式报告,待取得正式认可后,方可使用。

经设计确定的标准配合比在施工过程中不得随意变更。生产过程中应加强跟踪检测,严格控制进场材料的质量。生产过程中如遇材料发生变化并经检测沥青混合料的矿料级配、马歇尔技术指标不符合要求时,应及时调整配合比,使沥青混合料的质量符合要求并保持相对稳定,必要时重新进行配合比设计。

二、沥青混合料拌制

沥青路面的质量与沥青混合料的质量密切相关,而沥青混合料拌制的质量直接关系着沥青混合料的质量。因此,沥青混合料的拌制是沥青路面施工中非常重要的一个环节。

1. 对拌和机的要求

我国《公路沥青路面施工技术规范》(JTG F40—2004)规定:沥青混合料必须在拌和厂(场、站)采用拌和机械拌制;沥青混合料可采用间歇式拌和机或连续式拌和机拌翻。高速公路和一级公路的沥青混凝土宜采用间歇式拌和机拌制。连续式拌和机使用的集料必须稳定不变,一个工程从多处进料、料源或质量等不稳定时,不得使用连续式拌和机。

沥青混合料拌和设备的各种传感器必须定期检定,周期不少于每年1次。冷料装置需经标定得出集料供料曲线。

间歇式拌和机应符合下列要求:

(1)总拌和能力满足施工进度要求。

(2)拌和机除尘设备完好,能达到环保要求。

(3)冷料仓的数量满足配合比需要,通常不宜少于5个。矿粉仓应配备振动装置,以防止矿粉起拱。

(4)具有添加纤维、消石灰等外掺剂的设备。

(5)高速公路和一级公路施工用的间歇式拌和机必须配备计算机和打印机等设备。

(6)振动筛规格应与矿料规格相匹配,最大筛孔宜略大于混合料的最大粒径,其余筛的设置应考虑混合料的级配稳定,并尽量使热料仓大体均衡,不同级配混合料必须配置不同的筛孔组合。

(7)具有保温性能良好的成品储料仓。

(8)拌和机必须有二级除尘装置。

2. 沥青混合料拌制程序

沥青混合料拌制的工艺流程如图 4-2 所示。

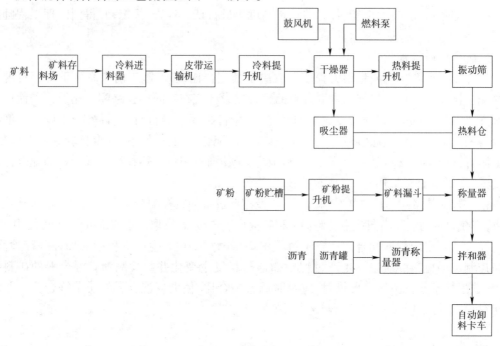

图 4-2　拌制沥青混合料的工艺流程图

3. 拌制混合料的工作要点

(1)集料与沥青混合料取样应符合现行试验规程的要求。从沥青混合料运料车上取样时,必须在设置取样台分几处采集一定深度下的样品。

(2)集料进场宜在料堆顶部平台卸料,经推土机推平后,铲运机从底部按顺序竖直装料,减小集料离析。

(3)通过试拌和抽样检验,确定每盘热拌混合料的配合比及其总重、适宜的沥青用量、拌和时间、矿料和沥青加热温度,以及沥青混合料出厂的温度。

(4)沥青混合料拌和时间根据具体情况经试拌确定。以沥青均匀裹覆集料为度。间歇式拌和机每盘的生产周期不宜少于45s(其中干拌时间不少于5s)。改性沥青和SMA混合料的拌和时间应适当延长。

(5)高速公路和一级公路使用的沥青混合料拌和过程中,应逐盘采集并打印各个传感器测定的材料用量和沥青混合料拌和量、拌和温度等各种参数。每个台班结束时打印一个台班的统计量,按"沥青路面质量过程控制及总量检验方法"进行沥青混合料生产质量及铺筑厚度的总量检验。总量检验的数据有异常波动时,应立即停止生产,分析原因。

(6)热拌沥青混合料储存过程中,混合料温降不得大于10℃,且不能有沥青滴漏。普通沥青混合料的储存时间不得超过72h,改性沥青混合料的储存时间不宜超过24h,SMA、混合料及OCFC混合料宜随拌随用。

4. 沥青混合料出厂检验项目和频率

沥青混合料出厂时,应逐车检测沥青混合料的重量和温度,记录出厂时间,签发运料单。沥青混合料拌和厂(场、站)应按下列步骤对沥青混合料生产过程进行质量控制,并按表 4-7

规定的项目和频度检查沥青混合料产品的质量,如实计算产品的合格率。

热拌沥青混合料的检查频度和质量要求 表4-7

项目		检查频度及单点检验评价方法	质量要求或允许偏差		试验方法或试验规程
			高速公路、一级公路	其他等级公路	
混合料外观		随时	观察集料粗细、均匀性、离析、油石比、色泽、冒烟、有无花白料、油团等各种现象		目测
拌和温度	沥青、集料的加热温度	逐盘检测评定	符合规范规定		传感器自动检测、显示并打印
	混合料出厂温度	逐车检测评定	符合规范规定		传感器自动检测、显示并打印,出厂时逐车按 T 0981 人工检测
		逐盘测量记录,每天取平均值评定	符合规范规定		传感器自动检测、显示并打印
矿料级配（筛孔）	0.075mm	逐盘在线检测	±2%(2%)	—	计算机采集数据计算
	≤2.36mm		±5%(4%)	—	
	≥4.75mm		±6%(5%)	—	
	0.075mm	逐盘检查,每天汇总1次,取平均值评定	±1%	—	总量检验法
	≤2.36mm		±2%	—	
	≥4.75mm		±2%	—	
	0.075mm	每台拌和机每天1~2次,以2个试样的平均值评定	±2%(2%)	±2%	T 0725 抽提筛分与标准级配比较的差
	≤2.36mm		±5%(3%)	±6%	
	≥4.75mm		±6%(4%)	±7%	
沥青用量(油石比)		逐盘在线监测	±0.3%	—	计算机采集数据计算
		逐盘检查,每天汇总1次,取平均值评定	±0.1%	—	总量检验法
		每台拌和机每天1~2次,以2个试样的平均值评定	±0.3%	±0.4%	抽提 T 0722、T 0721
马歇尔试验:空隙率、稳定值流值		每台拌和机每天1~2次,以4~6个试样的平均值评定	符合规范规定		T 0702、T 0709 及配合比设计方法
浸水马歇尔试验		必要时(试件数同马歇尔试验)	符合规范规定		T 0702、T 0709
车辙试验		必要时(以3个试件的平均值评定)	符合规范规定		T 0719

注:①单点检验是指试验结果以一组试验结果的报告值为一个测点的评价依据,一组试验(如马歇尔试验、车辙试验)有多个试样时,报告值的取用按《公路工程沥青与沥青混合料试验规程》(JTJ 052—2000)的规定执行。
②对高速公路和一级公路,矿料级配和油石比必须进行总量检验和抽提筛分的双重检验控制,互相校核,表中括号内的数字是对SMA的要求。油石比抽提试验应事先进行空白试验标定,提高测试数据的准确度。

(1)观察料堆和皮带输送机各种材料的质量和均匀性,检查泥块及超粒径碎石,检查冷料仓有无窜仓。目测混合料拌和是否均匀、有无花白料、油石比是否合适,检查集料和混合料的离析情况。

(2)检查沥青混合料拌和厂(场、站)控制室各项设定参数、显示屏的示值,核对计算机采集和打印记录的数据与显示值是否一致。进行沥青混合料生产过程的在线监测、总量检验,对沥青混合料的生产质量实施动态管理。

(3)检测沥青混合料的材料加热温度、混合料出厂温度,取样抽提、筛分检测混合料的矿料级配、油石比。抽提筛分应至少检查 0.075mm、2.36mm、4.75mm、公称最大粒径及中间粒径等 5 个筛孔的通过率。

(4)取样成型沥青混合料试件进行马歇尔试验,测定空隙率、稳定度、流值,计算合格率。对 VMA、VFA 指标可只做记录。同时按规范确定标准密度。

三、沥青混合料的运输

1. 沥青混合料运输车辆

厂(场、站)拌沥青混合料通常采用自卸汽车运往铺筑现场。所需要的运输车辆数量可按式(4-1)计算:

$$n = \alpha \times \frac{t_1 + t_2 + t_3}{T} \tag{4-1}$$

$$T = \frac{60m}{Q}$$

式中:n——所需的车辆数(辆);

t_1——运送沥青混合料到铺筑现场所需的时间(min);

t_2——由铺筑现场返回拌和厂所需的时间(min);

t_3——在工地卸料和其他等待的时间(min);

T——拌制一车沥青混合料所需的时间(min);

α——储备系数,视交通情况而定,一般取 1.1~1.2;

m——运输车辆的轴载质量(t);

Q——搅拌设备的生产率(t/h)。

热拌沥青混合料宜采用较大吨位的运料车运输,但不得超载运输,或紧急制动、急弯掉头使透层、封层造成损坏。运料车的运力应稍有富余,施工过程中摊铺机前方应有运料车等候。对高速公路、一级公路,待等候的运料车宜多于 5 辆后开始摊铺。

2. 沥青混合料的运输管理

(1)运输车辆每次使用前后必须清扫干净,装料前在车厢板上涂一薄层防止沥青黏结的隔离剂或防黏剂(可以是柴油与水的混合液,比例为1:3),但不能有余液积聚在车厢底部。

(2)从拌和机向运料车放料时,运料汽车应前后移动进行分层装料,移动次数应尽可能多,并至少移动 3 次,以减少混合料的离析。

(3)运料车运输混合料宜用苫布覆盖,保温、防雨、防污染。

(4)运料车进入摊铺现场时,轮胎上不得沾有泥土等可能污染路面的脏物,否则宜设水池洗净轮胎后进入工程现场。沥青混合料在摊铺地点凭运料单接收,若混合料不符合施工温度要求,或已经结成团块、已遭雨淋的,不得铺筑。

(5)连续摊铺过程中,运料车应在摊铺机前10~30cm处停住,空挡等候,由摊铺机推动前进开始缓缓卸料,避免撞击摊铺机。在有条件时,运料车可将混合料卸入转运车经二次拌和后向摊铺机连续均匀的供料。

(6)运料车每次卸料必须倒净,尤其是对改性沥青或SMA混合料,如有剩余,应及时清除,防止硬结。

(7)SMA及OGFC混合料在运输、等候过程中,如发现有沥青结合料沿车厢板滴漏时,应采取措施阻止。

四、沥青混合料的摊铺

沥青混合料的摊铺可采用摊铺机摊铺或人工摊铺。除在路面狭窄部分、平曲线半径过小的匝道或加宽部分,以及小规模工程不能采用摊铺机铺筑时可采用人工摊铺外,热拌沥青混合料应采用机械摊铺。

1. 人工摊铺技术要点

(1)将运料车运来的沥青混合料先卸到铁板上,随即用人工铲运,以扣铲方式均匀摊铺在路槽中,摊铺时不得扬铲远甩,以免造成粗细料分离。铁铲等工具宜涂防黏结剂或加热使用。

(2)边摊铺边用刮板刮平。刮平时做到轻重一致,防止反复多刮使粗粒料刮出表面。

(3)摊铺过程中要随时检查摊铺厚度、平整度和路拱。摊铺厚度为沥青路面设计厚度乘以压实系数,用人工摊铺时,沥青混凝土混合料的压实系数为1.25~1.50。

(4)摊铺时不得中途停顿,并加快碾压。

(5)半幅施工时,路中一侧宜事先设置挡板。

2. 摊铺机摊铺技术要点

沥青混合料摊铺机有履带式和轮胎式两种,二者的构造和技术性能大致相同。在喷洒有黏层油的路面上铺筑改性沥青混合料或SMA时,宜使用履带式摊铺机。摊铺机的受料斗应涂刷薄层隔离剂或防黏剂。

沥青混合料摊铺机摊铺的过程是自动倾卸汽车将沥青混合料卸到摊铺机料斗后,经链式传送器将混合料往后传到螺旋摊铺器;随后摊铺机向前行驶,螺旋摊铺器即在摊铺带宽度上均匀地摊铺混合料,随后由振捣板捣实,并由熨平板整平。摊铺机摊铺作业包括施工放样、摊铺机各种参数的调整与选择、摊铺机作业等主要内容。摊铺机摊铺的技术要点如下:

(1)铺筑高速公路、一级公路沥青混合料时,一台摊铺机的铺筑宽度不宜超过6(双车道)~7.5m(3车道以上),通常宜采用两台或更多台数的摊铺机前后错开10~20m成梯队方式同步摊铺,两幅之间应有30~60mm宽度的搭接,并躲开车道轮迹带,上下层的搭接位置宜错开200mm以上。

(2)摊铺机开工前应提前(0.5~1)h预热熨平板,使其不低于100℃。铺筑过程中应根据铺筑厚度选择熨平板的振捣或夯锤压实装置具有适宜的振动频率和振幅,以提高路面的初始压实度。熨平板加宽连接应仔细调节至摊铺的混合料没有明显的离析痕迹。

(3)摊铺机必须缓慢、均匀、连续不间断地摊铺,不得随意变换速度或中途停顿,以提高平整度,减少混合料的离析。摊铺速度应根据拌和机的产量、施工机械配套情况及摊铺厚度、摊铺宽度按式(4-2)求得,一般宜控制在2~6m/min的范围内。对改性沥青混合料及SMA混合料宜放慢至1~3m/min。当发现混合料出现明显的离析、波浪、裂缝及拖痕时,应分析原因,予以消除。

$$v = \frac{100Q}{60bh\gamma} \tag{4-2}$$

式中:v——摊铺机摊铺速度(m/min);

Q——沥青混合料供给能力(t/h);

h——压实后的摊铺厚度(cm);

b——摊铺宽度(m);

γ——沥青混合料压实后的密度,一般取 2.35t/m³。

(4)摊铺机应采用自动找平方式,下面层或基层宜采用钢丝绳引导的高程控制方式,上面层宜采用平衡梁或雪橇式摊铺厚度控制方式,中面层根据情况选用找平方式。直接接触式平衡梁的轮子不得沾附沥青。铺筑改性沥青或 SMA 路面时宜采用非接触式平衡梁。

(5)沥青路面施工的最低气温应符合现行施工技术规范的要求,寒冷季节遇大风降温,不能保证迅速压实时不得铺筑沥青混合料。

(6)沥青混合料的松铺系数应根据混合料类型由试铺试压确定。摊铺过程中应随时检查摊铺层厚度及路拱、横坡,并利用一个评定周期的沥青混合料总生产量、施工总面积、沥青混合料密度按式(4-3)校验该摊铺层的平均压实厚度:

$$H = \frac{\sum m_i}{Ad} \times 1000 \tag{4-3}$$

式中:H——该评定周期沥青路面摊铺层的平均施工压实厚度(mm);

m_i——每一盘沥青混合料的质量(t)。i 为依次记录的盘次;$\sum m_i$ 为一个评定周期内沥青混合料的总生产量;

A——该评定周期沥青路面摊铺层的总面积(m²)。当遇有加宽等情况时,铺筑面积应按实际计算;

d——评定周期内摊铺层现场压实密度的平均值(t/m³)。由钻孔试件的干燥密度(即实验室标准密度乘以压实度)测定得到。

(7)摊铺机的螺旋布料器应相应于摊铺速度调整到保持一个稳定的速度均衡地转动,两侧应保持有不少于送料器 2/3 高度的混合料,以减少在摊铺过程中混合料的离析。

(8)用机械摊铺的混合料,不宜用人工反复修整。当不得不由人工做局部找补或更换混合料时,需仔细进行,特别严重的缺陷应整层铲除。

(9)在雨季铺筑沥青路面时,应加强与气象台(站)联系,已摊铺的沥青层因遇雨未行压实的应予铲除。

五、沥青混合料的压实及成型

压实是沥青路面施工的最后一道工序,良好的路面质量最终要通过碾压来体现。压实工作的主要内容包括碾压机械的选型与组合、压实层厚、压实温度、速度、遍数、压实方式的确定。

1. 碾压机械的选型与组合

目前,常用的压路机有静载作用光面钢轮压路机、轮胎压路机和振动压路机。应综合考虑摊铺机的生产率、混合料特性、摊铺厚度、施工现场的具体条件等因素,结合实际工程,选择压路机种类、大小和数量。高速公路铺筑双车道沥青路面的压路机数量不宜少于 5 台。

施工气温低、风大、碾压层薄时,压路机数量应适当增加。

2. 压实层厚度控制

沥青混凝土的压实层最大厚度不宜大于100mm,沥青稳定碎石混合料的压实层厚度不宜大于120mm,但当采用大功率压路机且经试验证明能达到压实度时允许增大到150mm。

3. 压实温度控制

沥青混合料的碾压温度应符合表4-6的要求,并根据混合料种类、压路机、气温、层厚等情况经试压确定。在不产生严重推移和裂缝的前提下,初压、复压、终压都应在尽可能高的温度下进行。同时不得在低温状况下做反复碾压,使石料棱角磨损、压碎,破坏集料嵌挤。

4. 选择合理的碾压速度

合理的碾压速度,对减少碾压时间、提高作业效率有十分重要的意义。在施工中,压路机应以缓慢而均匀的速度碾压。压路机的碾压速度应符合表4-8的规定。

压路机碾压速度(km/h)　　　　　　　　表4-8

压路机类型	初压		复压		终压	
	适宜	最大	适宜	最大	适宜	最大
钢筒式压路机	2~3	4	3~5	6	3~6	6
轮胎式压路机	2~3	4	3~5	6	4~6	8
振动压路机	2~3(静压或振动)	3(静压或振动)	3~4.5(振动)	3(振动)	3~6(静压)	6(静压)

六、压实作业的要求及注意事项

1. 作业要求

热拌沥青混合料的压实程序分为初压、复压、终压三道工序。

(1)初压

初压的目的是整平和稳定沥青混合料,同时为复压创造有利条件,因此要注意压实的平整性。初压应紧跟在摊铺机后碾压,并保持较短的初压区长度,以尽快使表面压实,减少热量散失。通常采用双轮6~15t钢筒式压路机(振动压路机关闭振动)静压1~2遍。碾压时应将压路机的驱动轮面向摊铺机,从外侧向中心碾压,在超高路段则由低向高碾压,在坡道上应将驱动轮从低处向高处碾压。相邻碾压带应重叠1/3~1/2轮宽,压完全幅为一遍。初压折返路线宜采用曲线方式,且减速进行。初压后应检查平整度、路拱,有严重缺陷时要进行修整乃至返工。

(2)复压

复压的目的是使沥青混合料密实、稳定、成型,混合料的密实程度取决于这道碾压工序,因此必须与初压紧密衔接,且不得随意停顿。压路机碾压段的总长度应尽量缩短,通常采用60~80m。采用不同型号的压路机组合碾压时宜安排每一台压路机做全幅碾压,防止不同部位的压实度不均匀。

密级配沥青混凝土的复压优先采用重型的轮胎压路机进行搓揉碾压,以增加密水性,其总质量不宜小于25t,每一个轮胎的压力不小于15kN。相临碾压带应重叠1/3~1/2碾压轮宽度,压完全幅为一遍。总的碾压遍数由试压确定,且不宜少于4遍。碾压至要求的压实度,且无显著轮迹为止。对粗集料为主的较大粒径的混合料,尤其是大粒径沥青稳定碎石基层,优先采用振动压路机复压。厚度小于30mm的薄沥青层不宜采用振动压路机碾压。振动压路机的振动频率宜为 35～50Hz,振幅宜为 0.3～0.8mm。层厚较大时选用较小频率和较大振幅,以产生较大的激振力;层厚较薄时选用高频率和低振幅,以防止集料破碎。相邻碾压带重叠宽度为 100～200mm。振动压路机折返时应先停止振动。当采用三轮钢筒式压路机时,总质量不宜小于 12t,相邻碾压带宜重叠后轮的 1/2 宽度,并不应小于 200mm。

对路面边缘、加宽及港湾式停车带等大型压路机难于碾压的部位,宜采用小型振动压路机或振动夯板作补充碾压。

(3)终压

终压的目的是消除轮迹,最后形成平整的压实面,因此该道工序不宜采用重型压路机在高温下完成。终压应紧接在复压后进行,终压可选用双轮钢筒式压路机或关闭振动的振动压路机碾压 1～2 遍,至无明显轮迹为止,如经复压后已无明显轮迹时可免去终压。

另外,SMA 路面的压实作业要求与普通热拌沥青混合料有所不同,具体要求如下:

①除沥青用量较低,经试验证明采用轮胎压路机碾压有良好效果外,不宜采用轮胎压路机碾压,以防将沥青结合料搓揉挤压上浮。

②SMA 路面宜采用振动压路机或钢筒式压路机碾压。振动压路机应遵循"紧跟、慢压、高频、低幅"的原则,即紧跟在摊铺机后面,采取高频率、低振幅的方式慢速碾压。一般初压用 10t 钢筒式压路机紧跟摊铺机后碾压 1～2 遍,复压再静压 3～4 遍或振动碾压 2～3 遍,最后用较宽的钢筒式压路机终压一遍即可,切忌过碾。如发现 SMA 混合料高温碾压有推拥现象,应复查其级配是否合适。

2. 压实注意事项

(1)碾压轮在碾压过程中应保持清洁,有沥青混合料沾轮时应立即清除。对钢轮可涂刷隔离剂或防黏结剂,但严禁刷柴油。当采用向碾压轮喷水(可添加少量表面活性剂)的方式时,必须严格控制喷水量且成雾状,不得漫流,以防混合料降温过快。轮胎压路机开始碾压阶段,可适当烘烤、涂刷少量隔离剂或防黏结剂,也可少量喷水,并先到高温区碾压使轮胎尽快升温,之后停止洒水。轮胎压路机轮胎外围宜加设围裙保温。

(2)在碾压过程中,压路机每次应由两端折回的位置阶梯形的随摊铺机向前推进,使折回处不在同一横断面上。压路机不得在未碾压成型路段上转向、掉头、加水或停留。在当天成型的路面上,不得停放各种机械设备或车辆,不得散落矿料、油料等杂物。

七、接缝处理

沥青路面的各种施工缝(包括纵缝、横缝、新旧路面的接缝等)处,往往由于压实不足,容易产生台阶、裂缝、松散等病害,影响路面的平整度和耐久性,施工时必须十分注意。

沥青路面的施工必须接缝紧密、连接平顺,不得产生明显的接缝离析。上、下层的纵缝应错开 150mm(热接缝)或 300mm(冷接缝)以上。相邻两幅及上、下层的横向接缝均应错开 1m 以上。

1. 纵向接缝施工要求

(1)摊铺时采用梯队作业的纵缝属于热接缝。其压实方法是:先摊铺部分留下 100～200mm 宽暂不碾压,作为后续摊铺部分的基准面,待后续摊铺部分碾压时采用跨缝碾压以消除缝迹。

(2)当半幅施工或因特殊原因而产生纵向冷接缝时,宜采用加设挡板或加设切刀切齐,也可在沥青混合料尚未冷却前用镐刨除边缘留下毛茬的方式,但不宜在冷却后采用切割机做纵向切缝。加铺另半幅前应在接缝处涂刷少量沥青,摊铺时重叠在已铺层上50~100mm,再铲走铺在前半幅上面的混合料。

冷接缝有两种碾压方法:一是压路机位于热混合料上,由边向中进行碾压,接缝处留下100~150mm,再做跨缝挤紧压实;二是在碾压开始时,压路机在已压实路面上行走,碾压新铺热混合料宽度为150mm左右,然后碾压新铺部分。

2. 横向接缝施工要求

(1) 横向接缝的形式有斜接缝、阶梯形接缝和平接缝,如图4-3所示。

(2) 横向接缝宜采用垂直的平接缝。高速公路和一级公路的表面层横向接缝应采用垂直的平接缝,以下各层和其他等级公路的各层均可采用自然碾压的斜接缝。沥青层较厚时也可采用阶梯形接缝。

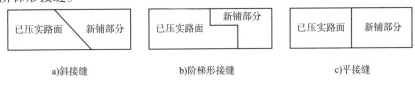

图4-3 横向接缝的形式

3. 斜接缝

斜接缝的搭接长度与层厚有关,宜为0.4~0.8m。搭接处应洒少量沥青,混合料中的粗集料颗粒应予剔除,并补上细料,搭接平整,充分压实。阶梯形接缝的台阶经铣刨而成,并洒黏层沥青,搭接长度不宜小于3m。

4. 平接缝

平接缝应在沥青混合料尚未冷透时用凿岩机或人工垂直刨除端部层厚不足的部分,使工作缝成直角连接。当采用切割机制作平接缝时,宜在铺设当天混合料冷却但尚未结硬时进行。刨除或切割不得损伤下层路面。切割时留下的泥水必须冲洗干净,待干燥后涂刷黏层油。铺筑新混合料前应加热接茬使其软化,碾压开始时先用钢筒压路机进行横向碾压,可将压路机位于已压实的混合料层上,跨缝伸入新铺层宽150mm碾压,每压一遍向新铺混合料移动150~200mm,直至全部在新铺路面上为止。然后改为纵向碾压,此时应注意不要在横接缝上垂直碾压,以免引起新旧层错台。

八、开放交通

热拌沥青混合料路面应待摊铺层完全自然冷却、混合料表面温度低于50℃后,方可开放交通。需要提早开放交通时,可洒水冷却,降低混合料温度。

九、沥青面层施工安全技术

沥青面层施工安全技术基本要求如下:

(1) 洒布车(机)工作地段应有专人警诫。施工现场障碍物应清除干净,洒油时作业范围内不得有人。施工现场严禁使用明火。

(2) 沥青洒布车作业要遵守以下规定:

①检查机械、洒布装置及防护、防火设备是否齐全有效。

②采用固定式喷灯向沥青箱的火管加热时,应先打开沥青箱上的烟囱口,并在液态沥青

淹没火管后,方可点燃喷灯。加热喷灯的火焰过大或扩散蔓延时应立即关闭喷灯,待多余的燃油烧尽后再行使用。喷灯使用前,应先封闭吸油管及进料口,手提喷灯点燃后不得接近易燃品。

③满载沥青的洒布车应中速行驶。遇有弯道、下坡应提前减速,尽量避免紧急制动。行驶时严禁使用加热系统。

④驾驶员与机上操作人员应密切配合,操作人员应注意自身的安全。作业时要喷洒沥青方向10m以内不得有人停留。

(3)沥青洒布机作业要遵守以下规定:

①工作前应将洒布机车轮固定,检查高压胶管与喷油管连接是否牢固。油嘴和阀门是否畅通,机件有无损坏。检查确认完好后,再将喷油管预热,安装喷头,经过在油内试喷后,方可正式喷洒。

②装载热沥青的油桶应坚固不得漏油,其装油量应低于桶口10cm。向洒布机油箱注油时,油桶要靠稳,在油箱口缓慢向下倒油,不得猛倒。

③喷洒沥青时,手握的喷油管部分应加缠旧麻袋或石棉绳等隔热材料。操作时喷头严禁向人。喷头附近不得站人,不得逆风操作。

④压油时,速度要均匀,不得突然加快。喷油中断时,应将喷头放在洒布机油箱内,固定好喷头,不得滑动。

⑤移动洒布机,油箱中的油不得过满。

⑥喷洒沥青时,如发现喷头堵塞或其他故障,应立即关闭阀门,等修理完好好再行作业。

(4)沥青混合料拌和设备作业应遵守以下规定:

①作业前,热料提升斗、搅拌器及各种料斗内不得有存料。

②配有湿式除尘系统的拌和设备其除尘系统水泵应完好,并保证喷水稳定且不中断。

③卸料斗处于地下坑底时,应防止坑内积水淹没电器元件。

④拌和机启动、停机,必须按规定程序进行。点火失效时,应及时关闭喷燃器油门,待充分通风后在行点火,需要调整点火时,必须先切断高压电源。

⑤液化气点火时,必须有减压阀及压力表,燃烧器点燃后,必须关闭总阀门。

⑥连续式拌和设备的燃烧器熄火时应立即停止喷射沥青。当烘干拌和筒着火时,应立即关闭燃烧器鼓风机和排风机,停止供给沥青,再用含水率高有细集料投入烘干拌和筒,并在外部卸料口用干粉及泡沫灭火器灭火。

⑦关机后应清除皮带上、各供料斗及除尘装置内外的残余积物,并清洗沥青管道。

⑧沥青混合料拌合站的各种机电(包括使用微电脑控制进料的)设备,在运转前,需由机工、电工、电脑操作人员进行详细检查,确认正常完好后才能合闸运转。

⑨机组投入正常运转后,各种部门、各工种都要随时监视各部位运转情况,不得擅离岗位。

⑩运转过程中如发现异常情况,应报告机长,并及时排除故障。停机前应首先停止进料,等各部位(拌鼓、烘干筒)卸完料后,才可停机。再次启动时,不得带负荷启动。

⑪运转中严禁人员靠近各种运转机构。

⑫搅拌机运行中,不得使用工具伸入滚筒内掏挖或清理。需要清理时必须停机。如需人员进入搅拌鼓内工作时,鼓外要有人监护。

⑬料斗升起时,严禁有人在料下工作或通过。检查料斗时应将保险链挂好。

⑭拌和站需经常检查的部位应设置铁爬梯。采用皮带上料时,储料仓应加保护。

(5)沥青混合料摊铺机摊铺作业应遵守下列规定:

①驾驶台及作业现场要视野开阔,清除一切有碍工作的阻碍物。作业时无关人员不得在驾驶台上逗留。驾驶员不得擅离岗位。

②运料车向摊铺机卸料时,应协调作业,同步进行,防止碰撞。

③换挡必须在摊铺机完全停止时进行,严禁强行换挡和在坡道上换挡或空挡滑行。

④熨平板预热时,应控制热量,防止因局部过热而变形。加热过程中必须有专人看管。

⑤驾驶力求平稳,不得急剧转向。弯道作业时,熨平装置的端头与路边石的间距不得小于10cm,以免发生碰撞。

⑥用柴油清洗摊铺机时,不得接近明火。

(6)压路机压实作业应遵守下列规定:

①压路机在作业前,应松开停车制动闸,变速杆置于中位,制动及转向功能应灵敏可靠,滚轮的刮泥板应平整良好。

②开动前,机械周围应无障碍物和人员。

③当压路机需要改变前后行驶方向时,应先关掉振动开关,待滚轮停止后,再进行变换方向的操作,严禁利用换向离合器作制动器。

④在紧急情况下,可使用后轮制动器作为紧急制动。

⑤进行碾压时,应从两侧向中间碾压。

⑥上坡与下坡时,应事先选好挡位,禁止在坡上换挡,下坡严禁脱挡滑行或溜放,急转弯时不得用快速挡行驶。

⑦不能用压路机拖拽其他机械或物体。

⑧压路机的起振或停振应在行驶中进行,以免损坏被压路面的平整。

⑨严禁在运行中进行修理或加油。修理或加油时,应将内燃机熄火,用制动器制动住机械,并楔住滚轮。

⑩压路机应停放在安全、平坦的地面上,不准停放在斜坡上。

十、沥青混合料路面铺筑过程中的质量控制

热拌沥青混合料路面在铺筑过程中必须随时对铺筑质量进行检查与评定。质量检查的内容、频度、允许偏差应符合表4-9的规定。

热拌沥青混合料路面施工过程中工程质量的控制标准 表4-9

项 目		检查频度及单点检验评价方法	质量要求或允许偏差		试验方法或试验规程
			高速公路、一级公路	其他等级公路	
外观		随时	表面平整密实,不得有明显轮迹、裂缝、推挤、油丁、油包等缺陷,且无明显离析		目测
接缝		随时	紧密平整、顺直、无跳车		目测
		逐条缝检测评定	3mm	5mm	T 0931
施工温度	摊铺温度	逐车检测评定	符合规范规定		T 0981
	碾压温度	随时	符合规范规定		插入式温度计实测

— 151 —

续上表

项 目		检查频度及单点检验评价方法	质量要求或允许偏差		试验方法或试验规程
			高速公路、一级公路	其他等级公路	
厚度①	每一层次	随时,厚度50mm以下厚度50mm以上	设计值的5%设计值的8%	设计值的8%设计值的10%	施工时插入法量测松铺厚度及压实厚度
	每一层次	1个台班区段的平均值厚度50mm以下厚度50mm以上	-3mm-5mm	—	总量检验法
	总厚度	每2000m²1点单点评定	设计值的-5%	设计值的-8%	T 0912
	上面层	每2000m²1点单点评定	设计值的-10%	设计值的-10%	
压实度②		每2000m²检查一组,逐个试件评定并计算平均值	实验室标准密度的97%(98%)最大理论密度的93%(94%)试验段密度的99%(99%)		T 0924、T 0922及《公路沥青路面施工技术规范》(JTG F40—2004)附录E
平整度③	上面层	随时,接缝处单杆评定	3mm	5mm	T 0931
	中下面层	随时,接缝处单杆评定	5mm	7mm	T 0931
平整度（标准差）	上面层	连续测定	1.2mm	2.5mm	T 0932
	中面层	连续测定	1.5mm	2.8mm	
	下面层	连续测定	1.8mm	3.0mm	
	基层	连续测定	2.4mm	3.5mm	
宽度	有侧石	检测每个断面	±20mm	±20mm	T 0911
	无侧石	检测每个断面	不小于设计宽度	不小于设计宽度	
纵断面高程		检测每个断面	±10mm	±15mm	T 0911
横坡度		检测每个断面	±0.3%	±0.5%	T 0911
沥青面层层面上的渗水系数④,不大于		每1km不少于5点,每点3处取平均值	300mL/min(普通密级配沥青混合料);200mL/min(SMA混合料)		T 0971

注：①表中厚度检测频度指高速公路和一级公路的钻坑频度，其他等级公路可酌情减少状况，且通常采用压实度钻孔试件测定。上面层的允许误差不适用于磨耗层。

②压实度的检测见"技能训练1"括号中的数值是对SMA路面的要求；对马歇尔成型试件采用50次或者35次击实的混合料，压实度应当提高要求。

③3m直尺主要用于接缝检测，对正常生产路段，采用连续式平整度仪测定。

④渗水系数适用于公称最大粒径等于或小于19mm的沥青混合料，应在铺筑成型后未遭行车污染的情况下测定，且仅适用于要求密水的密级配沥青混合料、SMA混合料，不适用于OGFC混合料。表中渗水系数以平均值评定，计算的合格率不得小于90%。

十一、沥青混合料路面交工验收阶段质量检验

沥青混合料路面工程完工后,施工单位、工程监理单位和建设单位应按相同的工程项目划分进行工程质量的监控和管理。

施工单位应将全线以 1～3km 作为一个评定路段,每一侧车行道按规定频度随机选取测点;对沥青面层进行全线自检,将单个测定值与规定的质量要求或允许偏差进行比较,计算合格率;然后计算一个评定路段的平均值、极差、标准差及变异系数。施工单位应在规定时间内提交全线检测结果及施工总结报告,申请交工验收。

下面结合《公路沥青路面施工技术规范》(JTG F40—2004)与《公路工程质量检验评定标准》(JTG F80/1—2004),介绍热拌沥青混合料路面交工验收阶段的基本要求和检查项目、检查频度、质量要求或允许偏差等内容。

1. 基本要求

(1) 沥青混合料的矿料质量及矿料级配应符合设计要求和施工规范的规定。

(2) 严格控制各种矿料和沥青用量,严格控制各种材料和沥青混合料的加热温度,沥青材料及混合料的各项指标应符合设计和施工规范要求。沥青混合料的生产,每日应做抽提试验、马歇尔稳定度试验。矿料级配、沥青含量、马歇尔稳定度等结果的合格率应不小于 90%。

(3) 拌和后的沥青混合料应均匀一致,无花白,无粗细料分离和结团成块现象。

(4) 基层必须碾压密实,表面干燥、清洁、无浮土,其平整度和路拱度应符合要求。

(5) 摊铺时应严格控制摊铺厚度和平整度,避免离析,注意控制摊铺和碾压温度,碾压至要求的密实度。

2. 质量检验评定标准

热拌沥青混合料路面交工验收阶段的检查项目、检查频度、质量要求或允许偏差等见表 4-10。

沥青混凝土面层和沥青碎石面层实测项目　　表 4-10

项次	检查项目		规定值或允许偏差		检查方法和频率	权值
			高速公路、一级公路	其他公路		
1[①]	压实度(%)		实验室标准密度的 96%(98%) 最大理论密度的 92%(94%) 试验段密度的 98%(99%)		按有关规定方法检查,每 200m 测 1 处	3
2	平整度	σ(mm)	1.2	2.5	平整度仪:全线每车道连续按每 100m 计算 IRI 或 σ	2
		IRI(m/km)	2.0	4.2		
		最大间隙 h (mm)	—	5	3m 直尺:每 200m 测 2 处 × 10 尺	2
3	弯沉值(0.01mm)		符合设计要求		按评定标准规定方法检查	2
4	渗水系数		SMA 路面 200mL/min;其他沥青混凝土路面 300mL/min	—	渗水实验仪:每 200m 测 1 处	2

续上表

项次	检查项目		规定值或允许偏差		检查方法和频率	权值
			高速公路、一级公路	其他公路		
5	抗滑	摩擦系数	符合设计要求	—	摆式仪:每200m测1处;摩擦系数测定车:全线连续	2
		构造深度			铺砂法:每200m测1处	
6②	厚度(mm)	代表值	总厚度:设计值的−8%;上面层:设计值的−10%	−8%H	按评定标准规定方法检查,双车道每200m每车道1处	3
		合格值	总厚度:设计值的−10%;上面层:设计值的−20%	−15%H		
7	中线平面偏位(mm)		20	30	经纬仪:每200m测4点	1
8	纵断面高程(mm)		±10	±15	水准仪:每200m测4断面	1
9	宽度(mm)	有侧石	±20	±30	尺量:每200m测4断面	1
		无侧石	不小于设计			1
10	横坡(%)		±0.3	±0.5	水准仪:每200m测4处	1

注:①表内压实度可选用其中的1个或2个标准,选用2个标准时,以合格率低的作为评定结果。括号内是指 SMA 路面,其他为普通沥青混凝土路面。

②表列厚度仅规定负允许偏差。其他公路的厚度代表值和合格值允许偏差按总厚度计,当总厚度≤60mm时,允许偏差分别为−5mm 和−10mm;总厚度>60mm时,允许偏差分别为−8%和−15%。H 为总厚度(mm)。

3. 外观鉴定

(1)表面应平整密实,不应有泛油、松散、裂缝和明显离析等现象。对于高速公路和一级公路,有上述缺陷的面积(凡属单条的裂缝,则按其实际长度乘以 0.2m 宽度折算成面积)之和不得超过受检面积的0.03%,其他公路不得超过0.05%。不符合要求时每超过0.03%或0.05%减2分。半刚性基层的反射裂缝可不计作施工缺陷,但应及时进行灌缝处理。

(2)搭接处应紧密、平顺,熨缝不应枯焦。不符合要求时,累计每10m 长减1分。

(3)面层与路缘石及其他构筑物应密贴接顺,不得有积水或漏水现象。不符合要求时,每一处减1~2分。

任务工单

学习情境四:沥青路面施工 工作任务三:热拌沥青混合料结构层施工	班级			
	姓名		学号	
	日期		评分	

一、小组讨论沥青混合料的摊铺技术要点。

二、小组讨论沥青混合料压实作业的技术要点。

三、沥青路面有哪几种接缝形式?小组讨论各种接缝施工要求。

工作任务四 沥青贯入式结构层施工

任务概述

1. 应知应会

(1)认知沥青贯入式路面的材料规格和用量;
(2)熟悉沥青贯入式路面施工程序与施工技术要点;
(3)掌握沥青贯入式路面施工过程中的质量控制;
(4)了解沥青贯入式路面交工验收阶段的质量检验。

2. 学习要求

(1)研读教材内容;
(2)查阅某一公路项目贯入式路面相关资料;
(3)重视理论联系实际。

相关知识

一、一般规定

沥青贯入式路面的一般规定如下:

(1)沥青贯入式路面适用于三级及三级以下公路,也可作为沥青路面的联结层或基层。

(2)沥青贯入式路面的厚度宜为4~8cm,但乳化沥青贯入式路面的厚度不宜超过5cm。当贯入层上部加铺拌和的沥青混合料面层成为上拌下贯式路面时,拌和层的厚度宜不小于1.5cm。

(3)沥青贯入式路面的最上层应撒布封层料或加铺拌和层。沥青贯入层作为联结层使用时,可不撒表面封层料。

(4)沥青贯入式路面宜选择在干燥和较热的季节施工,并宜在日最高温度降低至15℃以前半月结束,使贯入式结构层通过开放交通碾压成型。

二、施工工艺流程

贯入式路面施工工艺流程如下(实际施工时根据撒布嵌缝料和洒布沥青的遍数予以调整):清扫基层→喷洒透层或黏层沥青(乳化沥青贯入式或沥青贯入式厚度小于5cm)→摊铺主层矿料→碾压→洒布第一遍沥青→撒布第一遍嵌缝料→碾压→洒布第二遍沥青→撒布第

二遍嵌缝料→碾压→洒布第三遍沥青→撒封层料→碾压→初期养护。

一、材料选择

1. 沥青贯入式路面的集料

沥青贯入层的集料应选择有棱角、嵌挤性好的坚硬石料,其规格和用量宜根据贯入层厚度按表4-11选用,上拌下贯式路面的材料规格和用量按表4-12选用。当使用破碎砾石时,其破碎面应符合现行的《公路沥青路面施工技术规范》(JTG F40—2004)要求。沥青贯入层主层集料中大于粒径范围中值的数量不宜少于50%。表面不加铺拌和层的贯入式路面在施工结束后每1000m²宜另备2~3m³与最后一层嵌缝料规格相同的细集料等供初期养护使用。主层集料最大粒径宜与贯入层厚度相当。当采用乳化沥青时,主层集料最大粒径可采用厚度的0.8~0.85,数量宜按压实系数1.25~1.30计算。

2. 沥青贯入层的结合料

沥青贯入层的结合料可采用道路石油沥青或乳化沥青,用量应按表4-11选用,沥青标号按现行施工技术规范要求选用。

沥青贯入式路面材料规格和用量

(用量单位:集料,m³/1000m²;沥青及沥青乳液,kg/m²)   表4-11

沥青品种	石 油 沥 青					
厚度(cm)	4		5		6	
规格和用量	规格	用量	规格	用量	规格	用量
封层料	S14	3~5	S14	3~5	S13(S14)	4~6
第三遍沥青		1.0~1.2		1.0~1.2		1.0~1.2
第二遍嵌缝料	S12	6~7	S11(S10)	10~12	S11(S10)	10~12
第二遍沥青		1.6~1.8		1.8~2.0		2.0~2.2
第一遍嵌缝料	S10(S9)	12~14	S8	16~18	S8(S6)	16~18
第一遍沥青		1.8~2.1		2.4~2.6		2.8~3.0
主层石料	S5	45~50	S4	55~60	S3(S4)	66~76
沥青总用量		4.4~5.1		5.2~5.8		5.8~6.4
沥青品种	石 油 沥 青				乳 化 沥 青	
厚度(cm)	7		8		4	5
规格和用量	规格	用量	规格	用量	规格	用量	规格	用量
封层料	S13(S14)	4~6	S13(S14)	4~6	S13(S14)	4~6	S14	4~6
第五遍沥青								0.8~1.0
第四遍嵌缝料							S14	5~6
第四遍沥青						S14	0.8~1.0		1.2~1.4
第三遍嵌缝料						5~6	S12	7~9
第三遍沥青		1.0~1.2		1.0~1.2	S12	1.4~1.6		1.5~1.7
第二遍嵌缝料	S10(S11)	11~13	S10(S11)	11~13		7~8	S10	9~11
第二遍沥青		2.4~2.6		2.6~2.8	S9	1.6~1.8		1.6~1.8
第一遍嵌缝料		18~20	S6(S8)	20~22		12~14	S3	10~12

续上表

沥青品种	石油沥青				乳化沥青			
厚度(cm)	7		8		4		5	
规格和用量	规格	用量	规格	用量	规格	用量	规格	用量
第一遍沥青	S6(S8)	3.3~3.5		4.0~4.2	S5	2.2~2.4		2.6~2.8
主层石料	S3	80~90	S1(S2)	95~100		40~45	S4	20~55
沥青总用量		6.7~7.3		7.6~8.2		6.0~6.8		7.4~8.5

注：①煤沥青贯入式的沥青用量可较石油沥青用量增加15%~20%。
②表中乳化沥青是指乳液的用量，并适用于乳液浓度约为60%的情况，如果浓度不同，用量应予换算。
③在高寒地区及干旱风沙大的地区，可超出高限，再增加5%~10%。

上拌下贯式路面材料规格和用量
（用量单位：集料，m³/1000m²；沥青及沥青乳液，kg/m²） 表4-12

沥青品种	石油沥青					
厚度(mm)	4		5		6	
规格和用量	规格	用量	规格	用量	规格	用量
第二遍嵌缝料	S12	5~6	S12(S11)	7~9	S12(S11)	7~9
第二遍沥青		1.4~1.6		1.6~1.8		1.6~1.8
第一遍嵌缝料	S10(S9)	12~14	S8	16~18	S8(S7)	16~18
第一遍沥青		2.0~2.3		2.6~2.8		3.2~3.4
主层石料	S5	45~50	S4	55~60	S3(S2)	66~76
沥青总用量		3.4~3.9		4.2~4.6		4.8~5.2
沥青品种	石油沥青		乳化沥青			
厚度(mm)	7		5		6	
规格和用量	规格	用量	规格	用量	规格	用量
第四遍嵌缝料					S14	4~6
第四遍沥青						1.3~1.5
第三遍嵌缝料			S14	4~6	S12	8~10
第三遍沥青				1.4~1.6		1.4~1.6
第二遍嵌缝料	S10(S11)	8~10	S12	9~10	S9	8~12
第二遍沥青		1.7~1.9		1.8~2.0		1.5~1.7
第一遍嵌缝料	S6(S8)	18~20	S8	15~17	S6	24~26
第一遍沥青		4.0~4.2		2.5~2.7		2.4~2.6
主层石料	S2(S3)	80~90	S4	50~55	S3	50~55
沥青总用量		5.7~6.1		5.9~6.2		6.7~7.2

注：①煤沥青贯入式的沥青用量可较石油沥青用量增加15%~20%。
②表中乳化沥青是指乳液的用量，并适用于乳液浓度约为60%的情况。
③在高寒地区及干旱风沙大的地区，可超出高限，再增加5%~10%。
④表面加铺拌和层部分的材料规格及沥青（或乳化沥青）用量按热拌沥青混合料（或乳化沥青碎石混合料路面）的有关规定执行。

3. 材料规格和用量

贯入式路面各层分次沥青用量，应根据施工气温及沥青标号等在规定范围内选用。在寒冷地带或当施工季节气温较低、沥青针入度较小时，沥青用量宜用高限。在低温潮湿气候下用乳化沥青贯入时,应按乳液总用量不变的原则进行调整,上层较正常情况适当增加,下层较正常情况适当减少。

二、施工技术要点

沥青贯入式路面施工技术要点如下：

(1)摊铺主层矿料：采用碎石摊铺机、平地机或人工摊铺主层集料。铺筑后严禁车辆通行。

(2)碾压主层集料：撒布后应采用 6~8t 的轻型钢筒式压路机自路两侧向路中心碾压,碾压速度宜为 2km/h,每次轮迹重叠约 30cm,碾压一遍后检验路拱和纵向坡度,当不符合要求时,应调整找平后再压。然后用重型的钢轮压路机碾压,每次轮迹重盈轮宽的 1/2 左右,宜碾压 4~6 遍,直至主层集料嵌挤稳定,无显著轮迹为止。

(3)浇洒第一层沥青：浇洒方法与沥青表面处治施工相同。采用乳化沥青贯入时,为防止乳液下漏过多,可在主层集料碾压稳定后,先撒布一部分上一层嵌缝料,再浇洒主层沥青。

(4)撒布第一层嵌缝料：采用集料撒布机或人工撒布,撒布后尽量扫匀,不足处应找补。当使用乳化沥青时,石料撒布必须在乳液破乳前完成。

(5)碾压第一层嵌缝料：立即用 8~12t 钢筒式压路机碾压嵌缝料,轮迹重叠轮宽的 1/2 左右,宜碾压 4~6 遍,直至稳定为止。碾压时随压随扫,使嵌缝料均匀嵌入。因气温较高使碾压过程中发生较大推移现象时,应立即停止碾压,待气温稍低时再继续碾压。

(6)按上述方法浇洒第二层沥青、撒布第二层嵌缝料,然后碾压,再浇洒第三层沥青。

(7)按撒布嵌缝料方法撒布封层料。

(8)采用 6~8t 压路机做最后碾压,宜碾压 2~4 遍,然后开放交通。

沥青贯入式路面开放交通后应按现行施工技术规范的要求控制交通,作初期养护。

三、沥青贯入式路面施工过程中的质量控制

沥青贯入式路面施工过程中质量检查的内容、频度、允许偏差应符合表 4-13 的规定。

沥青贯入式路面施工过程中工程质量的控制标准　　　　表 4-13

项目	检查频度及单点检验评价方法	质量要求或允许偏差	试验方法或试验规程
外观	随时	集料嵌挤密实,沥青撒布均匀,无花白料,接头无油包	目测
项目	检查频度及单点检验评价方法	质量要求或允许偏差	试验方法或试验规程
集料及沥青用量	每日 1 次,总量评定	±10%	每日施工长度的实际用量与计划用量比较,T 0982
沥青洒布温度	每车 1 次,逐点评定	符合施工技术规范规定	温度计量检测
厚度	每 2000m² 1 点,逐点评定	-5mm 或设计厚度 -8%	T 0912
平整度(最大间隙)	随时,以连续 10 尺的平均值评定	8mm	T 0931
宽度	检测每个断面	±30mm	T 0911
横坡度	检测每个断面	±0.5%	T 0911

四、沥青贯入式路面交工验收阶段的质量检验

1. 基本要求

(1)沥青材料的各项指标应符合设计要求和施工规范。

(2)各种材料的规格和用量应符合设计要求和施工规范,上拌沥青混凝土混合料每日应做抽提试验和马歇尔稳定度试验。

(3)碎石层必须平整坚实,嵌挤稳定,沥青贯入应深透,浇洒应均匀,不得污染其他构筑物。

(4)嵌缝料必须趁热撒铺,扫料均匀,不应有重叠现象。

(5)上层采用拌和料时,混合料应均匀一致,无花白和粗细分离现象,摊铺平整,接茬平顺,及时碾压密实。

(6)沥青贯入式面层施工前,应先做好路面结构层与路肩的排水。

2. 质量检验评定标准

沥青贯入式路面交工验收阶段的检查项目、检查频度、质量要求或允许偏差等见表4-14。

沥青贯入式面层(或上拌下贯式面层)实测项目　　　　　表4-14

项次	检查项目		规定值或允许偏差	检查方法和频率	权值
1	平整度	σ(mm)	3.5	平整度仪:全线每车道连续按每100m计算IRI或σ	3
		IRI(m/km)	5.8		
		最大间隙 h (mm)	8	3m直尺:每200m测2处×10尺	
2	弯沉值(0.01mm)		符合设计要求	按有关规定方法检查	2
3①	厚度	代表值	-8%H 或 -5mm	按有关规定方法检查,每200m每车道1处	3
		合格值	-15%H 或 -10mm		
4②	沥青用量(kg/m²)		±0.5%	每工作日每层洒布查1次	3
5	中线平面位移(mm)		30	经纬仪:每200m测4点	1
6	纵断面高程(mm)		±20	水准仪:每200m测4个断面	2
7	宽度(mm)	有侧石	±30	尺量:每200m测4处	2
		无侧石	不小于设计		
8	横坡(%)		±0.5	水准仪:每200m测4个断面	2

注:①当设计厚度≥60mm时,按厚度百分率控制;当设计厚度<60mm时,按厚度不足的毫米数控制。H 为厚度(mm)。
②沥青总用量按《公路路基路面现场测试规程》(JTG E60—2008)中 T 0892 的方法,每工作日每层洒布沥青检查1次,并计算同一路段的单位面积的总沥青用量。

3. 外观鉴定

(1)表面应平整密实,不应有松散、裂缝、油包、油丁、波浪、泛油等现象,有上述缺陷的面积之和不超过受检面积的0.20%。不符合要求时,每超过0.20%减2分。

(2)表面无明显碾压轮迹。不符合要求时,每处减1~2分。

(3)面层与路缘石及其他构筑物应密贴接顺,无积水现象。不符合要求时,每一处减1~2分。

任 务 工 单

学习情境四:沥青路面施工	班级		
工作任务四:沥青贯入式结构层施工	姓名	学号	
	日期	评分	

一、小组讨论:贯入式沥青路面施工程序与施工技术要点。

二、小组讨论:沥青贯入式路面交工验收阶段的质量检验基本要求及质量检验评定标准。

工作任务五 沥青表面处治与功能层施工

1. 应知应会

(1)认知层铺法沥青表面处治施工的材料规格要求、施工工艺及技术要点;
(2)熟悉封层的施工技术要点;
(3)掌握透层与黏层施工技术要点;
(4)掌握沥青表面处治路面施工过程中的质量控制;
(5)掌握沥青表面处治路面交工验收阶段的质量检验要点。

2. 学习要求

(1)研读教材内容;
(2)查阅某一公路项目沥青表面处治相关资料;
(3)重视理论联系实际。

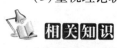

(1)沥青表面处治适用于三级及三级以下公路的沥青面层。各种封层适用于加铺薄层罩面、磨耗层、水泥混凝土路面上的应力缓冲层、各种防水和密水层、预防性养护罩面层。

(2)沥青表面处治与封层宜选择在干燥和较热的季节施工,并在最高温度低于15℃到来以前半个月及雨季前结束。

一、层铺法沥青表面处治施工

1. 材料规格与用量

沥青表面处治可采用道路石油沥青、乳化沥青、煤沥青铺筑,沥青标号应按现行施工技术规范相关规定选用。沥青表面处治的集料最大粒径应与处治层的厚度相等,其规格和用量宜按表4-15选用;沥青表面处治施工后,应在路侧另备S12(5~10mm)碎石或S14(3~5mm)石屑、粗砂或小砾石2~3m³/1000m²作为初期养护用料。

沥青表面处治材料规格和用量　　　　　　表4-15

沥青种类	类型	厚度(mm)	集料(m³/1000m²)			沥青或乳液用量(kg/m²)			
			第一层 规格、用量	第二层 规格、用量	第三层 规格、用量	第一次	第二次	第三次	合计用量
石油沥青	单层	1.0 1.5	S12、7~9 S10、12~14			1.0~1.2 1.4~1.6			1.0~1.2 1.4~1.6
	双层	1.5 2.0 2.5	S10、12~14 S9、16~18 S8、18~20	S12、7~8 S12、7~8 S12、7~8		1.4~1.6 1.6~1.8 1.8~2.0	1.0~1.2 1.0~1.2 1.0~1.2		2.4~2.8 2.6~3.0 2.8~3.2
	三层	2.5 3.0	S8、18~20 S6、20~22	S12、12~14 S12、12~14	S12、7~8 S12、7~8	1.6~1.8 1.8~2.0	1.2~1.4 1.2~1.4	1.0~1.2 1.0~1.2	3.8~4.4 4.0~4.6
乳化沥青	单层	0.5	S14、7~9			0.9~1.0			0.9~1.0
	双层	1.0	S12、9~11	S14、4~6		1.8~2.0	1.0~1.2		2.8~3.2
	三层	3.0	S6、20~22	S10、9~11	S12、4~6 S14、3.5~4.5	2.0~22	1.8~2.0	1.0~1.2	4.8~5.4

注:①煤沥青表面处治的沥青用量可比石油沥青用量增加15%~20%。
②表中的乳液用量按乳化沥青的蒸发残留物含量60%计算,如沥青含量不同应予折算。
③在高寒地区及干旱风沙大的地区,可超出高限5%~10%。

2. 施工工艺及技术要点

下面以三层式沥青表面处治为例来说明层铺法沥青表面处治的施工工艺及技术要点。

(1)清扫基层、喷洒透层油。在清扫干净的碎(砾)石路面上或各类基层上铺筑沥青表面处治时,应喷洒透层油。在旧沥青路面、水泥混凝土路面、块石路面上铺筑沥青表面处治路面时,可在第一层沥青用量中增加10%~20%,不再另洒透层油或黏层油。

(2)洒布第一层沥青:施工时应采用沥青洒布车喷洒沥青。其洒布长度应与矿料撒布能力相协调。沥青要洒布均匀,当发现洒布沥青后有空白、缺边时,应立即用人工补洒,有积聚时应立即刮除。洒布设备的喷嘴应适用于沥青的稠度,确保能成雾状,与洒油管成15°~25°的夹角,洒油管的高度应使同一地点接受2~3个喷油嘴洒的沥青,不得出现花白条。

沥青洒布温度应根据施工气温以及沥青标号确定,一般情况下,石油沥青宜为130~170℃,煤沥青宜为80~120℃,乳化沥青宜在常温下洒布。加温洒布的乳液温度不得超过600C。前后两车喷洒的接茬处用铁板或建筑纸铺1~1.5m,使搭接良好。分几幅浇洒时,纵向搭接宽度宜为100~150mm。洒布第二、三层沥青的搭接缝应错开。

(3)铺撒第一层矿料:洒布主层坯青后应立即用集料撒布机或人工撒布第一层主集料。撒布集料后应及时扫匀,达到全面覆盖、厚度一致、集料不重叠、也不露出沥青的要求。局部有缺料时适当找补,积料过多的将多余集料扫出。两幅搭接处,第一幅洒布沥青应暂留100~150mm宽度不撒布石料,待第二幅一起撒布。

(4)碾压:撒布主集料后,不必等全段撒布完,立即用6~8t钢筒双轮压路机从路边向路中心碾压3~4遍,每次轮迹重叠约300mm。碾压速度开始不宜超过2km/h,以后可适当增加。

(5)第二、三层的施工方法和要求应与第一层相同,但可以采用8t以上的压路机碾压。

(6)初期养护:沥青表面处治施工后,应进行初期养护。当发现有泛油时,应在泛油部位补撒与最后一层矿料规格相同的嵌缝料并扫匀;当有过多的浮动矿料时,应扫出路外。

3. 注意事项

(1)双层式或单层式沥青表面处治浇洒沥青及撒布集料的次数相应减少。

(2)喷洒沥青材料时应对道路人工构造物、路缘石等外露部分作防污染遮盖。

(3)沥青表面处治施工应确保各工序紧密衔接,每个作业段长度应根据施工能力确定,并在当天完成。人工撒布集料时应等距离划分段落备料。

(4)除乳化沥青表面处治应待破乳、水分蒸发并基本成形后方可通车外,沥青表面处治在碾压结束后即可开放交通,并通过开放交通补充压实,成形稳定。在通车初期应设专人指挥交通或设置障碍物控制行车,限制行车速度不超过20km/h,严禁畜力车及铁轮车行驶,使路面全部宽度均匀压实。

二、封层施工

1. 上封层与下封层技术要求

(1)上封层技术要求

①根据情况可选择乳化沥青稀浆封层、微表处、改性沥青集料封层、薄层磨耗层或其他适宜的材料。

②上封层的下卧层必须彻底清扫干净,对车辙、坑槽、裂缝进行处理或挖补。

③上封层的类型应根据使用目的、路面的破损程度选用:a. 裂缝较细、较密的可采用涂洒类密封剂、软化再生剂等涂刷罩面;b. 对二级及二级以下公路的旧沥青路面可以采用普通的乳化沥青稀浆封层,也可在喷洒道路石油沥青后撒布石屑(砂)后碾压作封层;c. 对高速公路、一级公路有轻微损坏的宜铺筑微表处;d. 对用于改善抗滑性能的上封层可采用稀浆封层、微表处或改性沥青集料封层。

(2)下封层技术要求

①多雨潮湿地区的高速公路、一级公路的沥青面层空隙率较大,有严重渗水可能,或铺筑基层不能及时铺筑沥青面层而需通行车辆时,宜在喷洒透层油后铺筑下封层。

②下封层宜采用层铺法表面处治或稀浆封层法施工。稀浆封层可采用乳化沥青或改性乳化沥青作结合料。下封层的厚度不宜小于6mm,且做到完全密水。

③以层铺法沥青表面处治铺筑下封层时,通常采用单层式,沥青用量可采用要求范围的中高限。

2. 稀浆封层与微表处施工技术要点

(1)适用情况

微表处主要用于高速公路及一级公路的预防性养护以及填补轻度车辙,也适用于新建公路的抗滑磨耗层。稀浆封层一般用于二级及二级以下公路的预防性养护,也适用于新建公路的下封层。

(2)对材料的要求

①微表处必须采用改性乳化沥青,稀浆封层可采用普通乳化沥青或改性乳化沥青,其品种和质量应符合现行《公路沥青路面施工技术规范》(JTG F40—2004)的要求。

②稀浆封层和微表处应选择坚硬、粗糙、耐磨、洁净的集料。各项性能应符合现行施工

技术规范的要求。其中微表处用通过 4.75mm 筛的合成矿料的砂当量不得低于 65%，稀浆封层用通过 4.75mm 筛的合成矿料的砂当量不得低于 50%。当用于抗滑表层时，还应符合现行施工技术规范对磨光值的要求。细集料宜采用碱性石料生产的机制砂或洁净的石屑。对集料中的超粒径颗粒必须筛除。

③根据铺筑厚度、处治目的、公路等级等条件，按照现行施工技术规范的规定选用合适的矿料级配。

④稀浆封层和微表处的混合料中乳化沥青及改性乳化沥青的用量应通过配合比设计确定。混合料的质量应符合现行施工技术规范的技术要求。

(3)施工要点

①稀浆封层和微表处施工前，应彻底清除原路面的泥土、杂物，修补坑槽、凹陷，较宽的裂缝宜清理灌缝。在水泥混凝土路面上铺筑微表处时宜洒布黏层油，过于光滑的表面需拉毛处理。

②混合料的拌制宜采用拌和厂机械拌和的方式。当采用阳离子乳化沥青拌和时，宜先用水使集料湿润，若湿润后仍难于与乳液拌和均匀时，应改用破乳速度更慢的乳液，或用 1%～3% 浓度的氯化钙水溶液代替水润湿集料表面。混合料适宜的拌和时间应根据实际情况调节并通过试拌确定，矿料中加进乳液后的机械拌和时间不宜超过 30s，人工拌和时间不宜超过 60s。

③稀浆封层和微表处必须使用专用的摊铺机进行摊铺。单层微表处适用于旧路面车辙深度不大于 15mm 的情况，超过 15mm 的必须分两层铺筑，或先用 V 字形车辙摊铺箱摊铺，深度大于 40mm 时不适宜微表处处理。

④稀浆封层和微表处两幅纵缝搭接的宽度不宜超过 80mm，横向接缝宜做成对接缝。分两层摊铺时，第一层摊铺后至少应开放交通 24h 后方可进行第二层摊铺。

⑤稀浆封层和微表处的最低施工温度不得低于 10℃，严禁在雨天施工，摊铺后尚未成型混合料遇雨时应予铲除。

⑥稀浆封层和微表处铺筑后的表面不得有超粒径料拖拉的严重划痕，横向接缝和纵向接缝处不得出现余料堆积或缺料现象，用 3m 直尺测量接缝处的不平整度不得大于 6mm。对微表处不得有横向波浪和深度超过 6mm 的纵向条纹。经养生和初期交通碾压稳定的稀浆封层和微表处，在行车作用下应不飞散且完全泌水。

3. 沥青同步碎石封层施工技术要点

沥青同步碎石封层即用同步碎石封层车将沥青与一定规格、干净的碎石同步喷洒在原路面上，经过胶轮碾压机和行驶车辆的自然碾压，形成一种以沥青为结合料的碎石封层（磨耗层）。与传统的碎石封层相比，其主要的特点有：良好的防滑性与防水性，对原路面病害的修复作用好，施工工期短，施工工艺简单，实用性强，应用范围广，同时降低了道路养护成本。

(1)施工工艺流程

沥青同步碎石封层的施工工艺流程如下：原有旧路面的处理→施工材料的准备→沥青同步碎石封层车现场喷洒→胶轮压路机碾压→开放交通→清扫路面、回收剩余集料。

(2)施工技术要点

①封层前要对原路面进行认真清扫，作业过程中应保证足够数量的胶轮压路机，以便在沥青温度降低之前或乳化沥青破乳后能及时完成碾压工序。另外，封层后即可通车，但在初期应限制车速，待 2h 后完全开放交通，从而防止快速行车造成石子飞溅。

②使用改性沥青作为黏结料时,为保证雾状喷洒而形成均匀、等厚度的沥青膜,必须保证沥青的温度在160~170℃范围内。

③同步碎石封层车的喷油嘴高度不同,所形成的沥青膜厚度会不同(因为各个喷嘴喷出的扇形雾状沥青重叠情况不同),通过调整喷嘴高度使得沥青膜的厚度符合要求。

④同步碎石封层车应以适宜的速度均匀行驶,在此前提下石料和黏结料两者的撒布率必须匹配。

⑤作为表面处治层或磨耗层的碎石封层,其使用条件是原路面平整度和强度满足要求。

三、沥青表面处治路面施工过程中的质量控制

沥青表面处治路面施工过程中质量检查的内容、频度、允许偏差应符合表4-16的规定。

沥青表面处治施工过程中工程质量的控制标准　　　　　表4-16

项　目	检查频度及单点检验评价方法	质量要求或允许偏差	试验方法或试验规程
外观	随时	集料嵌挤密实,沥青撒布均匀,无花白料,接头无油包	目测
集料及沥青用量	每日1次,逐日评定	±10%	每日施工长度的实际用量与计划用量比较,T 0982
沥青洒布温度	每车1次评定	符合规范规定	温度计测量
厚度(路中及路侧各1点)	不少于每2000m²1点,逐点评定	-5mm	T 0912
平整度(最大间隙)	随时,以连续10尺的平均值评定	10mm	T 0931
宽度	检测每个断面,逐个评定	±30mm	T 0911
横坡度	检测每个断面,逐个评定	±0.5%	T 0911

四、沥青表面处治路面交工验收阶段的质量检验

1. 基本要求

(1)在新建或旧路的表层进行表面处治时,应将表面的泥砂及一切杂物清除干净,底层必须坚实、稳定、平整,保持干燥后才可施工。

(2)沥青材料的各项指标和石料的质量、规格、用量应符合设计要求和施工规范的规定。

(3)沥青浇洒应均匀,无露白,不得污染其他构筑物。

(4)嵌缝料必须趁热撒铺,扫布均匀,不得有重叠现象,压实平整。

2. 交工检查与验收质量标准

沥青表面处治路面交工验收阶段的检查项目、检查频度、质量要求或允许偏差等见表4-17。

3. 外观鉴定

(1)表面平整密实,不应有松散、油包、油丁、波浪、泛油、封面料明显散失等现象,有上述缺陷的面积之和不超过受检面积的0.20%。不符合要求时,每超过0.20%减2分。

(2)无明显碾压轮迹。不符合要求时,每处减1~2分。

(3)面层与路缘石及其他构筑物应密贴接顺,不得有积水现象。不符合要求时,每处减1~2分。

沥青表面处治面层实测项目　　　　　　　　表 4-17

项次	检查项目		规定值或允许偏差	检查方法和频率	权值
1	平整度	σ(mm)	4.5 7.5	平整度仪：全线每车道连续按每100m计算IRI或σ	2
		IRI(m/km)	10	3m直尺：每200m测2处×10尺	
2	弯沉值(0.01mm)		符合设计要求	按评定标准规定方法检查	2
3	厚度(mm)	代表值	-5	按评定标准规定方法检查，每200m每车道1处	3
		合格值	-10		
4	沥青用量(kg/m²)		±0.5%	每工作日每层洒布查1次	2
5	中线平面偏位(mm)		30	经纬仪：每200m测4点	1
6	纵断面高程(mm)		±20	水准仪：每200m测4个断面	1
7	宽度(mm)	有侧石	±30	尺量：每200m测4处	2
		无侧石	不小于设计		
8	横坡(%)		±0.5	水准仪：每200m测4个断面	1

五、透层与黏层施工

1. 透层施工技术要点

（1）材料规格和用量

透层油的材料根据基层类型选择渗透性好的液体沥青、乳化沥青、煤沥青。透层油的黏度通过稀释剂的用量或努化沥青的浓度得到适宜的黏度，基质沥青的的针入度通常不小于100。透层用乳化沥青的蒸发残留物含量允许根据渗透情况适当调整，当使用成品乳化沥青时，可通过稀释得到要求的黏度。透层用液体沥青的黏度通过调节煤油或轻柴油等稀释剂的品种和掺量经试验确定。透层油的质量应符合规范的要求。透层油的用量应通过试洒确定，不宜超出表4-18要求的范围。

沥青路面透层材料的规格和用量　　　　　　表 4-18

用途	液体沥青		乳化沥青		煤沥青	
	规格	用量(L/m²)	规格	用量(L/m²)	规格	用量(L/m²)
无机结合料粒料基层	AL(M)-1、2或3 AL(S)-1、2或3	1.0~2.3	PC-2 PA-2	1.0~2.0	T-1 T-2	1.0~1.5
半刚性基层	AL(M)-1或2 AL(S)-1或2	0.6~1.5	PC-2 PA-2	0.7~1.5	T-1 T-2	0.7~1.0

注：表中用量是指包括稀释剂和水分等在内的液体沥青、乳化沥青的总量。乳化沥青中的残留物含量以50%为基准。

（2）施工技术要求

①气温低于10℃或大风、即将降雨时不得喷洒透层油。

②在无结合料粒料基层上洒布透层油时，宜在铺筑沥青层前1~2d洒布。而用于半刚性基层的透层油宜紧接在基层碾压成型后表面稍变干燥、但尚未硬化的情况下喷洒。

③喷洒透层油前应清扫路面,遮挡防护路缘石及人工构造物避免污染。

④透层油宜采用沥青洒布车一次喷洒均匀,使用的喷嘴宜根据透层油的种类和黏度选择并保证均匀喷洒,沥青洒布车喷洒不均匀时宜改用手工沥青洒布机喷洒。透层油洒布不均匀,有花白遗漏的应人工补洒,喷洒过量的立即撒布石屑或砂吸油,必要时作适当碾压。透层油洒布后不得在表面形成能被运料车和摊铺机沾起的油皮,透层汕达不到渗透深度要求时,应更换透层油稠度或品种。

⑤透层油洒布后的养生时间随透层油的品种和气候条件由试验确定,确保液体沥青中的稀释剂全部挥发,乳化沥青渗透且水分蒸发,然后尽早铺筑沥青面层,防止工程车辆损坏透层。

⑥喷洒后通过钻孔或挖掘确认透层油渗透入基层的深度宜不小于5mm(无机结合料稳定集料基层)~10mm(无结合料基层),并能与基层联结成为一体。沥青层必须在透层油完全渗透入基层后方可铺筑。

2. 黏层施工技术要点

(1)材料规格和用量

黏层油宜采用快裂或中裂乳化沥青、改性乳化沥青,也可采用快凝、中凝液体石油沥青,其规格和质量应符合规范的要求,所使用的基质沥青标号宜与主层沥青混合料相同。

黏层油品种和用量应根据下卧层的类型通过试洒确定,并符合表4-19的要求。当黏层油上铺筑薄层大空隙排水路面时,黏层油的用量宜增加到$0.6 \sim 1.0 L/m^2$。在沥青层之间兼作封层而喷洒的黏层油宜采用改性沥青或改性乳化沥青,其用量宜不少于$1.0 L/m^2$。

沥青路面黏层材料的规格和用量　　　　表4-19

下卧层类型	液体沥青		乳化沥青	
	规　格	用量(L/m²)	规　格	用量(L/m²)
新建沥青层或旧沥青路面	AL(R)-3~AL(R)-6 AL(M)-3~AL(M)-6	0.3~0.5	PC-3 PA-3	0.3~0.6
水泥混凝土	AL(M)-3~AL(M)-6 AL(S)-3~AL(S)-6	0.2~0.4	PC-3 PA-3	0.3~0.5

注:表中用量是指包括稀释剂和水分等在内的液体沥青、乳化沥青的总量。乳化沥青中的残留物含量以50%为基准。

(2)施工技术要求

①气温低于10℃时不得喷洒黏层油,寒冷季节施工不得不喷洒时可以分成两次喷洒。路面潮湿时不得喷洒黏层油,用水洗刷后需待表面干燥后喷洒。

②黏层油宜采用沥青洒布车喷洒,并选择适宜的喷嘴,洒布速度和喷洒量保持稳定。当采用机动或手摇的手工沥青洒布机喷洒时,必须由熟练的技术工人操作,均匀洒布。

③喷洒的黏层油必须成均匀雾状,在路面全宽度内均匀分布成一薄层,不得有洒花漏空或成条状,也不得有堆积。喷洒不足的要补洒,喷洒过量处应予刮除。

④喷洒黏层油后,严禁运料车外的其他车辆和行人通过。

⑤黏层油宜在当天洒布,待乳化沥青破乳、水分蒸发完成,或稀释沥青中的稀释剂基本挥发完成后,紧跟着铺筑沥青层,确保黏层不受污染。

任 务 工 单

学习情境四:沥青路面施工	班级			
工作任务五:沥青表面处治与功能层施工	姓名		学号	
	日期		评分	

一、概述

1. 沥青表面处治可采用_____铺筑,沥青标号应按现行施工技术规范相关规定选用。

2. 沥青表面处治主要包括_____。

3. 沥青表面处治适用于_____公路的沥青面层。

二、小组讨论上、下封层的技术要求。

三、小组讨论透层与黏层施工技术要点。

四、小组讨论沥青表面处治路面交工验收阶段的质量检验基本要求。

学习情境五　水泥混凝土路面施工

 情境概述

一、职业能力分析

学习能力

1. 了解水泥混凝土面层的特性、破坏现象及其影响因素；
2. 熟悉原材料的选择，普通水泥混凝土路面的配合比设计；
3. 会合理选择水泥混凝土路面的施工方式，并知道其施工流程；
4. 会选择各工序的施工机械设备，并能确定施工机械设备数量；
5. 掌握各工序的施工要点。

职业技能

1. 掌握水泥混凝土路面小型机具施工；
2. 掌握水泥混凝土路面三辊轴机组施工；
3. 掌握水泥混凝土路面轨道摊铺机施工；
4. 掌握水泥混凝土路面滑模摊铺机施工。

二、学习情境描述

水泥混凝土路面是以水泥混凝土做面层的路面，依据设计图纸和《公路水泥混凝土路面施工技术规范》(JTG F30—2003)的要求施工，进行材料、各工序施工质量的控制；依据《公路工程质量检验评定标准》(JTG F80/1—2004)的相关规定进行交工验收。

本学习情境分为5个工作任务：工作任务1是水泥混凝土路面施工的基础知识，工作任务2~工作任务5是水泥混凝土路面施工的具体工序。学生应沿着以下顺序进行学习：

水泥混凝土路面结构认知 → 材料准备 → 拌和物的搅拌与运输 → 施工方式的选择 → 面层的铺筑

三、教学环境要求

将整个学习内容划分成若干个工作任务，每个工作任务利用多媒体教学设备、课件和视频教学资料，按照"资讯→计划→决策→实施→检查→评估"的六步教学法开展教学，学生在教师指导下制定方案、实施方案，最终评估学习的结果。

采用"教、学、做"一体化，结合案例教学法，学习水泥混凝土路面施工的材料准备、各工序施工要点。

工作任务一　结构层认知

1. 应知应会

(1)熟悉水泥混凝土路面的类型;
(2)掌握水泥混凝土面层的相关特性;
(3)认知水泥混凝土面层的常见病害;
(4)认知水泥混凝土基层相关知识。

2. 学习要求

(1)仔细研读教程内容;
(2)翻阅相关资料,对比水泥混凝土路面与沥青路面的区别。

水泥混凝土路面是指以水泥混凝土为主要材料做面层的路面,简称混凝土路面。亦称刚性路面,俗称白色路面,它是一种高级路面。

一、水泥混凝土路面的发展史

1. 国外

1868年,苏格兰首次在因弗内斯通往某堆货场道路上铺筑水泥混凝土路面,19世纪末传入美国和德国。早年水泥混凝土路面大多用素混凝土按单层就地浇筑而成,少数也有做成双层式或配设钢筋的。20世纪20年代,欧、美各国在公路、城市道路和飞机场跑道上大量发展水泥混凝土路面,美国还开始试铺装配式预制块混凝土路面和连续配筋混凝土路面。对于预应力水泥混凝土路面,美、法两国分别于20世纪30年代和40年代中期开始试铺。70年代初,美国和荷兰开始试铺钢纤维混凝土路面。

2. 国内

20世纪20年代末开始在少数大城市的道路和飞机场跑道上铺筑水泥混凝土路面。1932~1933年在南京至杭州国道上铺筑了长500m、宽5.5m的水泥混凝土路面试验段。1940年在北京至天津公路上铺筑了长120km、宽3m的水泥混凝土路面。1948年在南京飞机场跑道上铺筑长2200m、宽45m、厚30cm的钢筋水泥混凝土道面。到50年代,随着水泥工业的发展,在中国的一些大、中城市的干道以及飞机场跑道上,开始大规模铺筑水泥混凝土路面。70年代初以来,一些省份在公路干线上开始铺筑水泥混凝土路面。目前我国的水泥混凝土路面多用于低等级公路的路面上,路面大多是用素混凝土按单层就地浇筑而成,但少数也有采用装配式预制板,或做成双层式,或配有钢筋。

二、水泥混凝土路面施工工序

混凝土路面施工的一般工序是:①安装边模、接缝嵌条、传力杆和钢筋网等;②拌和混凝土混合料并运至工地;③摊铺与振捣混凝土混合料;④整平混凝土表面并刷毛或刻槽;⑤养生与填缝。此外,还有试用真空吸水、振动碾压等工艺应用在水泥混凝土路面施工中。

一、水泥混凝土路面的类型

水泥混凝土路面包括普通混凝土(素混凝土)、钢筋混凝土、连续配筋混凝土、预应力混凝土、装配式混凝土、钢纤维混凝土和混凝土预制块铺砌等面层板和基(垫)层所组成的路面。

水泥混凝土面层一般采用设接缝的普通混凝土路面。普通混凝土路面是指除接缝区和局部范围(边缘和角隅)外不配置钢筋的混凝土路面。

二、水泥混凝土路面的优缺点

1. 优点

与其他类型路面相比,水泥混凝土路面具有以下优点:

(1)强度高。混凝土路面具有很高的抗压强度和较高的抗弯拉强度以及抗磨耗能力。

(2)稳定性好。混凝土路面的水稳性,热稳性均较好,特别是它的强度能随着时间的长而逐渐提高,不存在沥青路面的的那种"老化"现象。

(3)耐久性好。混凝土路面的强度和稳定性好,经久耐用,一般能使用20~40年,而且能通行包括履带式车辆等在内的各种运输工具。

(4)养护费用少,经济效益高。

(5)有利于夜间行车,混凝土路面色泽鲜明,能见度好,对夜间行车有利。

2. 缺点

水泥混凝土面层的缺点主要有以下几方面:

(1)对水泥和水的需要量大,在原材料供应不足或缺乏地区施工不便。

(2)施工困难。普通水泥混凝土面层设置的接缝增加了施工和养护的复杂性,而且影响行车的舒适性,且易导致路面板边和板角处破坏。

(3)开放交通较迟。面层完工后,一般要经过14~21d养生才能开放交通,如需提早开放交通,则需采取特殊措施。

(4)修复困难。水泥混凝土面层损坏后,开挖很困难,养护工作量大,且影响交通。

三、水泥混凝土路面的力学性能与路用性能要求

水泥混凝土路面的力学性能与路用要求如下:

(1)水泥混凝土面层应具有足够的强度、耐久性,表面抗滑、耐磨、平整。应从材料、施工工艺上严格执行《公路水泥混凝土路面施工技术规范》(JTG F30—2003)的规定。

(2)水泥混凝土面板的弯拉强度远小于抗压强度。当弯拉应力超过混凝土面板弯拉强度时,面板将产生断裂破坏。普通水泥混凝土路面配合比设计的强度指标是弯拉强度而不是抗压强度。

(3)面板顶面、底面的温度变化使板体内产生温度翘曲应力,板的平面尺寸越大,翘曲应力越大。在行车荷载作用下,混凝土面板产生弯曲,当轮载作用于面板中部时,面板顶面出现压应力而底面承受弯拉应力;当轮载作用于板角时,面板底面承受压应力而顶面出现弯拉应力。在重复荷载作用下,混凝土面板反复承受弯拉应力与压应力的作用,应考虑荷载疲劳

应力与温度疲劳应力的综合作用进行混凝土面板厚度的设计。

(4)水泥混凝土是一种脆性材料,它在断裂时的相对拉伸变形很小,在弯曲断裂时的表面相对拉伸变形只有1/10000~3/10000,所以在荷载作用下,土基、基层的变形情况对混凝土面板的影响很大,不均匀的变形会导致面板与基层脱空,板体由此而产生断裂。因此,在水泥混凝土面层摊铺前,应对基层进行检查处理,并洒水湿润(防混凝土面层失水产生裂缝);施工时注意接缝设置、切缝时间、养生,以防裂缝及断板。

(5)水泥混凝土路面表面构造应采用刻槽、压槽、拉槽或拉毛等方法制作,以满足表面抗滑的要求。

四、水泥混凝土基层

水泥混凝土基层又称为刚性基层。在重载交通,运输煤、矿石、建筑材料等的公路上,沥青路面结构选用贫混凝土做基层比较实用。在交通繁重的公路上,水泥混凝土路面结构应优先选用贫混凝土、碾压混凝土做基层。

当采用贫混凝土做沥青路面的基层时,贫混凝土的配合比设计应根据28d龄期的抗弯拉强度试验确定水泥剂量,宜为8%~12%;集料的最大粒径不应大于31.5m;施工质量管理与控制宜用7d龄期的抗压强度评价;其厚度一般为20~28cm,最小厚度应大于15cm。贫混凝土基层的强度要求见表5-1。

贫混凝土基层的强度要求　　　　　　表5-1

试 验 项 目	28d抗弯拉强度(MPa)	28d抗压强度(MPa)	7d抗压强度(MPa)
特重、重交通	2.5~3.5	12~20	9~15
中交通	2.0~3.0	9~16	7~12

刚性基层应设置纵、横向接缝。贫混凝土做沥青路面的基层时,接缝中应灌入填缝料,其顶面应设置热沥青或改性沥青、改性乳化沥青黏结层,以加强层间结合。

任务工单

学习情境五:水泥混凝土路面施工 工作任务一:结构层认知	班级			
	姓名		学号	
	日期		评分	

1.水泥混凝土路面的优缺点有哪些?

2.水泥混凝土路面有哪些力学性能与路用性能要求?

工作任务二 原材料准备

 **任务概述**

1. 应知应会

（1）熟悉水泥混凝土路面使用原材料的选择；

（2）熟悉普通水泥混凝土配合比设计的相关知识；

（3）认知原材料的检验与存储。

2. 学习要求

（1）仔细研读教程内容；

（2）进行普通混凝土路面配合比设计。

 **相关知识**

开工前，工地试验室应合理选择原材料，并用合格的原材料进行水泥混凝土配合比设计，提交监理工程师进行水泥混凝土配合比验证。

根据路面施工进度安排，及时供给原材料，分批量检验和储存，不合格原材料不得进场。

 任务实施

一、原材料的选择

1. 水泥

水泥品种及强度等级的选择与交通等级密切相关。

（1）水泥品种选择

特重、重交通路面宜采用道路硅酸盐水泥，也可采用硅酸盐水泥或普通硅酸盐水泥；中、轻交通的路面可采用矿渣硅酸盐水泥；低温天气施工或有快通要求的路段可采用 R 型水泥，此外宜采用普通型水泥。采用何种水泥，应根据水泥混凝土路面特点和所处的环境条件、施工气候和条件等因素，参照表5-2选用。

常用水泥品种的选用参考表　　　　　　　　表 5-2

序号	混凝土结构环境条件或特殊要求	优先使用	可以使用	不得使用
1	地面以上不接触水流的普通环境中	硅酸盐水泥 普通水泥	矿渣水泥 火山灰水泥 粉煤灰水泥	
2	干燥环境中	硅酸盐水泥 普通水泥	矿渣水泥	火山灰水泥 粉煤灰水泥
3	受水流冲刷或冰冻	硅酸盐水泥 普通水泥	矿渣水泥	火山灰水泥 粉煤灰水泥
4	处于河床最低冲刷线以下	矿渣水泥 火山灰水泥 粉煤灰水泥	硅酸盐水泥 普通水泥	
5	严寒地区露天或寒冷地区水位升降范围内	硅酸盐水泥 普通水泥	矿渣水泥 （强度等级 >32.5）	火山灰水泥 粉煤灰水泥

续上表

序号	混凝土结构环境条件或特殊要求	优先使用	可以使用	不得使用
6	严寒地区水位升降范围内	硅酸盐水泥 普通水泥 （强度等级>42.5）		矿渣水泥 火山灰水泥 粉煤灰水泥
7	厚大体积结构施工时要求水化热低	矿渣水泥 粉煤灰水泥	普通水泥 火山灰水泥	硅酸盐水泥 快硬水泥
8	要求快速脱模	硅酸盐水泥 快硬水泥	普通水泥	
9	低温环境施工要求早强	硅酸盐水泥 快硬水泥	普通水泥	
10	蒸汽养护	矿渣水泥 火山灰水泥 粉煤灰水泥	硅酸盐水泥 普通水泥	
11	要求抗渗	普通水泥 火山灰水泥 粉煤灰水泥	硅酸盐水泥	矿渣水泥
12	要求耐磨	硅酸盐水泥 普通水泥	矿渣水泥 （强度等级>42.5） 快硬水泥	火山灰水泥 粉煤灰水泥
13	接触侵蚀性环境中	根据侵蚀介质种类、浓度等具体条件，按有关规定或通过试验选用		

(2) 水泥强度等级

选用水泥强度等级应与要求配制的混凝土等级相适应。如必须用高强度等级水泥配制低强度等级混凝土，会使水泥用量偏小，影响和易性和密实性，从而应加入一定数量的混合材料；如必须用低强度等级水泥配制高强度等级混凝土，则会使水泥用量过大，不经济，而且会影响混凝土其他技术性质，如造成收缩率增大等。经验表明，一般以水泥强度等级（以MPa为单位）为混凝土强度等级的1.1~1.6倍为宜，配制强度等级较高的混凝土时，以水泥强度等级（以MPa为单位）为混凝土强度等级的0.7~1.2倍。但是，随着混凝土要求的强度等级不断提高，近代高强混凝土并不受此比例的约束。

水泥混凝土路面用水泥的强度等级的选择，应根据路面的交通等级所要求的设计抗弯拉强度确定，参照表5-3。水泥供应条件允许，应优先选用早强型水泥，以缩短养护时间。

各交通等级路面水泥各龄期的实测抗折强度与抗压强度 表5-3

交通等级	特重交通超重载		特重交通		重交通		中、轻交通	
水泥混凝土的弯拉强度标准值（MPa）	5.5		5.0		5.0		4.5、4.0	
龄期（d）	3	28	3	28	3	28	3	28
抗压强度（MPa）	23.0	52.5	20.0	47.5	16.0	42.5	11.0	32.5
抗折强度（MPa）	5.0	8.0	4.5	7.5	4.0	7.0	3.5	6.5

注：特重交通超重载水泥混凝土路面设计为5.5MPa弯拉强度时采用，如运煤专线公路、矿区公路、施工专用公路等。

选用水泥时，还应通过混凝土配合比试验，根据其配制弯拉强度、耐久性和工作性优选适宜的水泥品种、强度等级。

(3) 水泥的化学成分和物理指标。水泥的化学成分、物理指标应符合《公路水泥混凝土路面施工技术规范》（JTG F30—2003）的有关规定。

(4)采用机械化施工时,宜选用散装水泥。

2. 粗集料

1)技术要求

粗集料应使用质地坚硬、耐久、洁净的碎石、碎卵石和卵石。粗集料的压碎值、坚固性、针片状颗粒含量、含泥量、碱集料反应等物理力学指标,应符合《公路水泥混凝土路面施工技术规范》(JTG F30—2003)的有关规定。

2)最大粒径与级配范围

(1)最大粒径的选择

新拌混凝土随着最大粒径的增加,单位用水量相应减少。在固定用水量和水灰比的条件下,加大粒径,可获得较好的和易性,或减少水灰比而提高混凝土的强度和耐久性。在结构截面允许的条件下,尽量增大最大粒径可节约水泥(但需要注意,增大粒径虽可提高抗压强度,但会降低抗拉强度)。根据《混凝土结构工程施工质量验收规范》(GB 50204—2002)规定:混凝土用粗集料最大粒径不得超过结构截面最小尺寸的1/4,且不得超过钢筋间最小净距的3/4,对混凝土实心板,骨料的最大粒径不宜超过板厚的1/3,且不得超过40mm。

(2)颗粒级配

粗集料颗粒级配的好坏,直接影响混凝土的技术性质经济效果,因而粗集料级配的选定,是保证混凝土质量的重要一环。粗集料的级配应符合表5-4的规定。当连续级配不能配成满意的混合料时,可掺配单粒级集料。连续级配矿质混合料的优点是所配制的新拌混凝土可能性较为密实,特别是具有优良的工作性,不易产生离析等现象,故为经常采用的级配。

粗集料级配范围　　　　　　　　　　　　　表5-4

级配情况	序号	公称粒级(mm)	筛孔尺寸(方孔筛,mm)										
			2.36	4.75	9.5	16.0	19.0	26.5	31.5	37.5	53.0	63.0	75.0	90
			累计筛余(按质量计%)											
连续粒级	1	5~10	95~100	80~100	0~15	0	—	—	—	—	—	—	—	—
	2	5~16	95~100	90~100	30~60	0~10	—	—	—	—	—	—	—	—
	3	5~20	95~100	90~100	40~80	—	0~10	0	—	—	—	—	—	—
	4	5~25	95~100	90~100	—	30~70	—	0~5	0	—	—	—	—	—
	5	5~31.5	95~100	90~100	70~90	—	15~45	—	0~5	0	—	—	—	—
	6	5~40	—	95~100	75~90	—	30~65	—	—	0~5	0	—	—	—
单粒级	1	10~20	—	95~100	85~100	—	0~10	0	—	—	—	—	—	—
	2	16~31.5	—	95~100	—	85~100	—	—	0~10	0	—	—	—	—
	3	20~40	—	—	95~100	—	80~100	—	—	0~10	0	—	—	—
	4	31.5~63	—	—	—	95~100	—	—	75~100	45~75	—	0~10	0	—
	5	40~80	—	—	—	—	95~100	—	—	70~100	—	30~60	0~10	0

3. 细集料

(1)技术要求

细集科应采用质地坚硬、耐久、洁净的天然砂、机制砂或混合砂。细集料的含泥量、石粉含量和泥块含量,有害物质及坚固性等技术指标应符合《公路水泥混凝土路面施工技术规范》(JTG F30—2003)的有关规定。

(2)级配范围与细度模数

优质的混凝土用砂希望具有高的密实度和小的比表面,以达到即保证所拌制混凝土有适宜的工作性和硬化后混凝土有一定的强度、耐久性,同时又节约水泥的目的。

砂的级配反映大小砂粒的搭配情况,级配影响砂的空隙率的大小,为节约水泥和提高混凝土的密实度,应该使用级配良好的砂以达到最小的空隙率。

混凝土用砂的级配范围根据《建筑用砂》(GB/T14684—2001)的规定,砂按细度模数分为粗砂(3.7~3.1)、中砂(3.0~2.3)和细砂(2.2~1.6);按技术要求分为Ⅰ、Ⅱ、Ⅲ类,Ⅰ类砂宜用于强度等级大于C60的混凝土,Ⅱ类砂宜用于强度等级为C30~C60的混凝土,Ⅲ类砂宜用于强度等级小于C30的混凝土和建筑砂浆。细集料的级配应符合表5-5的规定。

细集料级配范围 表5-5

方孔筛(mm) \ 级配区	Ⅰ	Ⅱ	Ⅲ
9.50	0	0	0
4.75	10~0	10~0	10~0
2.36	35~5	25~0	15~0
1.18	65~35	50~10	25~0
0.6	85~71	70~41	40~16
0.3	95~80	92~70	85~55
0.15	100~90	100~90	100~90

4. 水

饮用水可直接作为混凝土搅拌、养护用水。若对水质有疑问时,应按《公路水泥混凝土路面施工技术规范》(JTG F30—2003)的有关规定进行检验。

5. 外加剂

有抗冰(盐)冻要求地区:各交通等级路面、桥面、路缘石、路肩及贫混凝土基层必须使用引气剂;无抗冰(盐)冻要求地区:二级及二级以上公路路面混凝土中应使用引气剂。

路面水泥混凝土往往需要掺减水剂,以满足施工规范规定的最大单位水量要求。高温施工宜使用引气缓凝(保塑)(高效)减水剂;低温施工宜使用引气早强(高效)减水剂。选定减水剂品种前,必须与所用的水泥进行化学成分和剂量适应性检验。化学成分不适应,必须更换减水剂品种。剂量不适应,应进行减水剂不同掺量的混凝土试验,找到所用水泥的减水剂最佳掺量。

处在海水、海风、氯离子、硫酸根离子环境的或冬季洒除冰盐的路面或桥面钢筋混凝土、钢纤维混凝土中宜掺阻锈剂。

外加剂的产品质量应符合《公路水泥混凝土路面施工技术规范》(JTG F30—2003)的有关规定。供应商应提供有相应资质外加剂检测机构的品质检测报告,检验报告应说明外加剂的主要化学成分,认定对人员无毒副作用。

6. 掺合料

掺合料包括粉煤灰、火山灰质、粒化高炉矿渣等,应由生产单位专门加工、进行产品检验并出具产品合格证书。使用单位对产品的质量有怀疑时,应对其质量进行复查,掺合料技术条件如下。

1）掺用于混凝土的粉煤灰技术条件

（1）烧失量不得超过8%；

（2）含水率不得超过1%；

（3）三氧化硫的含量不得超过3%；

（4）0.08mm方孔筛筛余量不得超过8%；

（5）水泥胶砂需水量不得超过105%。

2）火山灰质材料作掺合材料的技术条件

（1）人工的火山灰质混合材料烧失量不得超过10%；

（2）三氧化硫的含量不得超过3%；

（3）火山灰性试验必须合格；

（4）水泥胶砂28d抗压强度不得低于62%。

3）粒化高炉矿渣作掺合材料的技术条件

（1）粒化高炉矿渣质量系数（$CaO + MgO + Al_2O_3$）/（$SiO_2 + MnO + TiO_2$）不得小于1.2（式中化学成分均为质量百分数）。

（2）钛化合物含量（以TiO_2计），不得超过10%，氟化物含量（以F计）不得超过2%，锰化合物含量（以MnO计）不得超过4%。

冶炼锰铁所得粒化高炉渣，其锰化物的含量（以MnO计）不得超过15%；硫化物的含量（以S计）不得超过2%。

（3）高炉矿渣的淬冷的块状矿渣，经直观挑选，不得大于5%，其最大尺寸不得大于100mm。

（4）不得混有任何外来杂物。金属铁的含量应严格控制。

7. 钢筋

混凝土路面所用钢筋网、传力杆、拉杆等钢筋，应符合国家有关标准的技术要求。钢筋应顺直，不得有裂纹、断伤、刻痕、表面油污和锈蚀。传力杆钢筋加工应锯断，不得挤压切断；断口应垂直、光圆，用砂轮打磨掉毛刺，并加工成2~3mm圆倒角。

8. 接缝材料

（1）胀缝材料

胀缝板、胀缝橡胶填缝条的技术要求应符合《公路水泥混凝土路面施工技术规范》（JTG F30—2003）的有关规定。高等级公路宜采用塑胶、橡胶泡沫板或沥青纤维板；其他公路可采用橡胶泡沫板、沥青纤维板、杉木板、杨木板、松木板等各种胀缝板。

（2）缩缝填缝材料

填缝材料技术指标应符合《公路水泥混凝土路面施工技术规范》（JTG F30—2003）的有关规定。

常温施工式填缝料主要有聚（氨）酯、硅树脂类，以及氯丁橡胶、沥青橡胶类等。加热施工式填缝料主要有沥青玛蹄脂类、聚氯乙烯胶泥类、改性沥青类等。高等级公路应优选使用树脂类、橡胶类或改性沥青类填缝材料，并宜在填缝料中加入耐老化剂。

（3）缩缝背衬垫条

填缝时应使用背衬垫条控制填缝形状系数。背衬垫条应具有良好的弹性、柔韧性、不吸水、耐酸碱腐蚀和高温不软化等性能。背衬垫条材料有聚氨酯、橡胶或微孔泡沫塑料等，其形状应为圆柱形，直径应比接缝宽度大2~5mm。

二、原材料检验与储存

1. 原材料检验

将相同料源、规格、品种的原材料作为一批,分批量检验和储存。原材料的检验项目和批量应符合表 5-6 的规定。

原材料检测项目与频率　　　　　　　　　　　表 5-6

材料	检查项目	检查频度	
		高等级公路	其他公路
水泥	抗折强度、抗压强度,安定性	机铺 1500t 一批	机铺 1500t、小型机具 500t 一批
	凝结时间,标稠需水量,细度	机铺 2000t 一批	机铺 3000t、小型机具 500t 一批
	f-CaO、MgO、SO_3 含量,铝酸三钙、铁铝酸四钙、干缩率、耐磨性、碱度,混合材料种类及数量	每标段不少于 3 次,进场前必测	每标段不少于 3 次,进场前必测
	温度、水化热	冬、夏季施工随时检测	冬、夏季施工随时检测
粉煤灰	活性指数、细度、烧失量	机铺 1500t 一批	机铺 1500t、小型机具 500t 一批
	需水量比、SO_3 含量	每标段不少于 3 次,进场前必测	每标段不少于 3 次,进场前必测
粗集料	针片状、超径颗粒含量,级配,表观密度,堆积密度,空隙率	机铺 2500m³ 一批	机铺 5000m³、小型机具 1500m³ 一批
	含泥量、泥块含量	机铺 1000m³ 一批	机铺 2000m³、小型机具 1000m³ 一批
	坚固性、岩石抗压强度、压碎指标	每种粗集料每标段不少于 2 次	每种粗集料每标段不少于 2 次
	碱集料反应	怀疑有碱活性集料进场前测	怀疑有碱活性集料进场前测
	含水率	降雨或湿度变化随时测	降雨或湿度变化随时测
砂	细度模数,表观密度,堆积密度,空隙率,级配	机铺 2000m³ 一批	机铺 4000m³、小型机具 1500m³ 一批
	含泥量、泥块、石粉含量	机铺 1000m³ 一批	机铺 2000m³、小型机具 500m³ 一批
	坚固性	每种砂每标段不少于 2 次	每种砂每标段不少于 2 次
	云母含量,轻物质与有机物含量	目测有云母或杂质时测	目测有云母或杂质时测
	含盐量(硫酸盐、氯盐)	必要时测,淡化海砂每标段 3 次	必要时测,淡化海砂每标段 2 次
	含水率	降雨或湿度变化随时测	降雨或湿度变化随时测
外加剂	减水剂减水率,液体外加剂含固量和相对密度,粉状外加剂的不溶物含量	机铺 5t 一批	机铺 5t、小型机具 3t 一批
	引气剂引气量、气泡细密程度和稳定性	机铺 2t 一批	机铺 3t、小型机具 1t 一批
钢纤维	抗拉强度、弯折性能、长度、长径比、形状	开工前或有变化时,每标段 3 次	开工前或有变化时,每标段 3 次
	杂质、质量及其偏差	机铺 50t 一批	机铺 50t、小型机具 30t 一批

续上表

材料	检查项目	检查频度	
		高等级公路	其他公路
养生剂	有效保水率、抗压强度比、耐磨性、耐热性、膜水溶性	开工前或有变化时,每标段3次	开工前或有变化时,每标段3次
	含固量、成膜时间	试验路段测,施工每5t测1次	试验路段测,施工每5t测1次
水	pH值、含盐量、硫酸根及杂质含量	开工前和水源有变化时	开工前和水源有变化时

注：①开工前,所有原材料项目均应检验;当原材料规格、品种、生产厂、来源变化时,必检;
②机铺是指滑模、轨道、三辊轴机组和碾压混凝土摊铺,数量不足一批时,按一批检验。

2. 原材料存储要求

严禁使用受潮的水泥。施工前,应储备正常施工10～15d所需的砂石料,大型滑模摊铺施工宜储备1个月以上的砂石料。砂石料场要硬化,不同规格的砂石料应用隔离设施,并设标识牌,严禁混杂。在低温天、雨天、大风天及日照强烈的条件下,应在砂石料堆上部架设顶篷或覆盖,覆盖砂石料数量不宜少于正常施工一周的用量。

任务工单

任务工单				
学习情境五：水泥混凝土路面施工 工作任务二：原材料准备	班级			
	姓名		学号	
	日期		评分	
1. 如何选择水泥品种和强度等级？				
2. 简述水泥混凝土中粗集料的技术要求。				

工作任务三　水泥混凝土拌和物的搅拌与运输

任务概述

1. 应知应会

(1)认知水泥混凝土拌和物的搅拌；
(2)认知水泥混凝土拌和物的运输。

2. 学习要求

(1)仔细研读教程内容；
(2)能计算确定搅拌楼数量和型号。

相关知识

水泥混凝土的拌和物的搅拌可以采用搅拌机或搅拌楼进行,应根据工程量和工程性质来选择拌和设备。搅拌过程要符合相关要求,搅拌完成后应进行质量检验,检验合格后方可用水泥混凝土搅拌车进行运输,在运输过程中应防止离析、漏浆、漏料和污染路面。

 任务实施

一、水泥混凝土拌和物的搅拌

1. 搅拌设备

(1)总拌和生产能力要求

采用滑模、轨道、碾压、三辊轴机组摊铺时,搅拌场配置的混凝土总拌和生产能力可按式(5-1)计算,并按总拌和能力确定搅拌楼(图5-1)数量和型号。

$$M = 60\mu b h v_t \tag{5-1}$$

式中:M——搅拌楼总拌和能力(m^3/h);

b——摊铺宽度(m);

v_t——摊铺速度(m/min),一般不小于1m/min;

h——面板厚度(m);

μ——搅拌楼可靠性系数,取1.2~1.5,根据下述具体情况确定:搅拌楼可靠性高,μ可取较小值;反之,μ取较大值;拌和钢纤维混凝土时,μ应取较大值;坍落度要求较低者,μ应取较大值。

图5-1 搅拌楼

(2)搅拌场最小生产容量

搅拌楼最小生产容量应满足表5-7的规定,一般可配备2~3台搅拌楼,最多不宜超过4台,搅拌楼的规格和品牌尽可能统一。

不同摊铺方式的搅拌楼最小配置容量(m^3/h)　　　　表5-7

摊铺宽度 \ 摊铺方式	滑模摊铺	轨道摊铺	碾压混凝土	三辊轴摊铺	小型机具
单车道3.75~4.5m	≥100	≥75	≥75	≥50	≥25
双车道7.5~9m	≥200	≥150	≥150	≥100	≥50
整幅宽≥12.5m	≥300	≥200	≥200	—	—

(3)搅拌机型选择

间歇搅拌楼搅拌精确度高于连续楼,弃料少,宜优先选配间歇搅拌楼。强制双卧轴或行星立轴是搅拌效果最好的机型。自落式小滚筒搅拌机体积计量不准,加水量易失控,导致强度失控,混凝土拌和物质量和匀质性无法保证,采用这种方式铺筑的路面表面砂浆和水泥浆的聚积程度不同,表面色泽不均匀。

(4)搅拌楼的配套设备

每台搅拌楼应配齐自动供料、称量、计量、砂石料含水率反馈控制、外加剂加入装置和计算机自控所需的各种内置设备。同时还应配齐生产所需的其他各种外置设备,包括3~4个砂石料仓,1~2个外加剂池,3~4个水泥及粉煤灰罐仓。使用袋装水泥时应配备拆包和水泥输送设备。搅拌场应配备适量装载机或推土机供应砂石料。

2. 拌和技术要求

(1) 搅拌楼的标定和校验

每台搅拌楼在投入生产前,必须进行标定和试拌。在标定有效期满或搅拌楼搬迁安装后,均应重新标定。施工中应每15d校验一次搅拌楼计量精确度。搅拌楼配料计量偏差不得超过表5-8的规定。不满足时,应分析原因,排除故障,确保拌和计量精确度。采用计算机自动控制系统的搅拌楼时,应使用自动配料生产,并按需要打印每天(周、旬、月)对应路面摊铺桩号的混凝土配料统计数据及偏差。定期测定集料含水率,并进行混凝土的配合比调整。

搅拌楼的混凝土拌和计量允许偏差(%)　　　　表5-8

材料名称	水泥	掺合料	钢纤维	砂	粗集料	水	外加剂
高等级公路每盘	±1	±1	±2	±2	±2	±1	±1
高等级公路累计每车	±1	±1	±1	±2	±2	±1	±1
其他公路	±2	±2	±2	±3	±3	±2	±2

(2) 拌和时间

应根据拌和物的黏聚性、均质性及强度稳定性试拌确定最佳拌和时间。一般情况下,单立轴式搅拌机总拌和时间宜为80~120s,全部原材料到齐后的最短纯拌和时间不宜短于40s;行星立轴和双卧轴式搅拌机总拌和时间为60~90s,最短纯拌和时间不宜短于35s;连续双卧轴搅拌楼的最短拌和时间不宜短于40s。为保证搅拌楼产量,最长总拌和时间不应超过高限值的2倍。

(3) 砂石料拌和要求

混凝土拌和过程中,不得使用沥水、夹冰雪、表面沾染尘土和局部暴晒过热的砂石料。

(4) 外加剂掺加要求

外加剂应以稀释溶液加入,其稀释用水和原液中的水量应从拌和加水量中扣除。使用间歇搅拌楼时,外加剂溶液浓度应根据外加剂掺量、每盘外加剂溶液筒的容量和水泥用量计算得出。连续式搅拌楼应按流量比例控制加入外加剂。加入搅拌锅的外加剂溶液应充分溶解,并搅拌均匀。有沉淀的外加剂溶液,应每天清除一次稀释池中的沉淀物。

(5) 引气混凝土拌和要求

拌和引气混凝土时,搅拌楼一次拌和量不应大于其额定搅拌量的90%。纯拌和时间应控制在含气量最大或较大时。

(6) 粉煤灰等掺合料掺加要求

粉煤灰或其他掺合料应采用与水泥相同的输送、计量方式加入。粉煤灰混凝土的纯拌和时间应比不掺的延长10~15s。当同时掺用引气剂时,宜通过试验适当增大引气剂掺量,以达到规定含气量。

3. 拌和物质量检验项目和频率

混凝土搅拌过程中,拌和物质量检验与控制应符合表5-9的规定。

低温或高温天气施工时,拌和物出料温度宜控制在10~35℃。若拌和物视密度误差大于2%,应及时调整砂石料用量。拌和物应均匀一致,有生料、干料、离析或外加剂、粉煤灰成团现象的非均质拌和物严禁用于路面摊铺。一台搅拌楼的每盘之间,各搅拌楼之间,拌和物的坍落度最大允许偏差为±10mm。拌和坍落度应为最适宜摊铺的坍落度值与当时气温下运输坍落度损失值两者之和。

混凝土拌和物的质量检验项目和频率　　　　　　　　　表 5-9

检查项目	检查频度	
	高等级公路	其他公路
水灰比及稳定性	每 5000m³ 抽检 1 次,有变化随时测	每 5000m³ 抽检 1 次,有变化随时测
坍落度及均匀性	每工班测 3 次,有变化随时测	每工班测 3 次,有变化随时测
坍落度损失率	开工、气温较高和有变化随时测	开工、气温较高和有变化随时测
振动黏度系数	试拌、原材料和配合比有变化时测	试拌、原材料和配合比有变化时测
钢纤维体积率	每工班测 2 次,有变化随时测	每工班测 1 次,有变化随时测
含气量	每工班测 2 次,有抗冻要求不少于 3 次	每工班测 1 次,有抗冻要求不少于 3 次
泌水率	必要时测	必要时测
视密度	每工班测 1 次	每工班测 1 次
温度、凝结时间、水化发热量	冬、夏季施工,气温最高、最低时,每工班至少测 1~2 次	冬、夏季施工,气温最高、最低时,每工班至少测 1 次
离析	随时观察	随时观察
VC 值及稳定性、压实度、松铺系数	碾压混凝土做复合式路面底层时,检查频率与其他公路相同	每工班测 3~5 次,有变化随时测

二、水泥混凝土拌和物的运输

1. 运输设备

水泥混凝土运输车辆(图 5-2)可选配车况优良、载重 5~20t 的自卸车。自卸车后挡板应关闭紧密,运输时不漏浆撒料,车箱板应平整光滑,其最大运距不应超过 20km。远距离运输或摊铺钢筋混凝土路面时,宜选配水泥混凝土搅拌车。

图 5-2　水泥混凝土搅拌车

应根据施工进度、运量、运距及路况选配车型和车辆总数。总运力应比总拌和能力略有富余,确保新拌混凝土在规定时间内运到摊铺现场。机械摊铺系统配套的运输车辆数量可按式(5-2)计算:

$$N = 2n\left(1 + \frac{s\rho_0 m}{v_q g_q}\right) \tag{5-2}$$

式中:N——汽车辆数(辆);

　　n——相同产量搅拌楼台数;

　　s——单程运输距离(km);

　　ρ_0——混凝土密度(t/m³);

m——台搅拌楼每小时生产能力(m^3/h);

v_q——车辆的平均运输速度(km/h);

g_q——汽车载重能力(t/辆)。

2. 运输技术要求

(1)装车前,要冲洗干净车厢并洒水湿润,但不允许积水。

(2)减少拌和物离析:装料时,自卸车应挪动车位,搅拌楼卸料落差不应大于2m;车辆起步和停车应平稳;自卸车运输应减小颠簸。

(3)混凝土运输过程中应防止漏浆、漏料和污染路面。

(4)驾驶员要了解混凝土拌和物出料到运输、铺筑完毕允许最长时间,见表5-10,途中不得随意耽搁,混凝土一旦在车内停留超过初凝时间,应采取紧急措施处置,严禁混凝土硬化在车厢(罐)内。使用自卸车运输混凝土的最远运输半径不宜超过20km。烈日、大风、雨天和低温天远距离运输时,自卸车应遮盖混凝土,罐车宜加保温隔热套。

(5)运输车辆严禁碰撞模板或基准线,一旦碰撞,应告知测工重新测量纠偏。

(6)车辆倒车及卸料时,应有专人指挥。卸料应到位,严禁碰撞摊铺机、前场施工设备及测量仪器。卸料完毕,车辆应迅速离开。

(7)碾压混凝土卸料时,车辆应在前一辆车离开后立即倒向摊铺机,并在机前10~30cm处停住,不得撞击沥青摊铺机。然后换成空挡,并迅速升起料斗卸料,靠摊铺机推动前进。

混凝土拌和物出料到运输、铺筑完毕允许最长时间　　　表5-10

施工气温(℃)	到运输完毕允许最长时间(h)		到铺筑完毕允许最长时间(h)	
	滑模、轨道	三轴、小机具	滑模、轨道	三轴、小机具
5~9	2.0	1.5	2.5	2.0
10~19	1.5	1.0	2.0	1.5
20~29	1.0	0.75	1.5	1.25
30~35	0.75	0.50	1.25	1.0

注:表中施工气温是指施工时间的日间平均气温,使用缓凝剂延长凝结时间后,本表数值可增加0.25~0.5h。

 任务工单

任 务 工 单

学习情境五:水泥混凝土路面施工 工作任务三:水泥混凝土拌和物的搅拌与运输	班级		
	姓名		学号
	日期		评分

结合某已有工程的施工方案,小组学习、讨论并回答以下问题,以熟悉水泥混凝土路面施工的内容和要点。

1. 水泥混凝土拌和楼,如何考虑砂石材料的含水率?

2. 如何控制水泥混凝土拌和物的拌和质量?

工作任务四 水泥混凝土路面施工方式的选择

 任务概述

1. 应知应会
(1)认知水泥混凝土路面的施工方式；
(2)熟悉水泥混凝土路面施工流程图。

2. 学习要求
(1)仔细研读教程内容；
(2)能正确的选择水泥混凝土路面的施工方式。

 相关知识

根据公路等级的不同,按表 5-11 选择水泥混凝土路面的施工方式。

水泥混凝土路面施工方式的选择　　　　　　　　　　　表 5-11

施工方式	高速公路	一级公路	二级公路	三级公路	四级公路
滑模摊铺机	√	√	√	▲	○
轨道摊铺机	▲	√	√	√	○
三辊轴机组	○	▲	√	√	√
小型机具	×	○	▲	√	√
碾压混凝土机械	×	○	√	√	▲

注：①符号含义：√应使用；▲有条件使用；○不宜使用；×不得使用。
②碾压混凝土亦可用于高等级公路复合式路面的下面层和贫混凝土(透水)基层。

 任务实施

一、小型机具施工工艺流程图

水泥混凝土路面小型机具施工工艺流程如图 5-3 所示。

二、三辊轴机组施工工艺流程图

水泥混凝土路面三辊轴机组施工工艺流程如图 5-4 所示。

三、轨道摊铺机施工工艺流程图

水泥混凝土路面轨道摊铺机施工工艺流程如图 5-5 所示。

四、滑模摊铺机施工工艺流程图

水泥混凝土路面滑模摊铺机施工工艺流程如图 5-6 所示。

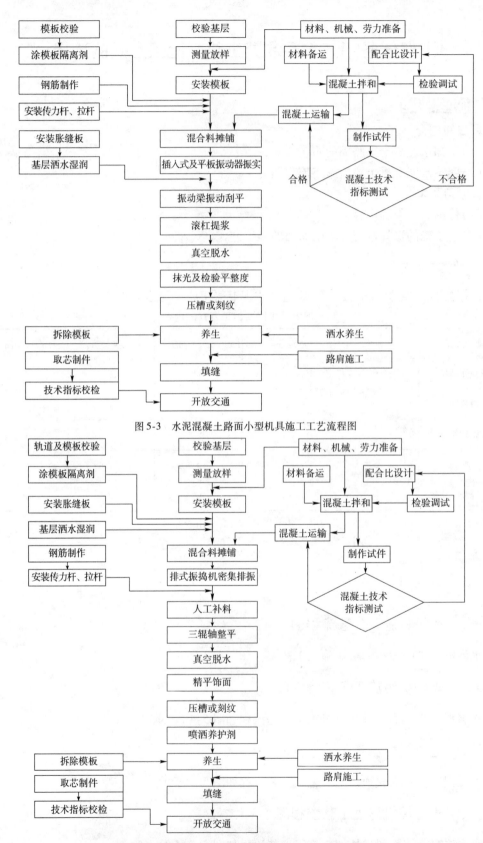

图 5-3 水泥混凝土路面小型机具施工工艺流程图

图 5-4 水泥混凝土路面三辊轴机组施工工艺流程图

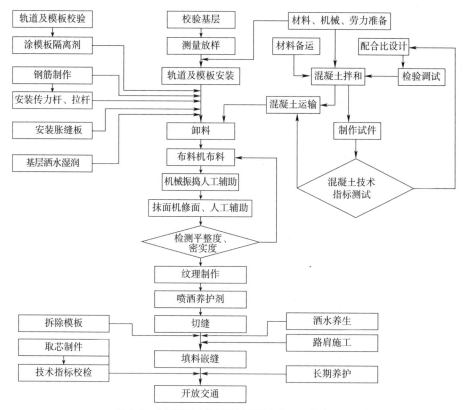

图 5-5 水泥混凝土路面轨道摊铺机施工工艺流程图

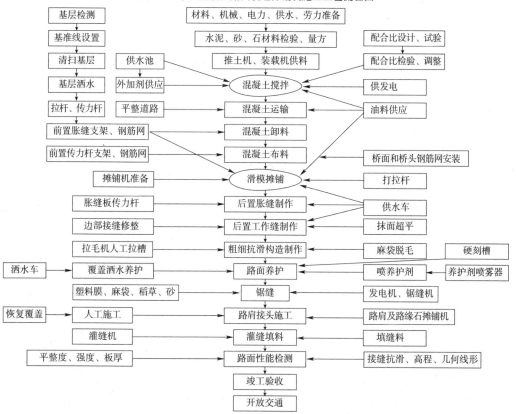

图 5-6 水泥混凝土路面滑模摊铺机施工工艺流程图

任务工单

学习情境五:水泥混凝土路面施工 工作任务四:水泥混凝土路面施工方式的选择	班级		
	姓名	学号	
	日期	评分	
通过在教师的引导下观看水泥混凝土路面施工录像,查阅相关规范、回答和分析以下问题: 高等级公路水泥混凝土路面一般采用什么类型的施工工艺流程?			

工作任务五　水泥混凝土面层的铺筑

任务概述

1. 应知应会

（1）认知模板架设与拆除的相关知识；

（2）认知小型机具、三辊轴机组、轨道摊铺机和滑模摊铺机铺筑的相关知识；

（3）了解接缝施工的相关知识；

（4）认知抗滑构造施工的相关知识；

（5）熟知水泥路面养生和在特殊条件下施工的相关知识；

（6）熟知水泥混凝土面层铺筑过程中的质量控制；

（7）熟知水泥混凝土面层交工验收阶段质量检验。

2. 学习要求

（1）仔细研读教材内容；

（2）能掌握各种机械铺筑水泥混凝土路面的原理及优缺点；

（3）能进行水泥混凝土面层接缝、抗滑构造的施工；

（4）能正确的选择水泥路面的养生方法；

（5）运用所学内容,能在特殊气候条件下施工。

相关知识

　　水泥混凝土路面具有强度高、稳定性好、耐久性好、使用寿命长、日常养护费用少,且有利于夜间行车等优点。因而要保证水泥混凝土路面具有良好的使用性能,不仅要精心设计,还要精心施工,在施工环节上狠抓施工质量。水泥混凝土路面根据路面工程性质,工期和工程量大小可以采用小型机具、三辊轴机组、轨道摊铺机和滑模摊铺机进行施工,在施工过程中要注意接缝和抗滑构造的施工,路面铺筑后要及时进行养生,要注意养生的方法和时间,在特殊条件下进行施工,需要特别注意相关要求。在整个水泥混凝土路面施工过程中,要做到安全施工、文明施工,施工前后中要及时对原材料和混凝土进行质量检验。

一、模板架设与拆除

采用小型机具、三辊轴机组和轨道摊铺机施工时,均需要安装侧向模板。

1. 模板的技术要求

(1)公路混凝土路面板、桥面板和加铺层的施工模板,应采用刚度足够的槽钢、轨模或钢制边侧模板,不应使用木模板、塑料模板等其他易变形的模板。

(2)模板几何尺寸的精确度应符合表 5-12 的规定。钢模板的高度应为面板设计厚度,模板长度宜为 3~5m。需要设置拉杆时,模板应设拉杆插入孔。在小半径弯道,为了满足渐变段施工要求,可使用较短的模板。

模板(加工矫正)允许偏差　　　　　　　　表 5-12

施工方式	高度偏差 (mm)	局部变形 (mm)	垂直边夹角 (°)	顶面平整度 (mm)	侧面平整度 (mm)	纵向变形 (mm)
三辊轴机组	±1	±2	90±2	±1	±2	±2
轨道摊铺机	±1	±2	90±1	±1	±2	±1
小型机具	±2	±3	90±3	±2	±3	±3

(3)为了提高模板的架设稳固性,每米模板应设置 1 处支撑固定装置进行水平固定,如图 5-7 所示。

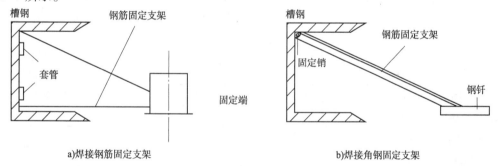

图 5-7　槽钢模板焊接钢筋或角钢固定示意图

固定的作用主要是防止振捣机、三辊轴、振捣梁、滚杠振动和重力作用下向外水平位移。模板垂直度用垫木楔方法调整。模板底部的空隙,宜使用砂浆垫实或铺垫塑料薄膜,以防止振捣漏浆。

(4)横向施工缝端模板应按设计规定的传力杆直径和间距设置传力杆插入孔和定位套管。两边缘传力杆到自由边距离不宜小于 150mm。每米设置 1 个垂直固定孔套。工作缝端模侧立面如图 5-8 所示。

(5)模板或轨模数量应根据施工进度和施工气温确定,并应满足拆模周期内周转需要。一般情况下,模板或轨模总量不宜少于 3d 摊铺的需要。

2. 模板安装

(1)模板测量放样。支模前在基层上应进行模板安装及摊铺位置的测量放样,每 20m 应设中心桩;每 100m

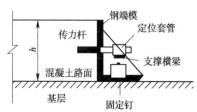

图 5-8　工作缝端模侧立面

宜布设临时水准点；核对路面高程、面板分块、胀缝和构造物位置。测量放样的质量要求和允许偏差应符合相应规范的规定。

（2）纵横曲线路段支模。纵横曲线路段应采用短模板，每块模板中点应安装在曲线切点上。

（3）轨模安装。轨道摊铺应采用长度为3m的专用钢制轨模，轨模底面宽度宜为高度的80%，轨道用螺栓、垫片固定在模板支座上，模板应使用钢钎与基层固定。轨道顶面应高于模板20～40mm，轨道中心至模板内侧边缘距离宜为125mm。

（4）模板应安装稳固、顺直、平整，无扭曲，相邻模板连接应紧密平顺，不得有底部漏浆、前后错茬、高低错台等现象。模板应能承受摊铺、振实、整平设备的负载行进、冲击和振动时不发生位移。严禁在基层上挖槽，嵌入安装模板。

（5）模板安装检验合格后，与混凝土拌和物接触的表面应涂脱模剂或隔离剂，接头应粘贴胶带或塑料薄膜等密封。

3. 模板安装检验

模板安装完毕，应经过测量人员使用与设计板厚相同的测板做全断面检验，其安装精确度应符合表5-13的规定。

模板安装精确度要求　　　　　　　　　　　　　表5-13

检测项目	施工方式	三辊轴机组	轨道摊铺机	小型机具
平面偏位(mm),≤		10	5	15
摊铺宽度偏差(mm),≤		10	5	15
面板厚度(mm),≥	代表值	−3	−3	−4
	极值	−8	−8	−9
纵断高程偏差(mm)		±5	±5	±10
横坡偏差(%)		±0.10	±0.10	±0.20
相邻板高差(mm),≤		1	1	2
顶面接茬3m尺平整度(mm),≤		1.5	1	2
模板接缝宽度(mm),≤		3	2	3
侧向垂直度(mm),≤		3	2	4
纵向顺直度(mm),≤		3	2	4

4. 模板拆除及矫正

（1）当混凝土抗压强度不小于8.0MPa时方可拆模。当缺乏强度实测数据时，边侧模板的允许最早拆模时间宜符合表5-14的规定。达不到要求，不能拆除端模时，可空出一块面板，重新起头摊铺，空出的面板待两端均可拆模后再补做。

混凝土路面板的允许最早拆模时间(h)　　　　　　　　表5-14

昼夜平均气温(℃)	−5	0	5	10	15	20	25	≥30
硅酸盐水泥、R型水泥	240	120	60	36	34	28	24	18
道路、普通硅酸盐水泥	360	168	72	48	36	30	24	18
矿渣硅酸盐水泥	—	—	120	60	50	45	36	24

注：允许最早拆侧模时间从混凝土面板精整成形后开始计算。

（2）拆模不得损坏板边、板角和传力杆、拉杆周围的混凝土，也不得造成传力杆和拉杆松动或变形。模板拆卸宜使用专用拔楔工具，严禁使用大锤强烈拆卸模板。

(3)拆下的模板应将粘附的砂浆清除干净,并矫正变形或局部损坏,矫正精度应符合表 5-13 的要求。

二、小型机具铺筑

1. 小型机具配套

小型机具性能应稳定可靠,操作简易,维修方便,机具配套应与工程规模、施工进度相适应。选配的成套机械、机具应符合表 5-15 的要求。

小型机具施工配套机械与机具配置　　　　表 5-15

工作内容	主要施工机械机具	
	机械机具名称与规格	数量与生产能力
钢筋加工	钢筋锯断机,折弯机,电焊机	根据需要定规格和数量
测量	水准仪,经纬仪	根据需要定规格和数量
架设模板	与路面厚度等高 3m 长槽钢模板,固定钢钎	数量不少于 3d 摊铺用量
搅拌	强制式搅拌楼,单车道≥25(m^3/h),双车道≥50(m^3/h)	总搅拌生产能力及搅拌楼数量,根据施工规模和进度由计算确定
	装载机	2~3m^3
	发电机	≥120kW
	供水泵和蓄水池	单车道≥100m^3,双车道≥200m^3
运输	5~10t 自卸车	数量由匹配计算确定
振实	手持振捣棒,功率≥1.1kW	每 2m 宽路面不少于 1 根
	平板振动器,功率≥2.2kW	每车道路面不少于 1 个
	振捣整平梁,刚度足够,2 个振动器功率≥1.1kW	每车道路面不少于 1 个振动器每车道路面不少于 1 根振动梁
	现场发电机功率≥30kW	不少于 2 台
提浆整平	提浆滚杠直径 15~20mm,表面光滑无缝钢管,壁厚≥3mm	长度适应铺筑宽度,一次摊铺单车道路面 1 根,双车道路面 2 根
	叶片式或圆盘式抹面机	每车道路面不少于 1 台
	3m 刮尺	每车道路面不少于 1 根
	手工抹刀	每米宽路面不少于 1 把
真空脱水	真空脱水机有效抽速≥15L/s	每车道路面不少于 1 台
	真空吸垫尺寸不小于 1 块板	每台吸水机应配 3 块吸垫
抗滑构造	工作桥	不少于 3 个
	人工拉毛齿耙,压槽器	根据需要定数量
切缝	软锯缝机	根据需要定数量
	手推锯缝机	根据进度定数量
磨平	水磨石磨机	需要处理欠平整部位时
灌缝	灌缝机具	根据需要定规格和数量
养生	洒水车 4.5~8.0t	按需要定数量
	压力式喷洒机或喷雾器	根据需要定规格和数量
	工地运输车 4~6t	按需要定数量

2. 摊铺、振实与整平

(1)摊铺

①摊铺前检查:混凝土拌和物摊铺前,应对模板的位置、支撑稳固情况,以及传力杆、拉杆的安设等进行全面检查。修复破损基层,并洒水润湿。用厚度标尺板全面检测板厚,与设计值相符方可开始摊铺。

②卸料:专人指挥自卸车,尽量准确卸料。

③人工布料:人工布料应用铁锹反扣,严禁抛掷和楼耙。

④坍落度控制:人工摊铺混凝土拌和物的坍落度应控制在 5~20mm 之间。

⑤松铺系数控制:拌和物松铺系数宜控制在 1.10~1.25 之间,料偏干,取较高值;反之,取较低值。

⑥停工等待时间:因故造成1h以上停工或达到2/3初凝时间,致使拌和物无法振实时.应在已铺筑好的面板端头设置施工缝,废弃不能被振实的拌和物。

(2)插入式振捣棒振实

①在待振横断面上,每车道路面应使用两根振捣棒,组成横向振捣棒组,沿横断面连续振捣密实,并应注意路面板底、内部和边角处不得欠振或漏振。

②振捣棒在每一处的持续时间,应以拌和物全面振动液化、表面不再冒气泡和泛水泥浆为限,不宜过振,也不宜少于30s。振捣棒的移动间距不宜大于500mm;至模板边缘的距离不宜大于200mm。应避免碰撞模板、钢筋、传力杆和拉杆。

③振捣棒插入深度宜离基层 30~50mm,振捣棒应轻插慢提,不得猛插快拨,严禁在拌和物中推行和拖拉振捣棒振捣。

④振捣时,应辅以人工补料,应随时检查振实效果、模板、拉杆、传力杆和钢筋网的移位、变形、松动、漏浆等情况,并及时纠正。

(3)振动板振实

①在振捣棒已完成振实的部位,可开始用振动板纵横交错两遍全面提浆振实,每车道路面应配备1块振动板。

②振动板移位时,应重叠 100~200mm,振动板在一个位置的持续振捣时间不应少于15s。振动板须由两人提拉振捣和移位,不得自由放置或长时间持续振动。移位控制以振动板底部和边缘泛浆厚度(3±1)mm 为限。

③缺料的部位,应辅以人工补料找平。

(4)振动梁振实

①每车道路面宜使用 1 根振动梁。振动梁应具有足够的刚度和质量,底部应焊接或安装深度4mm 左右的粗集料压实齿,保证(4±1)mm 的表面砂浆厚度。

②振动梁应垂直路面中线沿纵向拖行,往返 2~3 遍,使表面泛浆均匀平整。在振动梁拖振整平过程中,缺料处应使用混凝土拌和物填补,不得用纯砂浆填补;料多的部位应铲除。

振实是摊铺中的关键工序。4m 宽路面小型机具摊铺时应按"2-1-1-1"原则配制机具,即采用2个振捣棒、1块振动板、1根振动梁和1根滚杠;8m 宽路面小型机具摊铺时应按"4-2-2-2"原则配制机具,即采用4个振捣棒、2块振动板、2根振捣梁和2根滚杠。

(5)整平饰面

①每车道路面应配备1根滚杠(双车道两根)。振动梁振实后,应拖动滚杠往返 2~3 遍提浆整平。第一遍应短距离缓慢推滚或拖滚,以后应较长距离匀速拖滚,并将水泥浆始终赶

在滚杠前方。多余水泥浆应铲除。

②拖滚后的表面宜采用3m刮尺,纵横各1遍整平饰面,或采用叶片式或圆盘式抹面机往返2~3遍压实整平饰面。抹面机配备每车道路面不宜少于1台。

③精平饰面:在抹面机完成作业后,应进行清边整缝,清除粘浆,修补缺边、掉角。应使用抹刀将抹面机留下的痕迹抹平,当烈日暴晒或风大时,应加快表面的修整速度,或在防雨篷遮阴下进行。精平饰面后的面板表面应无抹面印痕,致密均匀,无露骨,平整度应达到规定要求。

3. 真空脱水工艺要求

小型机具施工三、四级公路混凝土路面,应优先采用在拌和物中掺外加剂;无掺外加剂条件时,应使用真空脱水工艺,该工艺适用于面板厚度不大于240mm的混凝土面板施工。

使用真空脱水工艺时,混凝土拌和物的最大单位用水量可比不采用外加剂时增大3~12kg/m^3;拌和物适宜坍落度:高温天30~50mm;低温天20~30mm。

(1)真空脱水机具

①真空度稳定、有自动脱水计量装置、有效抽速不小于15L/s的脱水机。

②真空度均匀、密封性能好、脱水效率高、操作简便、铺放容易、清洗方便的真空吸垫。每台真空脱水机应配备不少于3块吸垫。

(2)真空脱水作业

①检查空载真空度:脱水前,应检查真空泵空载真空度不小于0.08MPa,并检查吸管、吸垫连接后的密封性。同时应检查随机工具和修补材料是否齐备。

②吸垫铺放:吸垫铺放应采取卷放,避免皱折;边缘应重叠已脱水的面板500~100mm。

③脱水作业:开机脱水,真空度应逐渐升高,最大真空度不宜超过0.085MPa。脱水量应经过脱水试验确定,但剩余单位用水量和水灰比不得大于最大值的规定。

最短脱水时间不宜短于表5-16的规定。当脱水达到规定时间和脱水量要求后(双控),应先将吸垫四周微微掀起10~20mm,继续抽吸15s,以便吸尽作业表面和吸管中的余水。

最短脱水时间(min)　　　　　　　　　　　　　　　　表5-16

面板厚度 h (mm)	昼夜平均气温 T(℃)					
	3~5	6~10	11~15	16~19	20~25	>25
18	26	24	22	20	18	17
22	30	28	26	24	22	21
25	35	32	30	27	25	24

(3)压实精平

真空脱水后,应采用振动梁、滚杠或叶片、圆盘式抹面机重新压实精平1~2遍。

(4)硬刻槽制作抗滑构造

真空脱水整平后的路面,应采用硬刻槽方式制作抗滑构造。

(5)切缝时间

真空脱水混凝土路面切缝时间可比规定时间适当提前。

三、三辊轴机组铺筑

1. 设备选择与配套

(1)三辊轴整平机(图5-9)的主要技术参数应符合表5-17的规定。板厚200mm以上宜采用直径168mm的辊轴;桥面铺装或厚度较小的路面可采用直径为219mm的辊轴。轴长宜比路面宽度长出600~1200mm;振动轴的转速不宜大于380r/min。

图5-9 三辊轴机组铺筑

三辊轴整平机的主要技术参数表　　　　　　　　　　　　　　表5-17

型号	轴直径(mm)	轴速(r/min)	轴长(m)	轴质量(kg/m)	行走机构质量(kg)	行走速度(m/min)	整平轴距(mm)	振动功率(kW)	驱动功率(kW)
5001	168	300	1.8~9	65±0.5	340	13.5	504	7.5	6
6001	219	300	5.1~12	77±0.7	568	13.5	657	17	9

(2)三辊轴机组铺筑混凝土面板时,必须同时配备一台安装插入式振捣棒组的"排式振捣机",振捣棒的直径宜为50~100mm,间距不应大于其有效作用半径的1.5倍,并不大于500mm。插入式振捣棒组的振动频率可在50~200Hz之间选择,当面板厚度较大和坍落度较低时,宜使用100Hz以上的高频振捣棒。

(3)当桥面铺装厚度小于150mm时,可采用"振捣梁"。振捣频率宜为50~100Hz,振捣加速度宜为$4g~5g$(g为重力加速度)。

(4)当一次摊铺双车道路面时应配备"纵缝拉杆插入机",并配有插入深度控制和拉杆间距调整装置。

(5)其他施工辅助配套设备可参照表5-18选配。

2. 三辊轴机组铺筑作业要点

(1)基层处理:布料前应将基层清扫干净,并洒水润湿。

(2)卸料:应有专人指挥车辆均匀卸料。

(3)布料及松铺控制:布料应与摊铺速度相适应,不适应时应配备适当的布料机械。坍落度为10~40mm的拌和物,松铺系数为1.12~1.25。坍落度大时取低值,坍落度小时取高值。超高路段,横坡高侧取高值,横坡低侧取低值。

(4)振捣作业:混凝土拌和物布料长度大于10m时,可开始振捣作业。

密排振捣棒组间歇插入振实时,每次移动距离不宜超过振捣棒有效作用半径的1.5倍,并不得大于500mm,振捣时间宜为15~30s。排式振捣机连续拖行振实时,作业速度宜控制在4m/min以内。具体作业速度视振实效果可由式(5-3)计算。

$$v = 1.5 \frac{R}{t} \tag{5-3}$$

式中:v——排式振捣机作业速度(m/s);

t——振捣密实所必需的时间(s),一般为 15~30s;

R——振捣棒的有效作用半径(m)。

排式振捣机应匀速缓慢、连续不间断地振捣行进。其作业速度以拌和物表面不露粗集料、液化表面不再冒气泡并泛出水泥浆为准。

(5)安装纵缝拉杆:面板振实后,应立即安装纵缝拉杆。

(6)三辊轴整平机作业要求如下:

①作业单元划分。三辊轴整平机按作业单元分段整平,作业单元长度宜为 20~30m,振捣机振实与三辊轴整平两道工序之间的时间间隔不宜超过 15min。

②料位高差控制。三辊轴滚压振实料位高差宜高于模板顶面 5~20mm,过高时应铲除,过低应及时补料。

③滚压方式与遍数。三辊轴整平机在一个作业单元长度内,应采用前进振动、后退静滚方式作业,宜分别 2~3 遍。最佳滚压遍数应经过试铺确定。

振动滚压遍数并非越多越好,不应过振。滚压遍数与三辊轴机型、坍落度及物料松铺高差的关系可参见表 5-18。

整平混凝土表面所需的三辊轴振动滚压遍数　　　　　　　　表 5-18

坍落度 SL(mm)	布料高差(mm) 进口(5001 型 $L=9m, M=2095kg$)			国产($L=12m, d=21.90mm, M=3800kg$)		
	2	4	6	2	4	6
1.5	3	5	8	1	2	2
4.0	2	3	5	1	1	2
6.0	1	2	3	1	1	1

④在三辊轴整平机作业时,应有专人处理轴前料位的高低情况。过高时,应辅以人工铲除,轴下有间隙时,应使用混凝土找补。

⑤滚压完成后,应将振动辊轴抬离模板,用整平轴前后静滚整平,直到平整度符合要求、表面砂浆厚度均匀为止。

⑥表面砂浆厚度宜控制在(4±1)mm,三辊轴整平机前方表面过厚、过稀的砂浆必须刮除丢弃。

(7)精平饰面:应采用 3~5m 刮尺,在纵、横两个方向进行精平饰面,每个方向不少于两遍。也可采用旋转抹面机密实精平饰面两遍。刮尺、刮板、抹面机、抹刀饰面的最迟时间不得迟于规定的铺筑完毕允许最长时间。

四、轨道摊铺机铺筑

1. 机械选型与配套

(1)轨道摊铺机(图 5-10)的选型,应根据路面车道数或设计宽度按表 5-19 的技术参数选择。最小摊铺宽度不得小于单车道 3.5m。

(2)轨道摊铺机按布料方式不同,可选用刮板式、箱式和螺旋式布料机械。

(3)其他设备详见有关要求。

2. 轨道摊铺机铺筑作业要点

(1)布料

①基层处理:布料前应将基层清扫干净,并洒水润湿。

图 5-10 轨道摊铺机

轨道摊铺机的基本技术参数 表 5-19

项　　目	发动机功率(kW)	最大摊铺宽度(m)	摊铺厚度(mm)	摊铺速度(m/min)	整机质量(t)
三车道轨道摊铺机	33~45	11.75~18.3	250~600	1~3	13~38
双车道轨道摊铺机	15~33	7.5~9.0	250~600	1~3	7~13
单车道轨道摊铺机	8~22	3.5~4.5	250~450	1~4	≤7

②布料方式:使用轨道摊铺机前部配备的螺旋布料器或可上下左右移动的刮板布料,料堆不得过高过大,亦不得缺料。可使用挖掘机、装载机或人工辅助布料。螺旋布料器前的拌和物应保持在面板以上 100mm 左右,布料器后宜配备松铺高度控制刮板。也可使用有布料箱的轨道摊铺机精确布料,箱式轨道摊铺机的料斗出料口关闭时,装进拌和物并运到布料位置后,轻轻打开料斗出料口,待拌和物堆成"堤状",左右移动料斗布料。

③坍落度与松铺控制:轨道摊铺时的适宜坍落度按振捣密实情况宜控制在 20~40mm 之间。不同坍落度时的松铺系数 K 可参考表 5-20 确定,并按此计算出松铺高度。

松铺系数 K 与坍落度 SL 的关系 表 5-20

坍落度 SL(mm)	5	10	20	30	40	50	60
松铺系数 K	1.30	1.25	1.22	1.19	1.17	1.15	1.12

④钢筋混凝土路面布料:当施工钢筋混凝土路面时,宜选用(两台)箱型轨道摊铺机分两层两次布料,可在第一层布料完成后,将钢筋网片安装好,再进行表面第二层布料,然后一次振实;也可两次布料两次振实,中间安装钢筋网。采用双层两遍摊铺钢筋混凝土路面时,下部混凝土的布料与摊铺长度应根据钢筋网片长度和第一层混凝土凝结情况而定,且不宜超过 20m。

(2)振捣作业

①振捣棒组作业:轨道摊铺机应配备振捣棒组,振捣方式有斜插连续拖行及间歇垂直插入两种,当面板厚度超过 150mm、坍落度小于 30mm 时,必须插入振捣;连续拖行振捣时,宜将作业速度控制在 0.5~1.0m/min 之间,并随着坍落度的大小而增减。间歇振捣时,当一处混凝土振捣密实后,将振捣棒组缓慢拔出,再移动到下一处振实,移动距离不宜大于 500mm。

②振动板或振动梁作业:轨道摊铺机应配备振动板或振动梁对混凝土表面进行振捣和修整,振动梁的振捣频率宜控制在 50~100Hz,偏心轴转速调节到 2500~3500r/min。经捣棒组振实的混凝土,宜使用振动板振动提浆,并密实饰面,提浆厚度宜控制在 (4±1)mm。

(3)整平饰面

①整平滚筒作业面:往复式整平滚筒前的混凝土堆积物应涌向横坡高的一侧,保证路面横坡高端有足够的料找平。

②清理与整平:及时清理因整平推挤到路面边缘的余料,以保证整平精度和整平机械在轨道上的作业行驶。

③抹平作业:轨道摊铺机上宜配备纵向或斜向抹平板。纵向抹平板随轨道摊铺机作业行进可左右贴表面滑动并完成表面修整;斜向修整抹平板作业时,抹平板沿斜向左右滑动,同时随机身行进,完成表面修整。

(4)精平饰面:应采用3~5m刮尺,在纵、横两个方向进行精平饰面,每个方向不少于两遍。也可采用旋转抹面机密实精平饰面两遍。刮尺、刮板、抹面机、抹刀饰面的最迟时间不得迟于规定的铺筑完毕允许最长时间。

五、滑模摊铺机铺筑

1. 机械配备

(1)滑模摊铺机(图5-11)。高等级公路施工,宜选配能一次摊铺2~3个车道宽度(7.5~12.5m)的滑模摊铺机;二级及二级以下公路路面的最小摊铺宽度不得小于单车道设计宽度。硬路肩的摊铺宜选配中、小型多功能滑模摊铺机,并宜一次摊铺路缘石。滑模摊铺机可按表5-21的基本技术参数选择。

图5-11 滑模摊铺机

滑模摊铺机的基本技术参数表　　　　表5-21

项 目	发动机功率(kW)	摊铺宽度(m)	摊铺厚度(mm)	摊铺速度(m/min)	空驶速度(m/min)	行走速度(m/min)	履带数(个)	整机自重(t)
三车道滑模摊铺机	200~300	12.5~16.0	0~500	0~3	0~5	0~15	4	57~135
双车道滑模摊铺机	150~200	3.6~9.7	0~500	0~3	0~5	0~18	2~4	22~50
多功能单车道滑模摊铺机	70~150	2.5~6.0	0~400 护栏高度 800~1900	0~3	0~9	0~15	2,3,4	12~27
路缘石滑模摊铺机	≤80	<2.5	<450	0~5	0~9	0~10	2,3	≤10

(2)布料机械

滑模摊铺机摊铺路面时,可配备1台挖掘机或装载机辅助布料。采用前置钢筋支架法设置缩缝传力杆的路面、钢筋混凝土路面、桥面和桥头搭板时,应选配下列适宜的布料机械:①侧向上料的布料机;②侧向上料的供料机;③带侧向上料机构的滑模摊铺机;④挖掘机加料斗侧向供料;⑤吊车加短便桥钢凳,车辆直接卸料;⑥吊车加料斗起吊布料。

(3)抗滑构造施工机械

可采用拉毛养生机或人工拉槽制作抗滑沟槽。工程规模大、日摊铺进度快时,宜采用拉毛养生机。高等级公路宜采用刻槽机进行硬刻槽,其刻槽作业宽度不宜小于500mm,所配备的硬刻槽机数量及刻槽能力应与滑模摊铺进度相匹配。

(4)切缝机械

滑模摊铺混凝土路面的切缝,可使用软锯缝机、支架式硬锯缝机和普通锯缝机。配备的锯缝机数量及切缝能力应写滑模摊铺进度相适应。

(5)滑模摊铺系统机械配套。滑模摊铺系统机械配套宜符合表5-22的要求。

滑模摊铺机施工主要机械和机具配套表　　表5-22

工作内容	主要施工机械设备	
	名　称	机型及规格
钢筋加工	钢筋锯断机,折弯机,电焊机	根据需要定规格和数量
测量基准线	水准仪,经纬仪,全站仪	根据需要定规格和数量
	基准线,线桩,紧线器	300个桩,5个紧线器,3000m基准线
搅拌	强制式搅拌楼	≥50(m^3/h),数量由计算确定
	装载机	$2\sim3m^3$
	发电机	≥120kW
	供水泵,蓄水池	≥250m^3
运输	运输车	$4\sim6m^3$ 数量由匹配计算确定
	自卸车	$4\sim24m^3$ 数量由匹配计算确定
摊铺	布料机,挖掘机,吊车等布料设备	根据需要定规格和数量
	滑模摊铺机1台	技术参数见表5-21
	手持振捣棒,整平梁,模板	根据人工施工接头需定
抗滑	拉毛养生机*1台	与滑模摊铺机同宽
	人工拉毛齿耙,工作桥	根据需要定规格和数量
	硬刻槽机* 刻槽宽度≥500mm,功率≥7.5kW	数量与摊铺进度匹配
切缝	软锯缝机	根据需要定规格和数量
	常规锯缝机或支架锯缝机	根据需要定规格和数量
	移动发电机	$12\sim60$kW,数量由施工需要定
磨平	水磨石磨机	需要处理欠平整部位时
灌缝	灌缝机或插胶条工具	根据需要定规格和数量
养生	压力式喷洒机或喷雾器	根据需要定规格和数量
	工地运输车	$4\sim6$t,按需要定数量
	洒水车	$4.5\sim8$t,按需要定数量

注:*可按装备,投资,施工方式等不同要求选配。

2. 基准线设置

滑模摊铺混凝土路面的施工应设置基准线。基准线用拉线的设置方法。基准线设置形式有单向坡双线式、单向坡单线式和双向坡双线式三种。基准线应满足下列要求：

（1）基准线宽度：除应保证摊铺宽度外，尚应满足两侧650～1000mm横向支距的要求。

（2）基准线桩纵向间距：直线段不应大于10m，竖、平曲线路段视曲线半径大小应加密布置，最小2.5m。

（3）线桩固定时，基层顶面到夹线壁的高度宜为450～750mm。基准线桩夹线壁夹口到桩的水平距离宜为300mm。基准线桩应钉牢固。

（4）单根基准线的最大长度不宜大于450m。

（5）基准线拉力不应小于1000N。

（6）基准线的设置精确度应符合表5-23规定。

（7）基准线设置后，严禁扰动、碰撞和振动。一旦碰撞变位，应立即重新测量纠正。多风季节施工，应缩小基准线桩间距。

基准线设置精确度要求　　表5-23

项目	中线平面偏位（mm）	路面宽度偏差（mm）	面板厚度(mm) 代表值	面板厚度(mm) 极值	纵断高程偏差（mm）	横坡偏差（％）	连续纵缝高差（mm）
规定值	≤10	≤±15	≥-3	≥-8	±5	±0.10	±1.5

注：在基准线上单车道一个横断面测3点、双车道测5点测定板厚，其平均值为该断面平均板厚。断面平均板厚不应薄于其代表值；极小值不应薄于极值。每200m测10个断面，其均值为该路段平均板厚，路段平均板厚不应小于设计板厚。不满足上述要求，不得摊铺面板。

3. 摊铺准备

（1）机械机具就位：所有施工设备和机具均应处于良好状态，并全部就位。

（2）基层、封层表面准备：基层、封层表面及履带行走部位应清扫干净。摊铺面板位置应洒水湿润，但不得积水。

（3）横向连接摊铺准备：横向连接摊铺时，前次摊铺路面纵缝的溜肩胀宽部位应切割顺直。侧边拉杆应校正扳直，缺少的拉杆应钻孔锚固植入。纵向施工缝的上半部缝壁应涂沥青。

（4）板厚检查与控制：板厚检查与控制必须在摊铺前的拉线上进行，并要求旁站监理认可。否则摊铺后不合格很难弥补。

4. 布料

（1）布料高度：滑模摊铺机前的正常料位高度应在螺旋布料器叶片最高点以下，亦不得缺料。卸料，布料应与摊铺速度相协调。

（2）松铺系数控制：当坍落度在10～50mm时，布料松铺系数宜控制在1.08～1.15之间。布料机与滑模摊铺机之间施工距离宜控制在5～10m。

（3）钢筋结构保护：摊铺钢筋混凝土路面、桥面或搭板时，严禁任何机械开上钢筋网。

5. 滑模摊铺机的施工参数设定及校准

（1）振捣棒位置设定：振捣棒下缘位置应在挤压板最低点以上，振捣棒的横向间距不宜大于450mm，均匀排列；两侧最边缘振捣棒与摊铺边沿距离不宜大于250mm。

（2）挤压底板前倾角：挤压底板前倾角宜设置为3°左右。提浆夯板位置宜在挤压底板前缘以下5～10mm之间。

（3）超铺高程及搓平梁的设置：两边缘超铺高程根据拌和物稠度宜在 3～8mm 间调整。搓平梁前沿宜调整到与挤压板后沿高程相同，搓平梁的后沿比挤压底板后沿低 1～2mm，并与路面高程相同。

（4）首次摊铺位置校准：滑模摊铺机首次摊铺路面，应挂线对其铺筑位置、几何参数和机架水平度进行调整和校准，正确无误后，方可开始摊铺。

（5）摊铺参数复核：在开始摊铺的 5m 内，应在铺筑行进中对摊铺出的路面高程、边缘厚度、中线、横坡度等参数进行复核测量。

6. 铺筑作业技术要点

（1）控制摊铺速度：操作滑模摊铺机应缓慢、匀速、连续不间断地作业。严禁料多追赶，然后随意停机等待，间歇摊铺。摊铺速度应根据拌和物稠度、供料多少和设备性能控制在 0.5～2.0m/min 之间，一般宜控制在 1m/min 左右。拌和物稠度发生变化时，应先调振捣频率，后改变摊铺速度。

（2）松方高度板调整：应随时调整松方高度板控制进料位置，开始时宜略设高些，以保证进料。正常摊铺时应保持振捣仓内料位高于振捣棒 100mm 左右，料位高低上下波动宜控制在 ±30mm 之内。

（3）振捣频率控制：正常摊铺时，振捣频率可在 6000～11000r/min 之间调整，宜采用 9000r/min 左右。应防止混凝土过振、欠振或漏振。应根据混凝土的稠度大小，随时调整摊铺的振捣频率或速度。摊铺机起步时，应先开启振捣棒振捣 2～3min，再缓慢平稳推进。摊铺机脱离混凝土后，应立即关闭振捣棒组。

（4）纵坡施工：滑模摊铺机满负荷时可铺筑的路面最大纵坡为：上坡5%；下坡6%。上坡时，挤压底板前仰角宜适当调小，并适当调小抹平板压力；下坡时，前仰角宜适当调大，并适当调大抹平板压力。当摊铺机板底不小于 3/4 长度接触路表面时，抹平板压力适宜。

（5）弯道施工：滑模摊铺机施工的最小弯道半径不应小于 50m；最大超高横坡不宜大于7%。

（6）插入拉杆：单车道摊铺时，应视路面设计要求配置一侧或双侧打纵缝拉杆的机械装置。2 个以上车道摊铺时，除侧向打拉杆的装置外，还应在假纵缝位置配置拉杆自动插入装置。

（7）抹面与表面砂浆厚度控制：软拉抗滑构造时表面砂浆层厚度宜控制在 4mm 左右，硬刻槽路面的砂浆表层厚度宜控制在 2～3mm。

（8）养护 5～7d 后，方允许摊铺相邻车道。

7. 摊铺中问题处置

（1）摊铺中应经常检查振捣棒的工作情况和位置。路面出现麻面或拉裂现象时，必须停机检查或更换振捣棒。摊铺后，路面上出现发亮的砂浆条带时，必须调高振捣棒位置，使其底缘在挤压底板的后缘高度以上。

（2）摊铺宽度大于 7.5m 时，若左右两侧拌和物稠度不一致，摊铺速度应按偏干一侧设置，并应将偏稀一侧的振捣棒频率迅速调小。

（3）路面一旦出现横向拉裂现象，应从以下几个方面进行检查处理：

①拌和物局部或整体过于干硬、离析、集料粒径过大，不适宜滑模摊铺；或在该部位摊铺速度过快，振捣频率不够，混凝土未振动液化而拉裂。应降低摊铺速度，提高振捣频率。

②应检查挤压底板的位置和前仰角设置是否变化，前倒角时必定拉裂，前仰角过大也可

能拉裂,应在行进中调整前两个水平传感器,即改变挤压底板为适宜的前仰角以消除拉裂现象。

③拌和物较干硬或等料停机时间较长,起步摊铺速度过快,也可能拉裂路面。停机等待时间不得超过当时气温下混凝土初凝时间的4/5,超过此时间,应将滑模摊铺机迅速开出摊铺工作面,并做施工缝。

8. 自动抹平板抹面

滑模摊铺过程中应采用自动抹平板装置进行抹面。对少量局部麻面和明显缺料部位,应在挤压板后或搓平梁前补充适量拌和物,由搓平梁或抹平板机械修整。滑模摊铺的混凝土面板在下列情况下可用人工进行局部修整:

(1)用人工操作抹面抄平器,精整摊铺后表面的小缺陷,但不得在整个表面加薄层修补路面高程。

(2)对纵缝边缘出现的倒边、塌边、溜肩现象,应顶侧模或在上部支方铝管进行边缘补料修整。

(3)对起步和纵向施工接头处,应采用水准仪抄平并采用大于3m的靠尺边测边修整。

9. 滑模摊铺结束后的工作

(1)滑模摊铺结束后,必须及时清洗滑模摊铺机,进行当日保养等。

(2)宜在第二天硬切横向施工缝,也可当天软作施工横缝。

(3)应丢弃端部的混凝土和摊铺机振动仓内遗留下的纯砂浆,两侧模板应向内各收进20~40mm,收口长度宜比滑模摊铺机侧模板略长。施工缝部位应设置传力杆,并应满足路面平整度、高程、横坡和板长要求。

六、接缝施工

1. 纵缝施工

(1)纵向施工缝:当一次铺筑宽度小于路面和硬路肩总宽度时,应设纵向施工缝,其位置应避开轮迹带。并重合或靠近车道线,构造可采用平缝加拉杆型。采用滑模施工时,纵向施工缝的拉杆可用摊铺机的侧向拉杆装置插入。采用固定模板施工方式时,应在振实过程中从侧模预留孔中手工插入拉杆。

(2)纵向施工缝:当一次铺筑宽度大于4.5m时,应采用假缝拉杆型纵向缩缝,即锯切纵向缩缝。纵缝位置应按车道宽度设置,并在摊铺过程中用专用的拉杆插入装置插入拉杆。

(3)钢筋混凝土路面、桥面和搭板的纵缝拉杆可由横向钢筋延伸穿过接缝代替。钢纤维混凝土路面切开的假纵缝可不设拉杆,纵向施工缝应设拉杆。

(4)插入的侧向拉杆应牢固,不得松动、碰撞或拔出。若发现拉杆松脱或漏插,应在横向相邻路面摊铺前重新钻孔植入。当发现拉杆可能被拔出时,宜进行拉杆拔出力(握裹力)检验。

2. 横缝施工

(1)横向施工缝施工

每天摊铺结束或摊铺中断时间超过30min时,应设置横向施工缝,其位置宜与胀缝或缩缝重合;确有困难不能重合时,施工缝应采用设螺纹传力杆的企口缝形式。横向施工缝应与路中心线垂直。横向施工缝在缩缝处采用平缝加传力杆型,在胀缝处其构造与胀缝相同。

(2)横向缩缝施工

①普通混凝土路面横向缩缝宜等间距布置,不宜采用斜缝;不得不调整板长时,最大板长不宜大于6.0m,最小板长不宜小于板宽。板长与板宽即面板平面尺寸的确定方法见《公路水泥混凝土路面设计规范》(JTG D40—2011)或学习情境一。

②在中、轻交通的混凝土路面上,横向缩缝可采用不设传力杆的假缝型,如图5-12a)所示。

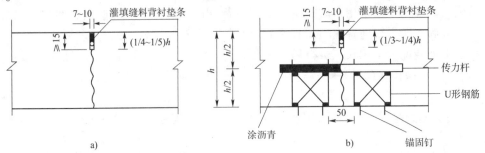

图5-12 横向缩缝构造示意图(尺寸单位:mm)

③在特重和重交通公路、收费广场、邻近胀缝或路面自由端的3条缩缝应采用假缝加传力杆型。

缩缝传力杆的施工方法可采用前置钢筋支架法或传力杆插入装置(DBI)法,支架法的构造见图5-12b)。钢筋支架应具有足够的刚度,传力杆应准确定位,摊铺之前应在基层表面放样,并用钢钎锚固,宜使用手持振捣棒振实传力杆高度以下的混凝土,然后机械摊铺。传力杆无防粘涂层一侧应焊接,有涂料一侧应绑扎。用DBI法置入传力杆时,应在路侧缩缝切割位置作标记,保证切缝位于传力杆中部。

(3)胀缝施工

①普通混凝土路面应设置胀缝补强钢筋支架、胀缝板和传力杆,胀缝构造如图5-13所示。钢筋混凝土和钢纤维混凝土路面可不设钢筋支架。胀缝宽为25~30mm。使用沥青或塑料薄膜滑动封闭层时,胀缝板及填缝宽度宜加宽到25到30mm。传力杆一半以上长度的表面应涂防黏涂层,端部应戴活动套帽。胀缝板应与路中心线垂直;缝隙宽度一致;缝中完全不连浆。

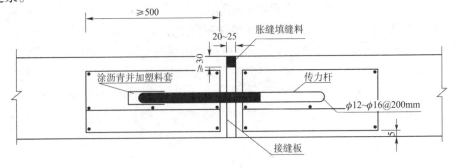

图5-13 胀缝示意构造图(尺寸单位:mm)

②胀缝应采用前置钢筋支架法施工,也可预留一块面板,高温时再铺封。前置法施工,应预先加工、安装和固定胀缝钢筋支架,并在使用手持振捣棒振实胀缝板两侧的混凝土后再摊铺。宜在混凝土未硬化时,剔除胀缝板上部的混凝土,嵌入(20~25)mm×20mm的木条,整平表面。胀缝板应连续贯通整个路面板宽度。

3. 拉杆、胀缝板、传力杆等设置精度

拉杆、胀缝板、传力杆及其套帽、滑移端设置精确度,应符合表 5-24 的要求。

拉杆、胀缝板、传力杆及其套帽、滑移端设置精确度　　　　表 5-24

项　　目	允许偏差(mm)	测 量 位 置
传力杆端上下左右偏斜偏差	10	在传力杆两端测量
传力杆在板中心上下左右偏差	20	以面板为基准测量
传力杆	30	以缝中心线为准
拉杆深度偏差及上下左右偏斜偏差	10	以板厚和杆端为基准测量
拉杆端及在板中上下左右偏差	20	杆两端和板面测量
拉杆沿路面纵向前后偏位	30	纵向测量
胀缝传力杆套帽长度不小于 100mm	10	以封堵帽端起测
缩缝传力杆滑移端长度大于 1/2 杆长	20	以传力杆长度中间起测
胀缝板倾斜偏差	20	以板底为准
胀缝板的弯曲和位移偏差	10	以缝中心线为准

注:胀缝板不允许混凝土连浆,必须完全隔断。

4. 切缝

各种混凝土面层、加铺层和贫混凝土基层的纵、横向缩缝均应采用切缝法施工,如图 5-14 所示。

切缝作业应符合下列规定:

(1)切横向缩缝,具体要求为:

①横向缩缝的切缝方式有全部硬切缝、软硬结合切缝和全部软切缝三种,切缝方式的选用应由施工期间该地区路面摊铺完毕到切缝时的昼夜温差确定,宜参照表 5-25 选用。

②对分幅摊铺的路面,应在先摊铺的混凝土板横缩缝已断开的部位做标记,后摊铺的路面应对齐已断开的横缩缝提前软切缝。

图 5-14　切缝施工

根据施工气温所推荐的切缝方式　　　　表 5-25

昼夜温差*(℃)	切 缝 方 式	缩缝切深
<10	最长时间不得超过 24h	硬切缝 1/4～1/5 板厚
10～15	软硬结合切缝,每隔 1～2 条提前软切缝,其余用硬切缝补切	软切深度不应小于 60mm;不足者应硬切补深到 1/3 板厚,已断开的缝不补切
>15	宜全部软切缝,抗压强度约为 1～1.5MPa,人可行走。软切缝不宜超过 6h	软切缝深大于等于 60mm,未断开的接缝,应硬切补深到不小于 1/4 板厚

注:*降雨后刮风会引起路面温度骤降,若面板昼夜温差在表中规定的范围内,则应按表中方法提早切缝。

③有传力杆缩缝的切缝深度应为 1/3～1/4 板厚,最浅不得小于 70mm;无传力杆缩缝的切缝深度应为 1/4～1/5 板厚,最浅不得小于 60mm。

(2)切纵向施工缝与涂沥青。高速公路和一级公路及路基高度大于等于 10m 的高边坡、软基及填挖交界路段、桥头搭板、桥面板的纵向施工缝,应在上半部涂满沥青,然后硬切缝,并填缝。二级及其以下公路一般路段的纵向施工缝在上半部涂满沥青后,可不切缝。

(3)切纵向缩缝。已插入拉杆的纵向假缩缝,切缝深度不应小于 1/3 ~ 1/4 板厚,最浅切缝深度不应小于 70mm,纵、横缩缝宜同时切缝。

(4)缩缝结构。缩缝切缝宽度宜控制在 4 ~ 6mm,切缝时锯片晃度不应大于 2mm。可先用薄锯片锯切到要求深度,再使用 6 ~ 8mm 厚锯片或叠合锯片扩宽填缝槽,填缝槽深度宜为 25 ~ 30mm,宽度宜为 7 ~ 10mm。缩缝切缝、填缝(槽)、垫条细部尺寸如图 5-15 所示。

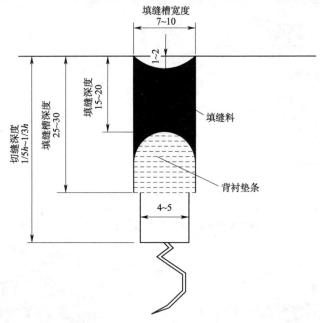

图 5-15　缩缝切缝、填缝(槽)、垫条细部尺寸(尺寸单位:mm)

(5)变宽度路面的切缝要求。在变宽度路面上,宜先切缝划分板宽。匝道上的纵缝宜避开轮迹带位置。横缝应垂直于每块面板的中心线。变宽度路面缩缝,允许切割成小转角的折线,相邻板的横向缩缝切口必须对齐,允许偏差不得大于 5mm。

5. 灌缝

混凝土板养生期满后,应及时灌缝。

(1)灌缝技术要求

①清缝:应先采用切割机清除接缝中夹杂的砂石、凝结的泥浆等,再使用压力大于等于 0.5MPa 的压力水和压缩空气彻底清除接缝中的尘土及其他污染物,确保缝壁及内部清洁、干燥。缝壁检验以擦不出灰尘为灌缝标准。

②配料填缝:使用常温聚氨酯和硅树脂等填缝料时,应按规定比例将两组分材料按 1h 灌缝量混拌均匀后使用。

③热灌填缝料应保温使用:使用加热填缝料加热至规定温度。加热过程中应将填缝料融化,搅拌均匀,并保温使用。

④灌缝的形状系数控制:灌缝的形状系数(即灌缝槽的深宽比)宜控制在 2 左右,灌缝深度宜为 15 ~ 20mm,最浅不得小于 15mm。先挤压嵌入直径 9 ~ 12mm 多孔泡沫塑料背衬条,再灌缝。灌缝顶面热天应与板面齐平;冷天应填为凹液面,中心低于板面 1 ~ 2mm。填缝必须饱满、均匀、厚度一致,并连续贯通填缝料不得缺失、开裂和渗水。

⑤填缝料的养生与保护:常温施工式填缝料的养生期,低温天宜为 24h,高温天宜为

12h。加热施工式填缝料的养生期,低温天宜为2h,高温天宜为6h。在灌缝料养生期间应封闭交通。

(2)胀缝和桥台隔离缝的填缝:路面胀缝和桥台隔离缝等应在填缝前凿去接缝板顶部嵌入的木条,涂黏结剂后,嵌入胀缝专用多孔橡胶条或灌进适宜的填缝料,当胀缝的宽度不一致或有啃边、掉角等现象时,必须灌缝。

七、抗滑构造施工

1. 抗滑构造技术要求

各交通等级混凝土面层交工时的表面抗滑技术要求,应符合《公路工程质量检验评定标准》(JTG F80/1—2004)的规定,构造深度应均匀,耐磨抗冻,不影响路面和桥面的平整度。

2. 抗滑构造施工

(1)软拖细观构造施工。摊铺完毕或精整平表面后,宜使用钢支架拖挂1~3层叠合麻布、帆布或棉布,洒水湿润后作拉毛处理。布片接触路面的长度以0.7~1.5m为宜,细度模数偏大的粗砂,拖行长度取小值;砂较细,取大值。人工修整表面时,宜使用木抹。用钢抹修整过的光面,必须再拉毛处理,以恢复细观抗滑构造。

(2)软拉宏观构造施工。当日施工进度超过500m时,抗滑沟槽制作宜选用拉毛机械施工,没有拉毛机时,可采用人工拉槽方式。在混凝土表面泌水完毕20~30min内应及时进行拉槽。拉槽深度应为2~4mm,槽宽3~5mm,槽间距15~25mm。可施工等间距或非等间距抗滑槽,为减小噪声,宜采用后者。衔接间距应保持一致。

(3)硬刻槽施工

①特重和重交通混凝土路面宜采用硬刻槽,凡使用圆盘、叶片式抹面机精平后的混凝土路面、钢纤维混凝土路面必须采用硬刻槽方式制作抗滑沟槽。

②可采用等间距刻槽,其几何尺寸与软拉宏观构造施工的相同;为降低噪声宜采用非等间刻槽,尺寸宜为:槽深3~5mm,槽宽3mm,槽间距在12~24mm之间随机调整。

③路面结冰地区,硬刻槽的形状宜使用上宽6mm、下窄3mm的梯形槽;硬刻槽机质量宜重不宜轻,一次刻槽最小宽度不应小于500mm;硬刻槽时不应掉边角,亦不得中途抬起或改变方向,并保证硬刻槽到面板边缘。抗压强度达到40%后可开始硬刻槽,并宜在两周内完成。硬刻槽后应随即将路面冲洗干净,并恢复路面的养生。

④一般路段可采用横向槽或纵向槽,在弯道或要求减噪的路段宜使用纵向槽。

⑤年降雨量小于250mm地区的各级公路混凝土路面,可不拉毛和刻槽;年降雨量为250~500mm的地区,当组合坡度小于3%时,可不拉毛与刻槽;高寒和寒冷地区混凝土路面的停车带边板和收费站广场,可不制作抗滑沟槽;隧道内混凝土路面和钢纤维混凝土路面可不做抗滑构造。

3. 抗滑构造恢复

新建路面或旧路面抗滑构造不满足要求时,可采用硬刻槽或喷砂打毛等方法加以恢复。

八、混凝土路面养生

1. 养生方式选择

水泥混凝土路面铺筑完成或软作抗滑构造完毕后应立即开始养生。确保混凝土表面始终处于潮湿状态。

机械摊铺的各种水泥混凝土路面宜采用喷洒养生剂同时保湿覆盖的方式养生。在雨天或养生用水充足的情况下,也可采用覆盖保湿膜、土工毡、土工布、麻袋(图 5-16)、草袋、草帘等洒水湿养生方式,不宜使用为围水养生方式。

图 5-16 覆盖麻袋养生

2. 喷洒养生剂养生

水泥混疑土路面采用喷洒养生剂养生时,喷洒应均匀,成膜厚度应足以形成完全密闭水分的薄膜,喷洒后的表面不得有颜色差异。

喷洒时间宜在表面混凝土泌水完毕后进行。喷洒高度宜控制在 0.5~1m。使用一级品养生剂时,最小喷洒剂量不得少于 $0.30 kg/m^2$;合格品的最小喷洒剂量不得少于 $0.35 kg/m^2$。不得使用易被雨水冲刷掉的和对混凝土强度、表面耐磨性有影响的养生剂。

当喷洒一种养生剂达不到 90% 以上有效保水率要求时,可采用两种养生剂各喷洒一层或喷一层养生剂再加覆盖的方法。

3. 覆盖复合养生膜或塑料薄膜养生

覆盖塑料薄膜养生(图 5-17)的初始时间,以不压坏细观抗滑构造为准。薄膜厚度(韧度)应合适,宽度应大于覆盖面 600mm。两条薄膜对接时,搭接宽度不应小于 400mm,养生期间应始终保持薄膜完整盖满。

图 5-17 水泥路面的养生

4. 其他材料覆盖洒水养生

(1)宜使用保湿膜、土工毡、土工布、麻袋、草袋、草帘等覆盖物保湿养生并及时洒水,保持水泥混凝土表面始终处于潮湿状态,并由此确定每天的洒水遍数。

(2)昼夜温差大于 10℃ 以上的地区或日平均温度小于等于 5℃ 施工的水泥混凝土路面,

应采取保温保湿养生措施。

5. 养生时间

养生时间应根据水泥混凝土弯拉强度增长情况而定,不宜小于设计弯拉强度的80%,应特别注重前7d的保湿(温)养生。一般养生天数宜为14~21d,高温天不宜少于14d,低温天不宜少于21d。掺粉煤灰的水泥混凝土路面,最短养生时间不宜少于28d,低温天应适当延长。

6. 养生期保护

水泥混凝土面板养生初期,严禁人、畜、车辆通行。在达到设计强度40%后,行人方可通行。在路面养生期间,平交道口应搭建临时便桥。待面板达到设计弯拉强度后,方可开放交通。

九、水泥混凝土路面安全施工

1. 人工摊铺作业安全要点

(1)装卸钢模板时,必须逐片轻抬轻放,不得随意抛掷。堆砌时,钢模板应规则有序并稳妥。

(2)固定模板时,插钉或长圆头钉等不得乱放乱搁,以免伤人,完工后,应收拾干净。要注意保护好电力线,不得割伤防护层,应经常注意检查。

(3)摊铺操作时,特别是多人同时操作摊铺时,因工作面小,锄、锹等均为长把工具,必须相互关照,注意安全。

(4)如采用木模板,拆模后的模板应堆放整齐,并做到及时取钉,堆放稳妥。

2. 机械摊铺作业安全要点

(1)轨道式摊铺机作业安全要点

①作业中,各操作人员和辅助人员必须统一听从调度指挥,注意安全。

②布料机与振平机组间应保持5~8m的距离,以免相撞。

③不允许将刮板置于运动方向垂直的位置,不允许借助整机的惯性冲击料堆。

④作业时,严禁驾驶员离开驾驶台,无关人员不得在作业中上下摊铺机或在驾驶台上停留。

⑤在坡道、弯道作业时,要注意防止摊铺机脱轨。

(2)滑模式摊铺机作业安全要点

①调整机器的高度时,工作踏板、扶梯等处禁止站人。

②严禁驾驶员在摊铺作业时离开驾驶台,无关人员不得上下或停留在驾驶台及工作踏板上。

③下坡时,禁止快速行驶和空挡滑行,牵引制动装置必须置于制动状态。

④摊铺机应避免急剧转向,防止工作装置与预置钢筋、邻边路面、路缘石等物体相碰撞。

⑤禁止用摊铺机牵引其他机械。

⑥夜间施工,滑模摊铺机上应有足够照明和警示标志。

⑦滑模摊铺机停放在通车道路上时,周围应设置明显的安全标志,夜间应用红灯示警。

十、特殊气候条件下的施工

1. 一般规定

(1)水泥混凝土路面铺筑期间,应收集月、旬、日天气预报资料,遇有影响混凝土路面施工质量的天气时,应暂停施工或采取必要的防范措施,制订特殊气候的施工方案。

(2)水泥混凝土路面施工如遇下述条件之一者,必须停工:

①现场降雨:主要为了防止刚铺筑的塑性混凝土表面水泥浆被冲刷,或垮边,既无法保

证正常施工工艺进行,又影响路面平整度和建造质量。

②刮大风:风力大于6级,风速在10.8m/s以上的强风天气。

③高温季节:现场气温高于40℃或拌和物摊铺温度高于35℃。

④负温季节:摊铺现场连续5昼夜平均气温低于5℃,夜间最低气温低于-3℃。

2. 雨季施工

(1)防雨准备

雨天施工,应做好以下防雨准备:

①原材料及搅拌站防雨准备。地势低洼的搅拌场、水泥仓、备件库及砂石料堆场,应按汇水面积修建排水沟或预备抽排水设施。搅拌楼的水泥和粉煤灰罐仓顶部通气口、料斗及不得遇水部位应有防潮、防水覆盖措施,砂石料堆应覆盖防雨。

②新铺路面防雨准备。雨天施工时,在新铺路面上应备足防雨篷、帆布、塑料布或薄膜。

③运输车防雨准备。雨季施工时,运输自卸车辆应加顶盖或遮盖防雨篷布。

④现场防雨篷要求。防雨篷支架宜采用可推行的焊接钢结构,并具有人工饰面拉槽的足够高度。

(2)防雨水冲刷

①摊铺中遭遇阵雨时,应立即停止铺筑混凝土路面,并紧急使用防雨篷、塑料布或塑料薄膜等覆盖尚未硬化的混凝土路面。

②被阵雨轻微冲刷过的路面,视平整度和抗滑构造破损情况,采用硬刻槽或先磨平再刻槽的方式处理。对被暴雨冲刷后路面平整度严重劣化或损坏的部位,应尽早铲除重铺。

③降雨后开工前,应及时排除车辆内、搅拌场及砂石料堆场内的积水或淤泥。运输便道应排除积水,并进行必要的修整。摊铺前应扫除基层上的积水。

3. 风天施工

风天应用风速计在现场定量测风速或观测自然现象,确定风级,并按表5-26的规定采取防止塑性收缩开裂的措施。

刮风天混凝土路面防止塑性收缩开裂措施　　　　表5-26

风力	相应自然现象	风速(m/s)	防止路面塑性收缩开裂措施
1级软风	烟能表示风向,水面有鱼鳞波	≤1.5	正常施工,喷洒一遍养生剂,原液剂量$0.30kg/m^2$
2级轻风	人面有感,树叶沙沙响,风标转动,水波显著	1.6~3.3	应加厚喷洒一遍养生剂,剂量$0.45kg/m^2$
3级微风	树叶和细枝摇晃,旗帜飘动,水面波峰破碎,产生飞沫	3.4~5.6	路面摊铺完成后,立即喷洒第一遍养生剂,拉毛后,再喷洒第二遍养生剂。两遍剂量共$0.60kg/m^2$
4级和风	吹起尘土和纸片,小树枝摇动,水波出白浪	5.7~7.9	除拉毛前后喷两遍养生剂外(两遍剂量共$0.60kg/m^2$),还需覆盖塑料薄膜
5级清劲风	有叶小树开始摇动,大浪明显,波峰起白沫	8.0~10.7	使用抹面机械抹面,加厚喷一遍剂量$0.45kg/m^2$的养生剂,并覆盖塑料薄膜或麻袋草袋,使用钢刷做细观抗滑构造。无机械抹面措施时,应停止施工
6级强风	大树枝摇动,电线呼呼响,出现长浪,波峰吹成条纹	10.8~13.8	必须停止施工

刮风天施工防止塑性收缩开裂的基本措施主要有：

（1）尽早喷足量养生剂阻止蒸发。

（2）在不压坏抗滑构造的前提下，既喷大量养生剂，又尽快覆盖保温保湿膜或塑料薄膜，阻断蒸发。

（3）保证平整度的机械抹面，压缩掉因快速蒸发形成的水泥路面体积收缩量，略压低1~2mm表面厚度，即可消除平面开裂。再喷足量养生剂或覆盖塑料薄膜、麻袋、草袋等养生，并保持抗滑构造不被压坏。

4. 高温施工

施工现场的气温高于30℃，拌和物摊铺温度在30~35℃之间，同时，空气相对湿度小于80%时，混凝土路面和桥面的施工应按高温季节施工的规定进行。

高温天气铺筑混凝土路面应采取下列措施：

（1）当现场气温大于等于30℃时，应避开中午高温时段施工，可选择在早晨、傍晚或夜间施工。夜间施工应有良好的操作照明，并确保施工安全。

（2）砂石料堆应设遮阳篷；抽用地下冷水或采用冰屑水拌和；拌和物中宜加允许最大掺量的粉煤灰或磨细矿渣，但不宜掺硅灰；拌和物中应掺足够剂量的缓凝剂、高温缓凝剂、保塑剂或缓凝（高效）减水剂等。

（3）自卸车上的混凝土拌和物应加遮盖。

（4）应加快施工各环节的衔接，尽量压缩搅拌、运输、摊铺、饰面等各工艺环节所耗费的时间。

（5）可使用防雨篷作防晒遮阴篷。在每日气温最高和日照最强烈时段遮阴。

（6）高温天气施工时，混凝土拌和物的出料温度不宜超过35℃，并应随时监测气温、水泥、拌和水、拌和物及路面混凝土温度。必要时加测混凝土水化热。

（7）在采用覆盖保湿养生时，应加强洒水，并保持足够的湿度。

（8）切缝时间应视混凝土强度的增长情况或按250温度小时计，宜比常温施工适当提早切缝，以防止断板。特别是在夜间降温幅度较大或降雨时，应提早切缝。

5. 低温施工

当摊铺现场连续5昼夜平均气温低于5℃，夜间最低气温在-3~5℃之间，水泥混凝土路面的施工应按低温季节施工规定的措施进行。

低温天气铺筑混凝土路面和桥面等应采取下列技术措施：

（1）拌和物中应优选和掺加早强剂或促凝剂。

（2）应选用水化总热量大的R型水泥或单位水泥用量较多的32.5级水泥，不宜掺粉煤灰。

（3）搅拌机出料温度不得低于10℃，摊铺混凝土温度不得低于5℃。在养生期间，应始终保持混凝土板最低温度不低于5℃。否则，应采用热水或加热砂石料拌和混凝土，热水温度不得高于80℃，砂石料温度不宜高于50℃。

（4）应加强保温保湿覆盖养生，可先用塑料薄膜保湿隔离覆盖或喷洒养生剂，再采用草帘、泡沫塑料垫等保温覆盖初凝后的混凝土路面。遇雨雪必须再加盖油布、塑料薄膜等。

（5）应随时检测气温、水泥、拌和水、拌和物及路面混凝土的温度，每工班至少测定3次。水泥混凝土路面弯拉强度未达到1.0MPa或抗压强度未达到5.0MPa时，应严防路面受冻。低温天施工,路面或桥面覆盖保温保湿养生天数不得少于28d,拆模时间应符合规定。

十一、水泥混凝土面层施工质量检查与验收

1. 水泥混凝土面层铺筑过程中的质量控制

施工质量的控制、管理与检查应贯穿整个施工过程,应对每个施工环节严格把关,对出现的问题立即进行纠正直至停工整顿。

施工单位应随时对施工质量进行自检。水泥混凝土路面铺筑过程中的自检项目和频率按表5-27的规定进行,铺筑质量要求见表5-28。当施工、监理、监督人员发现异常情况,应加大检测频率,找出原因,及时处理。

混凝土路面的检验项目、方法与频率　　　　　　表5-27

项次	检查项目	检验方法与频率	
		高等级公路	其他公路
1	弯拉强度	每班留2~4组试件,日进度<500m取2组;≥500m取3组;≥1000m取4组,测f_{cs}、f_{min}、c_v	每班留2~3组试件,日进度<500m取1组;≥500m取2组;≥1000m取3组,测f_{cs}、f_{min}、c_v
	钻芯劈裂强度	每车道每3km钻取1个芯样,硬路肩为1个车道,测平均f_{cs}、f_{min}、c_v、板厚h	每车道每3km钻取1个芯样,硬路肩为1个车道,测平均f_{cs}、f_{min}、c_v、板厚h
2	板厚度	路面摊铺宽度内每100m左右各2处,连接摊铺每100m单边1处,参考芯样	路面摊铺宽度内每100m左右各1处,连接摊铺每100m单边1处,参考芯样
3	3m直尺平整度	每半幅车道100m 2处10尺	每半幅车道200m 2处10尺
	动态平整度	所有车道连续检测	所有车道连续检测
4	抗滑构造深度	铺砂法:每幅200m 2处	铺砂法:每幅200m 1处
5	相邻板高差	尺测:每200m纵横缝2条,每条3处	尺测:每200m纵横缝2条,每条2处
6	连接摊铺纵缝高差	尺测:每200m纵向工作缝,每条3处,每处间隔2m 3尺,共9尺	尺测:每200m纵向工作缝,每条2处,每处间隔2m 3尺,共9尺
7	接缝顺直度	20m拉线测:每200m 6条	20m拉线测:每200m 4条
8	中心平面偏位	经纬仪:每200m 6点	经纬仪:每200m 4点
9	路面宽度	尺测:每200m 6处	尺测:每200m 4处
10	纵断高程	水准仪:每200m 6点	水准仪:每200m 4点
11	横坡度	水准仪:每200m 6个断面	水准仪:每200m 4个断面
12	断板率	数断板面板块占总块数比例	数断板面板块占总块数比例
13	脱皮裂纹露石缺边掉角	量实际面积,并计算与总面积比	量实际面积,并计算与总面积比
14	路缘石顺直度和高度	20m拉线测:每200m 4处	20m拉线测:每200m 2处
15	灌缝饱满度	尺测:每200m接缝测6处	尺测:每200m接缝测4处
16	切缝深度	尺测:每200m 6处	尺测:每200m 4处
17	胀缝表面缺陷	每条观察填缝与啃边断角	每条观察填缝与啃边断角

续上表

项次	检查项目	检验方法与频率	
		高等级公路	其他公路
18	胀缝板连浆	每条胀缝板安装时测量	每条胀缝板安装时测量
	胀缝板倾斜	尺测:每块胀缝板每条两侧	尺测:每块胀缝板每条两侧
	胀缝板弯曲和位移	尺测:每块胀缝板每条3处	尺测:每块胀缝板每条3处
19	传力杆偏斜	钢筋保护层仪:每车道4根	钢筋保护层仪:每车道3根

注:路面钻芯劈裂强度应换算为实际面板弯拉强度进行质量评定。

各级公路混凝土路面铺筑质量要求　　　　　表 5-28

项次	检查项目		允许值	
			高等级公路	其他公路
1	弯拉强度①(MPa)		100%符合附录A.1的规定	
2	板厚度(mm)		代表值≥-5;极值≥-10,CV值符合设计规定	
3	平整度	σ(mm)	≤1.2	≤2.0
		IRI(m/km)	≤2.0	≤3.2
		3m 直尺最大间隙 Δh(mm)	≤3(合格率应≥90%)	≤5(合格率应≥90%)
4	抗滑构造深度(mm)	一般路段	0.70~1.10	0.50~0.90
		特殊路段②	0.80~1.20	0.60~1.00
5	相邻板高差(mm)		≤2	≤3
6	连接摊铺纵缝高差(mm)		平均值≤3;极值≤5	平均值≤5;极值≤7
7	接缝顺直度(mm)		≤10	
8	中线平面偏位(mm)		≤20	
9	路面宽度(mm)		≤±20	
10	纵断高程(mm)		±10	±15
11	横坡度(%)		±0.15	±0.25
12	断板率(‰)		≤2	≤4
13	脱皮印痕裂纹露石缺边掉角(‰)		≤2	≤3
14	路缘石顺直度和高度(mm)		≤20	≤20
15	灌缝饱满度(mm)		≤2	≤3
16	切缝深度(mm)		≥50	≥50
17	胀缝表面缺陷		不应有	不宜有
18	胀缝板连浆(mm)		≤20	≤30
	胀缝板倾斜(mm)		≤20	≤25
	胀缝板弯曲和位移(mm)		≤10	≤15
19	传力杆偏斜(mm)		≤10	≤13

注:①路面钻芯劈裂强度应换算为实际面板弯拉强度进行质量评定。
②特殊路段指高等级公路的立交、平交、变速车道等处,以及其他公路的急弯、陡坡、交叉口或集镇附近。

2. 水泥混凝土面层交工验收阶段质量检验

施工单位的质检结果应按表5-28的规定,以1km为单位进行整理。混凝土路面完工后,施工单位应提交全线检测时结果、施工总结报告及全部原始记录等齐全资料,以《公路工程质量检验评定标准》(JTG F80/1—2004)为依据,申请交工验收。

(1)基本要求

①基层质量必须符合规定要求,并应进行弯沉测定,验算的基层整体模量应满足设计要求。

②水泥强度、物理性能和化学成分,应符合国家标准及有关规范的规定。

③粗细集料、水、外掺剂及接缝填缝料,应符合设计和施工规范要求。

④施工配合比应根据现场测定水泥的实际强度进行计算,并经试验选择采用最佳配合比。

⑤接缝的位置、规格、尺寸及传力杆、拉力杆的设置,应符合设计要求。

⑥路面拉毛或机具压槽等抗滑措施,其构造深度应符合施工规范要求。

⑦面层与其他构造物相接应平顺,检查井井盖顶面高程应高于周边路面 1~3mm。雨水口高程按设计比路面低 5~8mm,路面边缘无积水现象。

⑧混凝土路面铺筑后按施工规范要求养生。

(2)实测项目

水泥混凝土面层交工验收阶段的检查项目、检查频度、质量要求或允许偏差等见表5-29。

水泥混凝土面层实测项目表　　　表5-29

项次	检查项目		规定值或允许偏差		检查方法和频率	权值
			高等级公路	其他公路		
1	弯拉强度(MPa)		在合格标准之内		按质量检评标准附录C检查	3
2	板厚度(mm)	代表值	−5		按质量检评标准附录H检查,每200m每车道2处	3
		合格值	−10			
3	平整度	σ(mm)	1.2	2.0	平整度仪:全线每车道连续检测,每100m计算 σ、IRI	2
		IRI(m/km)	2.0	3.2		
		最大缝隙 h(mm)	—	5	3m 直尺:半幅车道板带每200m测2处×10尺	
4	抗滑构造深度(mm)		一般路段不小于0.7且不大于1.1;特殊路段不小于0.8且不大于1.2	一般路段不小于0.5且不大于1.9;特殊路段不小于0.6且不大于1.1	铺砂法:每200m测1处	2
5	相邻板高差(mm)		2	3	抽量:每条胀缝2点;每200m抽纵、横缝各2条,每条2点	2
6	纵、横缝顺直度(mm)		10		纵缝 20m 拉线,每200m4处;横缝沿板宽拉线,每200m4条	1

续上表

项次	检查项目	规定值或允许偏差		检查方法和频率	权值
		高等级公路	其他公路		
7	中线平面偏位(mm)	20		经纬仪:每200m测4点	1
8	纵断高程(mm)	±10	±15	水准仪:每200m测4断面	1
9	横坡(%)	±0.15	±0.25	水准仪:每200m测4断面	1

注:表中 δ 为平整度仪测定的标准差;IRI 为国际平整度指数;h 为3m直尺与面层的最大间隙。

(3)外观鉴定

①混凝土板的断裂块数,高速公路和一级公路不得超过评定路段混凝土板总块数的0.2%,其他公路不得超过0.4%。不符合要求时,每超过0.1%减2分。对于断裂板应采取适当措施予以处理。

②混凝土板表面的脱皮、印痕、裂纹和缺边掉角等病害现象,对于高速公路和一级公路,有上述缺陷的面积不得超过受检面积的0.2%,其他公路不得超过0.3%。不符合要求时,每超过0.1%减2分。对于连续配筋的混凝土路面和钢筋混凝土路面,因干缩、温缩产生的裂缝,可不减分。

③路面侧石直顺、曲线圆滑,越位20mm以上者,每处减1~2分。

④接缝填筑饱满密实,不污染路面。不符合要求时,累计长度每100m减2分。

⑤胀缝有明显缺陷时,每条减1~2分。

 任务工单

任务工单1

学习情境五:水泥混凝土路面施工 工作任务五:水泥混凝土面层的铺筑	班级			
	姓名		学号	
	日期		评分	

结合某已有工程的施工方案,小组学习、讨论并回答以下问题,以熟悉水泥混凝土路面施工的内容和要点。

1. 水泥混凝土路面的施工方式有哪些?如何进行选择?

2. 熟悉各施工方式的施工流程图。

3. 水泥混凝土路面摊铺前,基层如何处理?

4. 插入式振捣棒、平板振捣器、排式振捣机、振动梁、滚杠、三辊轴、3m 刮尺、抹面机如何搭配工作？如何控制施工质量？

5. 熟悉水泥混凝土路面滑模摊铺施工方案。

任 务 工 单 2

学习情境五：水泥混凝土路面施工	班级			
工作任务五：水泥混凝土面层的铺筑	姓名		学号	
	日期		评分	

一、布置各岗位工作任务
（一）试验室：材料准备
1. 系统学习施工规范对原材料的技术要求、抽检频率（材料报验单）。
2. 查阅施工规范有关沥青混合料配合比设计要求，复习《道路建筑材料》有关沥青混合料配合比设计方法（沥青混凝土目标配合比设计报告）。
3. 学习间歇式拌和楼构造以及冷料仓的标定，进行沥青混凝土生产配合比设计（看拌和楼虚拟动画，校核冷料仓标定的工程实例）。
4. 马歇尔试验（标准密度）。
（二）质检部：后场与现场试验检测
1. 矿质混合料级配检验、油石比检验、马歇尔试验（后场检验的频率、合格率要求）。
2. 温度控制（知道各环节的温度要求）。
3. 压实度、平整度、厚度、弯沉检验与评定。
试验检测技能训练：
(1) 构造深度：课间试验
(2) 摆式仪测摩擦系数：课间试验
(3) 渗水系数：课间试验
（三）现场技术员：现场施工管理
(1) 混合料的运输（运料车装料防离析的措施、运料车涂隔离剂、覆盖保温）。
(2) 摊铺（知道施工要点）。
(3) 压实机械的选择和组合、压实的顺序、速度和遍数（知道施工要点）。
(4) 接缝施工及碾压（知道施工要点）。
（四）测量组：施工放样与几何尺寸测试
(1) 施工放样（看施工录像，校核"施工放样报验单"）。
(2) 纵断高程、宽度、横坡（看路基路面现场测试规程）。
(3) 材料的松铺系数（知道松铺系数的确定方法）。

二、结合实训过程总结经验并回答下列问题

1. 说说自己的经验总结。

2. 水泥混凝土路面粗集料的最大粒径有限制吗？能用统料吗？如何做粗集料的级配设计？

3. 水泥混凝土路面配合比设计的三个参数是哪些？如何确定？水灰比有最大水灰比限制吗？单位水泥用量有最小、最大用量限制吗？单位用水量有最大值限制吗？如果超过最大单位用水量限制,该采取什么措施？

4. 水泥混凝土的搅拌及运输要注意什么问题？水泥混凝土是否有允许最长施工时间的规定？

附 录

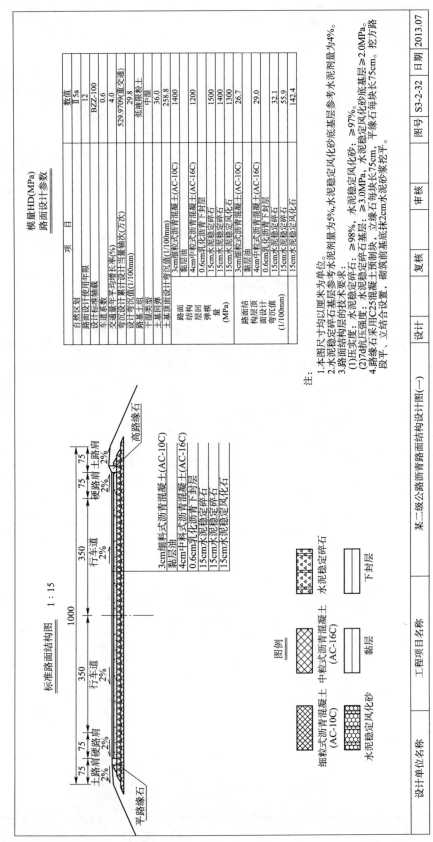

附图 1 某二级公路沥青路面结构设计图（一）

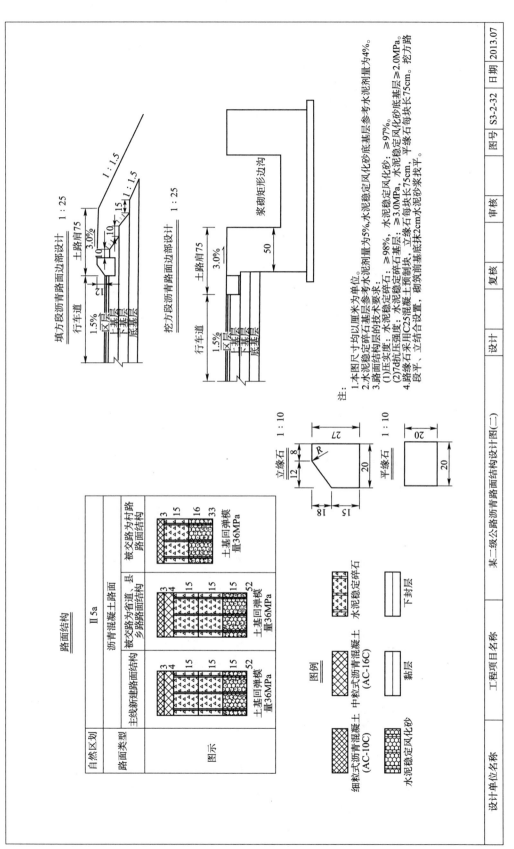

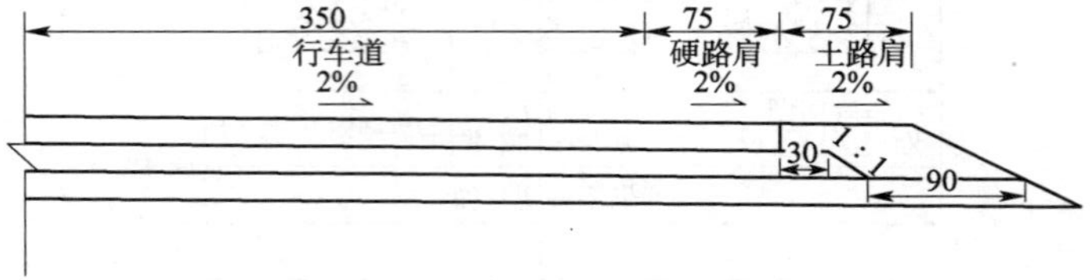

路面设计参数

项 目	数值
自然区划	Ⅱ5a
路面设计使用年限	20
设计标准轴载	BZZ-100
设计行车速度	60
交通量年平均增长率(%)	5.0
竣沉设计累计设计当量轴次(万次)	470.6939(重交通)
安全等级	四级
路基土组	低液限黏土
干湿类型	中湿
土基回弹模量B0(MPa)	40.0
级配碎石回弹模量(MPa)	250
水泥稳定碎石回弹模量(MPa)	1300
水泥混凝土弯拉强度(MPa)	5.0
水泥混凝土弯拉弹性模量(GPa)	31
最大温度梯度(℃/m)	88

注:
1. 图中尺寸均以厘米计;
2. 路面设计标准轴载为BZZ-100;
3. 水泥混凝土板长5m,宽为4.25m;
4. 水泥混凝土的配合比应按照设计的弯拉强度通过试验确定;
5. 水泥稳定碎石的配合比参考值,施工时应按照实验确定,其7d抗压强度不小于3MPa。

标准路面结构图 1:15

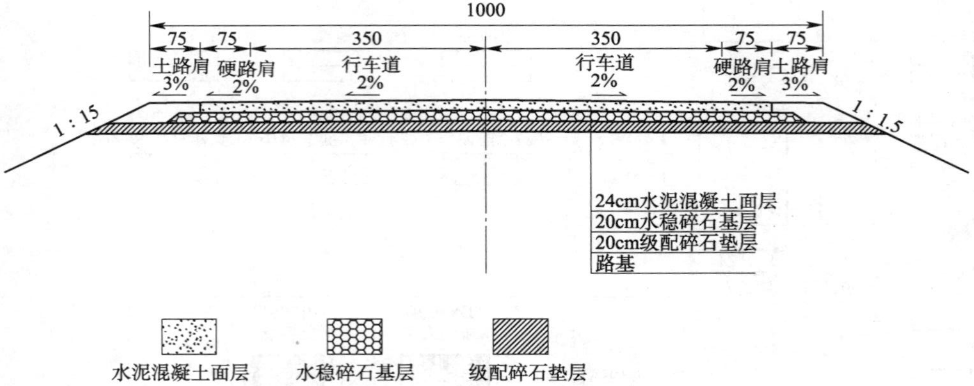

24cm水泥混凝土面层
20cm水稳碎石基层
20cm级配碎石垫层
路基

路面边缘构造设计图 1:25

| 设计单位名称 | 工程项目名称 | 某二级公路水泥混凝土路面结构设计图 | 设计 | | 复核 | | 审核 | | 图号 | S3-2-33 | 日期 | 2013.07 |

附图 3

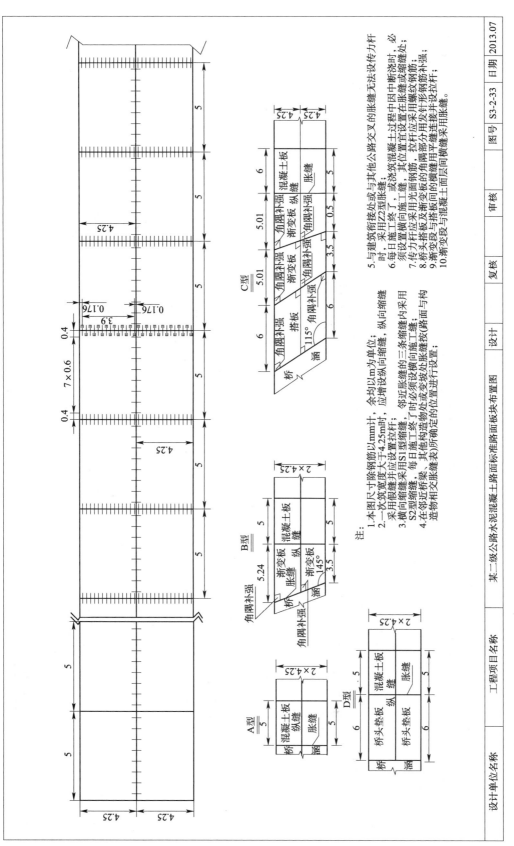

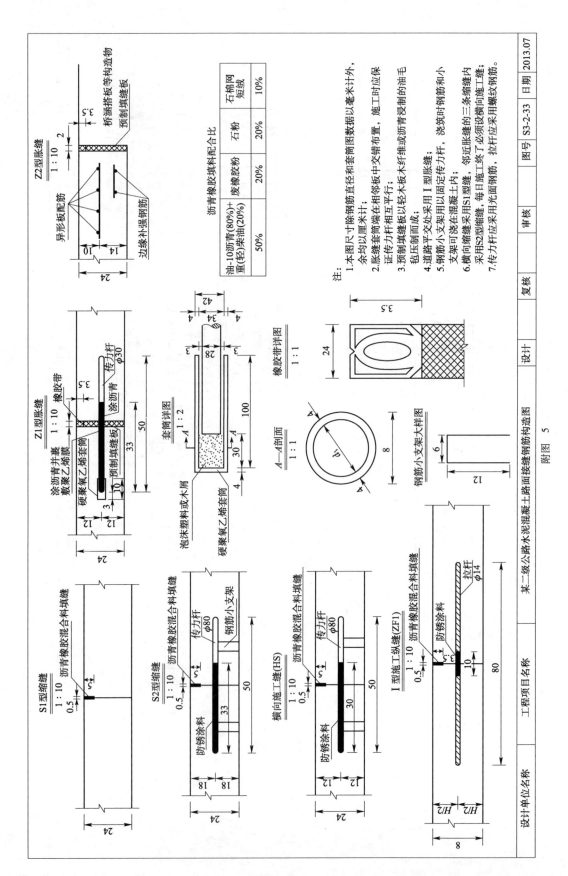

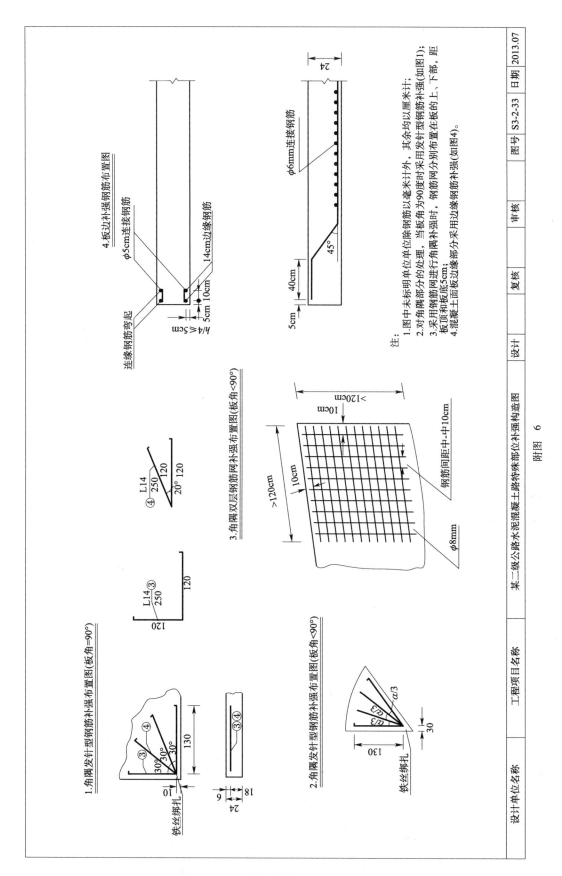

参考文献

[1] 中华人民共和国行业标准.JTG B01—2014 公路工程技术标准[S].北京:人民交通出版社,2014.
[2] 中华人民共和国行业标准.JTG D50—2006 公路沥青路面设计规范[S].北京:人民交通出版社.2006.
[3] 中华人民共和国行业标准.JTG D40—2011 公路水泥混凝土路面设计规范[S].北京:人民交通出版社,2011.
[4] 中华人民共和国行业标准.JTG F40—2004 公路沥青路面施工技术规范[S].北京:人民交通出版社,2004.
[5] 中华人民共和国行业标准.JTG F30—2003 公路水泥混凝土路面施工技术规范[S].北京:人民交通出版社,2003.
[6] 中华人民共和国行业标准.JTJ 034—2000 公路路面基层施工技术规范[S].人民交通出版社.2000.
[7] 中华人民共和国行业标准.JTG F80/1—2004 公路工程质量检验评定标准(土建工程)[S].北京:人民交通出版社,2005.
[8] 中华人民共和国行业标准.JTG E60—2008 公路路基路面现场测试规程[S].北京:人民交通出版社,2008.
[9] 夏连学.路面施工技术[M].北京:人民交通出版社,2011.
[10] 徐忠阳.路面工程技术[M].北京:人民交通出版社,2014.
[11] 金仲秋,夏连学.公路设计技术[M].北京:人民交通出版社,2007.
[12] 马敬坤,宁金成.公路施工组织设计[M].北京:人民交通出版社,2008.
[13] 文德云,彭富强.路基路面施工技术[M].北京:人民交通出版社,2006.
[14] 徐培华,郑南翔,徐玮.高等级公路路基路面施工质量控制技术[M].北京:人民交通出版社.2005.
[15] 胡长顺,黄辉华.高等级公路路基路面施工技术[M].北京:人民交通出版社,1995.
[16] 何挺继,胡永彪.水泥混凝土路面施工与施工机械[M].北京:人民交通出版社,1999.
[17] 交通部公路科学研究院.公路水泥混凝土路面施工技术规范实施手册[M].北京:人民交通出版社,2007.
[18] 王秉纲,张起森.公路施工手册——路面[M].北京:人民交通出版社,2008.
[19] 王首绪,张起森.公路施工组织及概预算[M].北京:人民交通出版社,2007.
[20] 魏道升,刘浪.路桥施工组织设计范例[M].北京:人民交通出版社,2008.
[21] 张润.路基路面施工及组织管理[M].北京:人民交道出版社,2004.